U0886730

中華文化促進會主持編纂

國家"十一五"~"十四五"重點圖書出版規劃項目

中國社會科學院哲學社會科學創新工程學術出版資助項目

出品人　王石　段先念

今注本二十四史

後漢書

一五

傳〔一一〕

南朝宋 范曄 撰 唐 李賢等 注

卜憲群 周天游 主持校注

中国社会科学出版社

後漢書　卷六〇下

列傳第五十下

蔡邕

蔡邕字伯喈，陳留圉人也。[1]六世祖勳，[2]好黄老，[3]平帝時爲郿令。[4]王莽初，[5]授以厭戎連率。[6]勳對印綬仰天歎曰：[7]"吾策名漢室，[8]死歸其正。昔曾子不受季孫之賜，况可事二姓哉？"[9]遂攜將家屬，逃入深山，與鮑宣、卓茂等同不仕新室。[10]父棱，亦有清白行，謚曰貞定公。[11]

[1]【李賢注】圉縣，故城在今汴州陳留縣東南。【今注】陳留：郡名。治陳留縣（今河南開封市東南陳留鎮）。　圉（yǔ）：縣名。治所在今河南杞縣圉鎮。

[2]【李賢注】《謝承書》曰："勳字君嚴。"【今注】案，惠棟《後漢書補注》引《漢書·高惠高后文功臣表》：肥如敬侯蔡寅，"以車騎將軍破龍且及彭城，侯千户"。指出蔡寅即邕之始祖。又引《蔡邕集》中《讓高陽侯表》曰："臣十四世祖肥如侯佐命高祖，以受爵賞。"

［3］【今注】黄老：黄老之學，以崇尚自然、重道尚法爲宗旨，表現出道家向法家轉化與融合的形態。在治國理政方面主張清静無爲，刑德並用，與漢初社會經濟凋敝、需要休養生息的現實相適應，是當時國家治理的指導思想，始終流行於兩漢社會。黄帝之言，包括《漢書·藝文志》所録《黄帝四經》四篇、《黄帝君臣》十篇、《雜黄帝》五十八篇、《黄帝》十六篇等書，託名於黄帝，實爲戰國時人所撰。老子之言，即《老子》五千言。1973年長沙馬王堆漢墓出土帛書《老子》甲卷、乙卷本，另有《經法》《十六經》《稱》《道原》四篇古佚書放在乙卷本前，或即《黄帝四經》。

［4］【今注】平帝：西漢平帝劉衎，公元前1年至5年在位。紀見《漢書》卷一二。　郿：縣名。治所在今陝西眉縣東。

［5］【今注】王莽：傳見《漢書》卷九九。

［6］【李賢注】王莽改隴西郡曰厭戎郡，守曰連率。【今注】厭戎：郡名。治狄道縣（今甘肅臨洮縣南）。　連率：王莽置，職如太守。

［7］【今注】印綬：印信和繫在印信上的絲帶。

［8］【今注】策名：出仕，任官。

［9］【李賢注】《禮記》曰："曾子有疾，童子曰：'華而晥，大夫之簀歟？'曾子曰：'然，斯季孫之賜也，我未之能易也。元起易簀。'曾元曰：'幸而至於旦，請敬易之。'曾子曰：'爾之愛我也不如彼也。君子之愛人也以德，細人之愛人也以姑息。吾何求哉？吾得正而斃焉，斯已矣。'舉扶而易之，反席未安而没。"言雖臨死不失正道也。【今注】季孫：春秋時魯國卿家貴族。三桓之首，凌駕於公室之上，握魯國實權。

［10］【今注】鮑宣：字子都，渤海高城（今河北鹽山縣東南）人。西漢名臣。傳見《漢書》卷七二。　卓茂：字子康，南陽宛（今河南南陽市卧龍區）人。傳見本書卷二五。《卓茂傳》："初，茂與同縣孔休、陳留蔡勳、安衆劉宣、楚國龔勝、上黨鮑宣六人同

志，不仕王莽時，並名重當時。休字子泉，哀帝初，守新都令。後王莽秉權，休去官歸家。及莽篡位，遣使齎玄纁、束帛，請爲國師，遂歐血託病，杜門自絶。光武即位，求休、勳子孫，賜穀以旌顯之。"

［11］【李賢注】邕《祖攜碑》云："攜字叔業，有周之胄。昔蔡叔没，成王命其子仲使踐諸侯之位，以國氏姓，君其後也。君曾祖父勳，哀帝時以孝廉爲長安部長。及君之身，增修厥德，順帝時以司空高第遷新蔡長（第，紹興本、殿本作'弟'），年七十九卒。長子棱，字伯直，處俗孤黨，不協于時，垂翼華髮，人爵不升，年五十三卒。"《謚法》曰："清白守節曰貞，純行不差曰定。"

邕性篤孝，母常滯病三年，邕自非寒暑節變，[1]未嘗解襟帶，[2]不寢寐者七旬。[3]母卒，廬于家側，[4]動静以禮。有菟馴擾其室傍，[5]又木生連理，遠近奇之，多往觀焉。與叔父從弟同居，三世不分財，鄉黨高其義。少博學，師事太傅胡廣。[6]好辭章、數術、天文，[7]妙操音律。[8]

［1］【今注】節變：節令變化。

［2］【今注】案，嘗，大德本誤作"常"。

［3］【今注】寢寐：睡卧。　案，七，殿本作"十"。

［4］【今注】案，家，紹興本、大德本、殿本作"冢"，是。

［5］【今注】案，菟，殿本作"兔"。　馴擾：馴服柔順。案，蔡邕《祖德頌序》："兔擾馴⺽昭其仁，木連理以象其義。"

［6］【今注】太傅：官名。古三公之一。西漢高后時曾置太傅，後省。哀帝間復置。東漢不置太師、太保，上公唯太傅一人。

秩萬石。本書《百官志一》："太傅，上公一人。本注曰：掌以善導，無常職。世祖以卓茂爲太傅，薨，因省。其後每帝初即位，輒置太傅録尚書事，薨，輒省。"　胡廣：字伯始，南郡華容（今湖北潛江市西南）人。傳見本書卷四四。

［7］【今注】數術：天文、曆法、占卜、陰陽五行等涉及演算的學問。

［8］【今注】操：彈奏。

桓帝時，中常侍徐璜、左悺等五侯擅恣，[1]聞邕善鼓琴，遂白天子，勑陳留太守督促發遣。邕不得已，行到偃師，[2]稱疾而歸。[3]閑居翫古，[4]不交當世。感東方《客難》及楊雄、班固、崔駰之徒設疑以自通，[5]乃斟酌群言，韙其是而矯其非，[6]作《釋誨》以戒厲云爾。[7]

［1］【今注】中常侍：官名。秦置中常侍官，參用士人，銀璫左貂，給事殿省。西漢沿置，出入宫廷，侍從皇帝，是列侯至郎中的加官。東漢時，中常侍成爲有具體職掌的官職，本無員數，明帝永平中定爲四人，明帝以後，員數稍增，改以金璫右貂，兼領卿署之職。自和熹太后以女主稱制，不接公卿，乃以閹人爲常侍、小黄門，通命兩宫，自此以來，悉用閹人。東漢後期，中常侍把持朝政，權勢極盛。秩千石，後增秩比二千石。本書《百官志三》："中常侍，千石。本注曰：宦者，無員。後增秩比二千石。掌侍左右，從入内宫，贊導内衆事，顧問應對給事。"　徐璜：東漢宦官，下邳郡良城縣（今江蘇邳州市東）人。因參與誅殺梁冀封武原侯，爲人專横，有"徐卧虎"之稱。　左悺：東漢宦官，河南尹平陰縣（今河南孟津縣東北）人。因參與誅殺梁冀封上蔡侯，爲人專横，有"左回天"之稱。後被司隸校尉韓演彈劾，自殺。　五侯：東漢

桓帝所封的宦官單超新豐侯、徐璜武原侯、左悺上蔡侯、具瑗東武陽侯、唐衡汝陽侯。本書卷七八《宦者傳》:"於是更召璜、瑗等五人,遂定其議,帝齧超臂出血爲盟。於是詔收冀及宗親黨與悉誅之。悺、衡遷中常侍,封超新豐侯,二萬户,璜武原侯,瑗東武陽侯,各萬五千户,賜錢各千五百萬;悺上蔡侯,衡汝陽侯,各萬三千户,賜錢各千三百萬。五人同日封,故世謂之'五侯'。又封小黄門劉普、趙忠等八人爲鄉侯。自是權歸宦官,朝廷日亂矣。"

[2]【今注】偃師:縣名。治所在今河南偃師市。

[3]【今注】案,惠棟《後漢書補注》引蔡邕《述行賦序》曰:"延熹二年秋,霖雨逾月。是時梁冀新誅,而徐璜、左悺等五侯擅貴于其處。又起顯陽苑于城西,人徒凍餓,不得其命者甚衆。白馬令李雲以直言死,鴻臚陳君巳救雲抵罪。璜以余能鼓琴,白朝廷,敕陳留太守發遣余。到偃師,病不前,得歸。"

[4]【今注】翫古:研習古代經典。

[5]【李賢注】楊雄作《解嘲》,班固作《答賓戲》,崔駰作《達旨》。【今注】東方:東方朔。傳見《漢書》卷六五。大德本、殿本"方"後有"朔"字。 客難:《答客難》,東方朔散文。以主客問答的形式,論才智、功名成就與時世的關係。議論雄辯酣暢,同題材如楊雄《解嘲》、班固《答賓戲》、張衡《應間》等均受其影響。 楊雄:字子雲,蜀郡成都(今四川成都市)人。傳見《漢書》卷八七。 班固:字孟堅,扶風安陵(今陝西咸陽市東北)人。傳見本書卷四〇。 崔駰:字亭伯,涿郡安平(今河北安平縣)人。傳見本書卷五二。

[6]【李賢注】韙亦是也。【今注】韙:音 wěi。

[7]【今注】戒厲:告誡勸勉。

有務世公子誨於華顛胡老曰:[1]"蓋聞聖人之大寶曰位,故以仁守位,以財聚人。[2]然則有位斯貴，有財斯富，行義達道，士之司也。故伊摯有負鼎之衒，仲尼設執鞭之言，[3]甯子有清商之歌，百里有豢牛之事。[4]夫如是，則聖哲之通趣，古人之明志也。夫子生清穆之世，稟醇和之靈，[5]覃思典籍，[6]韞櫝六經，[7]安貧樂賤，與世無營，沈精重淵，[8]抗志高冥，包括無外，綜析無形，其已久矣。曾不能拔萃出群，揚芳飛文，[9]登天庭，序彝倫，埽六合之穢慝，清宇宙之埃塵，連光芒於白日，屬炎氣於景雲。[10]時逝歲暮，默而無聞。小子惑焉，是以有云。方今聖上寬明，輔弼賢知，崇英逸偉，不墜於地，德弘者建宰相而裂土，[11]才羨者荷榮禄而蒙賜。[12]盍亦回塗要至，俛仰取容，[13]輯當世之利，定不拔之功，榮家宗於此時，遺不滅之令蹤？[14]天獨未之思邪，[15]何爲守彼而不通此？"[16]

[1]【李賢注】顛，頂也。華顛謂白首也（顛，紹興本作"頂"）。《新序》齊宣王對閭丘印曰（大德本、殿本無"宣"字）："士亦華髮墮顛而後可用耳。"《左傳》宋司馬子魚曰："雖及胡耇，獲即取之。"杜預注曰："胡耇，元老之稱。"【今注】誨：規勸。

[2]【李賢注】《易》曰"聖人之大寶曰位。何以守位？曰仁。何以聚人？曰財"也。

[3]【李賢注】摯，伊尹名也。《史記》曰，伊尹欲干湯而無由，乃爲有媵媵臣（前"媵"字，紹興本、大德本、殿本作"莘"，是），負鼎俎以滋味説湯，致於王道。衒，自媒衒也。《論

語》孔子曰："行義以達其道。"又曰："富而可求，雖執鞭之士吾亦爲之。"《周禮》條狼氏下士八人，執鞭以辟道也。【今注】伊摯：名阿衡，一說名摯。相傳爲奴隸，有莘氏女嫁商湯，他作爲陪嫁媵臣事湯。後被任以國政，助湯攻滅夏桀，建立商朝。湯卒，立子外丙、中壬，後又佐湯孫太甲即位。太甲淫暴，他放逐太甲，後太甲悔改，接回復位。沃丁時病卒。一說太甲潛歸，殺伊尹。衒：本指女子不經媒妁自行與男子交往，這裏指不經招攬而自薦。案，"仲尼設執鞭之言"見今本《論語·述而》。

［4］【李賢注】《淮南子》曰："甯戚欲干齊桓公，窮困無以自達，於是爲商旅，將車以適於齊，暮宿於郭門，飯牛車下，望見桓公，乃擊牛角而商歌。桓公聞之曰：'異哉！歌者非常人也。'命後車載之。"《三齊記》載其歌曰："南山矸，白石爛，生不遭堯與舜禪，短布單衣適至骭，從昏飯牛薄夜半，長夜漫漫何時旦！"公悦之，以爲大夫。矸音岸。骭音户諫反（户，大德本、殿本作"尸"）。百里奚，虞大夫也。《史記》趙良曰："百里奚自鬻於秦，衣褐食牛，朞年而後穆公知之（穆，大德本作'桓'），舉之牛口之下。"《説文》曰："豢，養也。"【今注】清商：古代五音中的商音音調淒清悲切，故稱。　豢：音 huàn。

［5］【今注】案，稟，大德本、殿本作"秉"。

［6］【今注】覃思：深思。

［7］【今注】韞櫝：比喻懷才不用。韞，收藏。櫝，匣子。語出《論語·子罕》："有美玉於斯，韞櫝而藏諸？求善賈而沽諸？"

［8］【今注】沈：同"沉"。

［9］【李賢注】《孟子》曰："若仲尼者，拔乎其萃，出乎其類。"

［10］【李賢注】《瑞應圖》曰"景雲者太平之應也，一曰慶雲"也。

［11］【今注】建：封賜，封立。　宰相：泛指佐天子、統百

官的大官。

[12]【李賢注】羨音以戰反，本或作“美”。【今注】荷：承受。

[13]【李賢注】回，曲也。要音一遥反。言履直道，則不能有所至也。

[14]【李賢注】遺猶留也。【今注】令：美好。

[15]【今注】案，天，紹興本、大德本、殿本作“夫”，是。

[16]【李賢注】彼謂貧賤，此謂榮禄。

胡老慠然而笑曰：“若公子，所謂覩曖昧之利，[1]而忘昭晢之害；專必成之功，而忽蹉跌之敗者已。”[2]公子謖爾斂袂而興曰：“胡爲其然也？”[3]胡老曰：“居，吾將釋汝。[4]昔自太極，君臣始基，[5]有羲皇之洪寧，唐虞之至時。[6]三代之隆，亦有緝熙，[7]五伯扶微，勤而撫之。于斯已降，天綱縱，人紘弛，[8]王塗壞，太極陁，[9]君臣土崩，上下瓦解。[10]

[1]【今注】曖昧：幽暗不明。

[2]【今注】蹉跌：失足跌倒。比喻受挫、失勢。

[3]【李賢注】謖然，翕斂之皃（皃，大德本、殿本作“貌”），音所六反。【今注】謖（sù）爾：態度斂合、肅整的樣子。

[4]【李賢注】居猶坐也。釋，解也。

[5]【李賢注】太極，天地之始也。《易》曰：“易有太極，是生兩義（義，紹興本、大德本、殿本作‘儀’，是）。”

[6]【李賢注】洪，大也。【今注】羲皇：伏羲。　唐虞：

堯舜。

［7］【今注】緝熙：光明。《詩·周頌·敬之》：“學有緝熙于光明。”毛傳：“光，廣也。”鄭玄箋：“緝熙，光明也。且欲學於有光明之光明者。謂賢中之賢也。”馬瑞辰《毛詩傳箋通釋》：“《爾雅·釋詁》：‘緝熙，光也。’光、廣古通用。《周語》叔向釋《昊天有成命》詩曰：‘緝，明；熙，廣也。’廣即光也。此傳又以光爲廣，廣猶大也。‘學有緝熙于光明’若釋之曰‘學有光明于光明’，則不詞。《説文》：‘緝，績也。’績之言積，緝熙當謂積漸廣大以至於光明，即《大戴禮》所云‘積厚者其流光’也。《説文》：‘配，廣也。’引申爲凡廣之稱。熙即配之假借，故訓廣，又訓光。緝熙與光明散文則通，對文則緝熙者積漸之明，而光明者廣大之明也。《箋》言‘欲學於有光明之光明者’，失之。”

［8］【今注】紘：繩網。這裏指綱紀。

［9］【李賢注】賈逵注《國語》曰：“小崩曰陁。”

［10］【李賢注】《淮南子》曰：“武王伐紂，左操黄鉞，右執白旄而麾之（殿本無‘而’字），則瓦解而走，遂土崩而下。”

“於是智者騁詐，辯者馳説，武夫奮略，戰士講鋭。[1]電駭風馳，[2]霧散雲披，變詐乖詭，以合時宜。或畫一策而綰萬金，或談崇朝而錫瑞珪。[3]連衡者六印磊落，合從者駢組流離。[4]隆貴翕習，[5]積富無崖，據巧蹈機，以忘其危。夫華離蔕而萎，條去幹而枯，[6]女冶容而淫，[7]士背道而辜。人毁其滿，神疾其邪，利端始萌，害漸亦牙。[8]速速方轂，夭夭是加，[9]欲豐其屋，乃蔀其家。[10]是故天地否閉，聖哲潛形，[11]石門守晨，沮、溺耦耕，[12]顔歜抱璞，蘧瑗保生，[13]齊人歸樂，孔子斯征，雍渠驂乘，逝而遺輕。[14]夫豈慠主而背國乎？道不可以傾也。

[1]【李賢注】講，習也。

[2]【今注】駭：震動。

[3]【李賢注】《戰國策》曰，秦昭王見頓弱，頓弱曰："韓，天下之喉咽也；魏，天下之匈臆也。王資臣萬金而游之，天下可圖也。"秦王曰："善。"乃資萬金，使東遊韓、魏，入其將相，北游燕、趙，而殺李牧。齊王入朝，四國畢從，頓子説之也。《史記》曰："虞卿説趙孝成王，一見賜黄金百鎰（鎰，紹興本、大德本作'溢'），再見賜白璧一雙。"【今注】綰：攝取。　崇朝：整個早上。

[4]【李賢注】連衡謂張儀，合從謂蘇秦，並佩六國之印。駢，並也。組，綬也。流離，光彩皃也（彩，紹興本誤作"綵"；皃，大德本、殿本作"見"；也，紹興本誤作"卓"）。【今注】連衡：指張儀游説諸侯隨秦國攻打其他諸侯國。又作"連横"。磊落：衆多雜錯貌。　合從：指戰國時蘇秦游説六國聯合抗秦。又作"合縱"。

[5]【今注】翕習：威盛貌。

[6]【今注】案，去，大德本誤作"其"。

[7]【今注】冶容：打扮妖媚。

[8]【今注】牙：通"芽"。

[9]【李賢注】《詩·小雅》曰："速速方穀，夭夭是椓。"毛萇注云："速速，陋也。"鄭玄注云："穀，禄也。"言鄙陋小人，將貴而得禄也。夭，殺也。椓，破之也。《韓詩》亦同。此作"轂"者，蓋謂小人乘寵，方轂而行。方猶並也（大德本、殿本無"也"字）。【今注】案，今本《詩·小雅·正月》作"仳仳彼有屋，蔌蔌方有穀。民今之無禄，天夭是椓。"馬瑞辰《毛詩傳箋

通釋》："《説文》無蔌有遬，蔌蓋遬字之省。《説文》又曰：'遬，籀文速。'故蔌蔌亦作速速。《爾雅》：'速速、蹙蹙，惟逑鞫也。'速速即蔌蔌也。《後漢書·蔡邕傳》注引《詩·小雅》曰'速速方穀'，又曰'《韓詩》亦同'，是《毛》《韓》詩皆無'有'字。《詩》蓋以'佌佌彼有屋'與'民今之無禄'相對，以'蔌蔌方穀'與'夭夭是椓'相對。自或本誤增有字，《正義》遂云'方有爵禄之貴'，直以有穀與有屋爲對文矣。至蔡邕《釋誨》'速速方轂'，轂蓋穀字轉寫之譌。章懷注謂'小人乘寵，方轂而行'，非詩義也。"又，"蔡邕《釋誨》云'夭夭是加'，章懷注引《韓詩》'夭夭是椓'，蜀石經亦作夭夭，今按作夭夭者是也。夭夭，美盛貌。《説文》：'夭，從大，象形。'《凱風》傳：'夭夭，盛貌也。'正與佌佌爲小、蔌蔌卑陋相反。椓通作諑。《方言》：'諑，愬也。'《楚辭》'謠諑謂余以善淫'，王逸注：'諑，猶譖也。'《正義》云'在位又諑譖之'，是正讀椓爲諑也。《説文》：'誣，加言也。'加之爲誣，與譖諑義亦相近。變'諑'言'加'者，以叶韻也。《詩》蓋以四句相對成文，言彼佌佌小人富而有屋者，雖蔌蔌卑陋，而方以穀禄授之；此民之貧而無禄者，雖夭夭盛美，而不免受譖於人也。夭、夭字形相近，易譌。《毛詩》本譌作夭，遂誤以君釋之耳"。

［10］【李賢注】《易·豐卦》上六曰："豐其屋，鄀其家（鄀，紹興本、大德本、殿本作'蔀'，是）。"王弼注云："蔀，覆也。屋厚覆，闇之甚也。"蔀音部。【今注】蔀：用席覆蓋。

［11］【李賢注】《易·文言》曰："天地閉，賢人隱。"

［12］【李賢注】《論語》曰："子路宿於石門。晨門曰：'奚自？'子路曰：'自孔氏。'"鄭玄注云："石門，魯城外門也。晨門，主晨夜開閉者。"又曰："長沮、桀溺耦而耕。"並隱遁人也（遁，大德本作"道"）。【今注】案，事分別見於《論語·憲問》《論語·微子》。

［13］【李賢注】《戰國策》齊宣王謂顔歜曰："願先生與寡人遊。"歜辭曰："玉生於山，制則毁焉，非不寶也，然失璞不完（失，殿本作'大'）。士生鄙野，選而禄焉，非不貴也，而形神不全。歜願得晚食以當肉，安步以當車，無罪以當貴，清静以自娱。知足矣（矣，殿本作'以'）。歸反於樸，則終身不辱。"《論語》孔子曰："蘧伯王邦有道則仕（王，紹興本、大德本、殿本作'玉'，是），邦無道則可卷而懷之。"此爲保其生也。【今注】顔歜（chù）抱璞蘧瑗保生：事分别見於《戰國策·齊策》《論語·衛靈公》。

［14］【李賢注】《論語》曰："齊人饋女樂，季桓子受之，三日不朝。孔子行。"《史記》曰："衛靈公與夫人同車，官者雍渠參乘（官，紹興本、大德本、殿本作'宦'）。孔子曰：'吾未見好德如好色者也。'於是醜之，去衛適曹。"遺輕謂若弃輕細之物而去，言惡之甚也。【今注】案，事分别見於《論語·微子》、《史記》卷四七《孔子世家》。

"且我聞之，日南至則黄鍾應，融風動而魚上冰，蕤賓統則微陰萌，蒹葭蒼而白露凝。[1]寒暑相推，陰陽代興，運極則化，理亂相承。今大漢紹陶唐之洪烈，[2]盪四海之殘灾，[3]隆隱天之高，拆絙地之基。[4]皇道惟融，帝猷顯丕，[5]泜泜庶類，含甘吮滋。[6]檢六合之群品，濟之乎雍熙，[7]群僚恭己於職司，聖主垂拱乎兩楹。[8]君臣穆穆，守之以平，濟濟多士，端委縉綎，[9]鴻漸盈階，振鷺充庭。[10]譬猶鍾山之玉，泗濱之石，累珪璧不爲之盈，採浮磬不爲之索。[11]曩者，洪源辟而四隩集，武功定而干戈戢，獫狁攘而吉甫宴，城濮捷而晉凱入。[12]故當其有事也，則蓑笠並載，擐甲揚鋒，不給於務；[13]當其無事也，則舒紳緩佩，[14]鳴玉以步，綽有餘裕。

[1]【李賢注】《月令》："仲冬，律中黄鍾。"融風，艮之風也。《月令》："孟春，東風解凍，角上冰（角，紹興本、大德本、殿本作'魚'，是）。"又："仲夏之月，律之蕤賓。"微陰謂一陰爻生也。《詩·秦風》曰："蒹葭蒼蒼，白露爲霜。"《齊雅》曰（齊，紹興本、大德本、殿本作"爾"，是）："蒹，薕也。葭，蘆也。"【今注】黄鍾：樂律十二律中的第一律。《禮記·月令》："其日戊巳，其帝黄帝，其神后土，其蟲倮，其音宫，律中黄鍾之宫。"孔穎達《正義》："黄鍾宫最長，爲聲調之始，十二宫之主。" 蕤（ruí）賓：十二律之一，爲六陽律的第四律。

[2]【今注】案，兩漢經師多認爲劉氏爲堯後，同爲"火德"。《左傳》昭公二十九年稱："有陶唐氏既衰，其後有劉累。"本書卷三六《賈逵傳》載逵奏曰："又五經家皆無以證圖讖明劉氏爲堯後者，而《左氏》獨有明文。五經家皆言顓頊代黄帝，而堯不得爲火德。《左氏》以爲少昊代黄帝，即圖讖所謂帝宣也。如令堯不得爲火，則漢不得爲赤。其所發明，補益實多。"

[3]【今注】盪：同"蕩"。

[4]【李賢注】絙音古鄧反。絙與亘同。【今注】絙：同"縆"。大繩索。

[5]【今注】帝猷（yóu）：帝王治國之道。

[6]【李賢注】泜泜，齊皃（皃，大德本、殿本作"貌"）。【今注】泜：音 zhǐ。 案，含，紹興本作"合"。

[7]【今注】雍熙：和樂貌。

[8]【今注】兩楹：房屋正廳當中的兩根柱子。《禮記·明堂位》："反坫出尊。"鄭玄注："禮，君尊于兩楹之間。"

［9］【李賢注】端委，禮衣也。《左傳》曰："太伯端委以持周禮。"《説文》曰："縉，赤白色也。"綖（綖，紹興本、殿本作"綎"，是），系綬也，音它丁反。

［10］【李賢注】《易》曰："鴻漸于陸。"鴻，水鳥也。漸出於陸，喻君子仕進於朝。《詩》曰："振振鷺，鷺于下。"注云："鷺，白鳥也。喻絜白之士，群集君之朝也。"

［11］【李賢注】《山海經》曰："黄帝取密山之玉策，投之鍾山之陽。"《尚書》曰："泗濱浮磬。"注云："水中見石，可以爲磬。"言鍾山多玉，泗水多石，喻漢多賢人。索，盡也，音所格反（格，殿本作"洛"）。【今注】泗：水名。經今山東泗水縣、曲阜市，在江蘇匯入淮河。　案，採，紹興本作"探"。

［12］【李賢注】辟，開也，音頻亦反。謂禹理洪水而開道之。《尚書》曰："四隩既宅。"隩，居也（也，大德本作"宅"），音於六反。武功定謂武王伐紂。《詩·周頌》曰："載戢干戈。"《詩·小雅》曰："薄伐玁狁，至于太原，吉甫燕喜，既多受祉。"鄭玄注曰："吉甫既伐玁狁而歸，天子以燕禮樂之也。"《左傳》，晉與楚戰於城濮，楚師敗績，故晉凱樂而歸也。【今注】四隩：四方土地。　戢：停止。　玁（xiǎn）狁（yǔn）：古代北方少數民族名。亦作"玁狁"。爲匈奴之先祖。　吉甫：即尹吉甫，名甲。周宣王時率軍將入侵的玁狁逐至太原，又奉命發兵南征，向南淮夷徵收貢物。傳世《兮甲盤銘》詳録其事。　城濮：春秋時衛地。在今山東鄄城縣西南。

［13］【李賢注】蓑音素和反。《詩·小雅》曰："荷蓑荷笠。"毛萇注云："荷，揭也。蓑所以備雨。笠所以禦暑。"擐，貫也。

［14］【今注】紳：士大夫束腰的大帶。

"夫世臣、門子，[1]暬御之族，[2]天隆其祐，[3]主豐其禄。抱膺從容，爵位自從，攝須理髯，餘官委貴。[4]其取進也，[5]順傾轉圓，不足以喻其便；逡巡放屣，不足以況其易。夫夫有逸群之才，人人有優贍之智。[6]童子不問疑於老成，瞳矇不稽謀於先生。[7]心恬澹於守高，意無爲於持盈。[8]粲乎煌煌，莫非華榮。明哲泊焉，不失所寧。[9]狂淫振蕩，乃亂其情。貪夫殉財，夸者死權。[10]瞻仰此事，體躁心煩。闇謙盈之効，迷損益之數。[11]騁駑駘於脩路，[12]慕騏驥而增驅，卑俯乎外戚之門，乞助乎近貴之譽。榮顯未副，從而顛踣，[13]下獲熏胥之辜，高受滅家之誅。[14]前車已覆，襲軌而騖，[15]曾不鑒禍，以知畏懼。予惟悼哉，害其若是！[16]天高地厚，跼而蹐之。[17]怨豈在明，患生不思。戰戰兢兢，必慎厥尤。

[1]【今注】門子：卿大夫之子。

[2]【李賢注】《詩·小雅》曰："曾我暬御。"毛萇注云："暬御，侍御也。"【今注】暬（xiè）御：指左右親近之臣。

[3]【今注】祐：福。

[4]【今注】委：任，派。

[5]【今注】案，取進，大德本、殿本作"進取"。

[6]【今注】優贍：淵博豐富。

[7]【今注】瞳矇：蒙昧無知。

[8]【李賢注】《老子》曰："持而盈之，不如其已。"河上公注云："持滿必傾，不如止也。"

[9]【李賢注】泊猶静也。

[10]【李賢注】賈誼《服鳥賦》之文也（服，殿本作"鵩"）。言夸華者必死於權埶也。

［11］【李賢注】《易》曰："天道虧盈而益謙。"又曰："損益盈虚，與時偕行。"王弼注云："自然之質，各定其分，短者不爲不足，長者不爲有餘，損益將何加焉？"

［12］【今注】駑駘：皆資質低劣的馬。比喻才能低下庸劣。

［13］【李賢注】踣音步北反，協韻音赴（協，大德本、殿本作"叶"）。【今注】顛踣：跌倒，比喻敗亡。

［14］【李賢注】《詩·小雅》曰："若此無罪，勳胥以痛。"勳，帥也。胥，相也。痛，病也。言此無罪之人，而使有罪者相帥而病之，是其大甚。見《韓詩》。《前書》曰："史遷薰胥以刑。"《音義》云："謂相薰蒸得罪也。"誅，協韻音丁注反。【今注】熏胥：互相牽連坐罪。

［15］【今注】騖：奔馳。

［16］【李賢注】害，何也，音曷。

［17］【李賢注】《詩·小雅》曰："謂天蓋高，不敢不跼。謂地蓋厚，不敢不蹐。"【今注】跼：音 jú。　蹐：後脚緊跟着前脚走路。

"且用之則行，聖訓也；舍之則藏，至順也。[1]夫九河盈溢，非一凷所防；[2]帶甲百萬，非一勇所抗。[3]今子責匹夫以清宇宙，庸可以水旱而累堯、湯乎？[4]懼煙炎之毁熸，何光芒之敢揚哉！[5]且夫地將震而樞星直，井無景則日陰食，[6]元首寬則望舒朓，侯王肅則月側匿。[7]

［1］【李賢注】《論語》孔子曰："用則行，捨則藏（捨，大德本、殿本作'舍'）。"故言聖訓也。【今注】案，語見《論語·述而》。

[2]【李賢注】九河謂河水分爲九道。《爾雅》曰，徒駭、太史、馬頰、覆鬴、胡蘇、簡、絜、鉤般、鬲津，是謂九河也。【今注】案，殿本無"夫"字。　九河：禹時黄河的九條支流。或以爲是古代黄河下游諸多支流的總稱。郝懿行《爾雅義疏》："《禹貢·兖州》已云'九河既道，至于大陸'。又云'播爲九河'者，《詩·般》正義引《鄭志·答趙商問》曰：'河流分兖州界，文自明矣。然九河從兖州而分大陸以北，明是再分，故特言播，鄭義似未了也。'《禹貢》正義引《漢書·溝洫志》：'成帝時，河隄都尉許商上書曰："古記九河之名，有徒駭、胡蘇、鬲津，今見在成平、東光、鬲縣界中，自鬲津以北至徒駭，其閒相去二百餘里。"'是知九河所在，徒駭最北，鬲津最南，蓋徒駭是河之本道，東出分爲八枝也。許商上言三河，下言三縣，則徒駭在成平，胡蘇在東光，鬲津在鬲縣，其餘不復知也。《爾雅》九河之次，從北而南，既知三河之處，則其餘六者，太史、馬頰、覆釜在東光之北，成平之南；簡、絜、鉤盤在東光之南，鬲縣之北也。其河填塞，時有故道，鄭《禹貢》注云：'周時齊桓公塞之，同爲一河。今河閒弓高以東至平原鬲津，往往有其遺處。《春秋寶乾圖》云："移河爲界，在齊吕填閼八流以自廣。"'鄭蓋據此文爲説也。言閼八流拓境，則塞其東流八枝，并使歸於徒駭也。按《詩》正義大意亦與此同，而此爲賅備。《爾雅》釋文引郭音義亦本鄭注而義稍略，故舍彼引此也。然則八流雖塞，遺處猶存，今驗青滄景德之閒，古隄沙阜舊迹宛然，故《溝洫志》載韓牧以爲'可略於《禹貢》九河處穿之，縱不能爲九，但爲四五，亦有益'，而王横言'河入勃海，勃海地高於韓牧所欲穿處'，又言'九河之地已爲海所漸'，此妄説也。古河隄處今猶可見，安得爲海所漸？但自周定五年河徙以來，歷漢至今，轉徙而南，土淺沙浮，潰決難制，禹河故道，日就沈湮，更數百年，殆將不可復識矣。"　凶：當作"凷"，同"塊"。紹興本、大德本、殿本作"凷"，是。

［3］【李賢注】協韻音苦郎反。

［4］【今注】庸：疑問代詞。

［5］【李賢注】煙炎，煙火之微細者。言常懼微細以致毁滅。杜預注《左傳》曰：“吴楚之閒謂火滅爲熸。”音子廉反。炎音焰。

［6］【李賢注】晏子見伯常騫，問曰：“昔吾見維星絶，樞星散，地其動乎？”見《晏子春秋》。陰食謂不顯食也。凡日陰食則并無影也。【今注】樞星：北斗七星第一星。代指北斗星。

［7］【李賢注】望舒，月也。《尚書大傳》曰：“晦而月見西方，謂之朓。朔而月見東方，謂之側匿。側匿則侯王肅，朓則侯王舒。”注：“肅，急也。舒，緩也。”【今注】朓：農曆月底月亮出現在西方。　側匿：古代天文學上指朔日而初月見於東方。亦可形容畏縮猶豫，遲疑不進。

“是以君子推微達著，尋端見緒，履霜知冰，踐露知暑。時行則行，時止則止，消息盈沖，取諸天紀。[1]利用遭泰，[2]可與處否，[3]樂天知命，持神任己。群車方奔乎險路，安能與之齊軌？思危難而自豫，[4]故在賤而不恥。方將騁馳乎典籍之崇塗，休息乎仁義之淵藪，[5]槃旋乎周、孔之庭宇，揖儒、墨而與爲友。舒之足以光四表，[6]收之則莫能知其所有。

［1］【李賢注】《易·坤·文言》曰：“履霜堅冰至。”《艮卦》曰：“時行則行，時止則止。”《豐卦》曰：“天地盈虚，與時消息。”【今注】消息：消長。　天紀：指天道規則。

［2］【今注】利用：物盡其用。

［3］【今注】否：困窮，不順。

[4]【今注】豫：準備。

[5]【李賢注】《前書》司馬相如曰：“游于六蓺之囿，馳騖乎仁義之塗（乎，大德本作‘于’）。”班固曰“肴覆仁義之林藪”也。

[6]【今注】光：通“横”。《尚書·堯典》：“光被四表。”皮錫瑞《今文尚書考證》：“光、横古同聲，亦通用。漢人引用，或作‘横’，或作‘廣’，或作‘光’，皆歐陽、夏侯三家今文異字，然字異而義同，光被即廣被，亦即横被，皆是充塞之義。” 四表：指四方極遠之地，亦泛指天下。

“若乃丁千載之運，[1]應神靈之符，闓閶闔，[2]乘天衢，擁華蓋而奉皇樞，[3]納玄策於聖德，宣太平於中區。[4]計合謀從，己之圖也；勳績不立，予之辜也。龜鳳山翳，霧露不除，踊躍草萊，秖見其愚。不我知者，將謂之迂。[5]脩業思真，弃此焉如？静以俟命，不斁不渝。[6]‘百歲之後，歸乎其居。’[7]幸其獲稱，天所誘也。[8]罕漫而已，非己咎也。[9]

[1]【今注】丁：遭逢。

[2]【今注】闓：開。 閶闔：天門。

[3]【李賢注】《古今注》曰：“華蓋，黄帝所作也。與蚩尤戰于涿鹿之野，常有五色雲氣，金枝玉葉，因而作華蓋。”

[4]【今注】中區：人世。

[5]【李賢注】龜鳳喻賢人（賢，大德本、殿本作“聖”），露霧諭昏闇也（露霧，紹興本、大德本、殿本作“霧露”；諭，大德本、殿本作“喻”）。迂，曲也。【今注】翳：遮蔽。 秖：

同“衹”，僅僅。紹興本作“祇”，殿本作“秖”。

［6］【李賢注】斁，厭也。渝，變也。

［7］【李賢注】《詩·晉風》也。毛萇注云：“居，墳墓也。”

［8］【李賢注】謂小人妄得稱舉者，天之所誘，後必遇害也。

［9］【李賢注】罕漫猶無所知聞也，非君子之咎也。

“昔伯翳綜聲於鳥語，葛盧辯音於鳴牛，董父受氏於豢龍，奚仲供德於衡輈，［1］倕氏興政於巧工，造父登御於驊騮，非子享土於善圉，狼曋取右於禽囚，［2］弓父畢精於筋角，佽非明勇於赴流，壽王創基於格五，東方要幸於談優，［3］上官効力於執蓋，弘羊據相於運籌。僕不能參跡於若人，故抱璞而優遊。”［4］

［1］【李賢注】伯翳即秦之先伯益也，能與鳥語。見《史記》。葛盧，東夷介國之君也。介葛盧聘於魯，間牛鳴（間，紹興本、大德本、殿本作“聞”，是），曰：“是生三犧，皆用之矣。”問之，如其言。晉太史蔡墨曰：“昔有董父，實甚好龍，能求嗜欲以飲食之，以服事帝舜。帝賜姓曰董，氏曰豢龍。”並見《左傳》。奚仲，薛之祖也。世本曰：“奚仲作車。”衡，軛也。輈，轅也。【今注】伯翳：或作“伯益”“柏翳”。舜時人，掌管草木鳥獸。又佐禹治水，有功，賜姓嬴，爲嬴姓之祖。禹選伯益爲繼承人，伯益讓於禹子啓而避居箕山之陽。一説，因争奪君位而爲啓所殺。　葛盧：春秋時夷狄國君。魯僖公二十九年（前631）朝於魯，能通牛語。　奚仲：或作“任奚”。夏代人。任姓，爲黄帝後裔，禹臣。擅長造車，始創配馬拉車。爲車正。封於薛，爲薛國始祖。後遷於邳。　輈：音zhōu。

[2]【李賢注】倕，舜時巧人也。見《尚書》。造父者，秦之先也，爲周穆王御驊騮、騄耳之乘。非子亦秦之先，善養馬。周孝王使主馬於汧、渭之閒，馬大蕃息，分土爲附庸（爲，大德本作“於”），邑之於秦。並見《史記》。圉，養馬人也。見《周禮》。《左傳》曰：“戰於殽，晉襄公縛秦囚，使萊駒以戈斬之。囚呼，萊駒失戈，狼瞫取戈斬之，遂以爲車右。”瞫音舒甚反。【今注】倕氏：堯時工匠。一説是帝嚳的臣子，又一説是舜的兒子商均。《山海經·海内經》：“帝俊生三身，三身生義均，義均是始爲巧倕，是始作下民百巧。”《吕氏春秋·古樂》：“有倕作爲鼙鼓鐘磬吹苓管壎篪鞀椎鍾。”《荀子·解蔽》：“倕作弓。” 造父：西周穆王時人。衡父之子。善於御馬。曾得驊騮、騄耳等名馬，獻於王。爲王御，至昆侖，見西王母，王樂而忘歸。徐偃王反，造父爲穆王御八駿，日馳千里，攻破之。以功封於趙，爲趙氏先祖。 非子：西周孝王時人。伯益後裔，大駱子。居於犬丘，善養馬。在汧、渭二水之間主管養馬，馬大繁殖。孝王分土於非子，命爲附庸，邑於秦地，使續嬴氏祀，號曰秦嬴，爲秦國始封之祖。 狼瞫：當作“狼瞫”。紹興本、大德本、殿本作“狼瞫”。春秋晉國人。晉襄公時以勇升爲車右。箕之役，爲先軫廢黜。及至彭衙，率其部下馳沖秦師，戰死，晉軍隨進，大敗秦師。 案，右於，紹興本作“右以”。 禽：通“擒”。

[3]【李賢注】弓父，弓工也。闞子曰：“宋景公使弓工爲弓，九年，來見公。公曰：‘爲弓亦遲矣。’對曰：‘臣精盡於弓矣。’獻弓而歸，三日而死。公張弓東向而射，矢踰西霜之山，集彭城之東，其餘力逸勁，飲羽於石梁。”《吕氏春秋》曰，荆人飲飛入江斬蛟（飲，紹興本、大德本、殿本作“佽”，是）。《前書》，武帝時，吾丘壽王字子贛，以善格五待制。格五，今之簺也。東方朔以善談笑俳優得幸。班固曰：“朔應諧似優。”杜預注《左傳》曰：“優，調戲也。”【今注】佽非：或作“次飛”“兹非”。春秋時

楚國勇士。嘗得寶劍，涉江至中流，兩蛟繞其舟。舟將覆，非拔劍赴江，刺殺兩蛟，舟中衆人賴以得活。楚王聞之，任以爲執圭。孔子知之，以其能不顧生死而除害，贊其壯。非，殿本作“飛”。　壽王：吾丘壽王。傳見《漢書》卷六四上。

［4］【李賢注】《前書》，上官桀，武帝時爲期門郎，從上甘泉，大風，車不得行，解蓋授桀，雖風（風，紹興本作“底”），蓋常屬車。桑弘羊，洛陽賈人也，以能心計爲侍中。【今注】上官：上官桀。隴西上邽（今甘肅天水市麥積區）人。西漢武帝時，初爲羽林期門郎，後任未央厩令、侍中、騎都尉。以搜粟都尉隨李廣利征大宛，因其敢於深入，在班師後被封爲少府，後遷太僕。武帝病篤，任爲左將軍，與霍光同受遺詔輔少主，封安陽侯。昭帝即位，其孫女被立爲皇后。後聯合御史大夫桑弘羊、帝姊鄂邑長公主及燕王劉旦與大將軍霍光争權，最終以謀反罪被族誅。事見《漢書》卷六一《李廣利傳》、卷九七上《外戚傳上》。　弘羊：桑弘羊，洛陽（今河南洛陽市）人。出身商人家庭。年十三被武帝召爲侍中，後任治粟都尉。領大農令。積極參與制定、推行鹽鐵酒官營專賣政策，並建議設立均輸、平準機構，由政府直接經營運輸和貿易，平抑物價。昭帝即位，他被任爲御史大夫，與霍光、金日磾共同輔政。後以罪被殺。事見《漢書》卷二四《食貨志》、卷六三《武五子傳》、卷六六《田千秋傳》、卷六八《霍光傳》、卷九六下《西域傳下》。　抱璞：指保持本色，不爲爵禄所惑。《戰國策·齊策》載戰國齊宣王欲用顔斶，斶辭曰：“夫玉生於山，制則破焉，非弗寶貴矣，然大璞不完；士生乎鄙野，推選則禄焉，非不得尊遂也，然而形神不全。斶願得歸。”

於是公子仰首降階，忸怩而避。[1]胡老乃揚衡含笑，援琴而歌。[2]歌曰：“練余心兮浸太清，滌穢濁兮存正靈。和液暢兮神氣寧，情志泊兮心亭亭，嗜欲息兮無由生。踔宇宙而遺俗兮，眇翩翩而獨征。”[3]

[1]【李賢注】忸怩，心慙也。忸音女六反。怩音尼。

[2]【李賢注】衡，眉目之間也。

[3]【李賢注】太清謂天也。和液謂和氣靈液也。亭亭，孤峻之皃。踔猶越也，音丑教反。【今注】練：洗滌。　眇：高遠貌。　翩翩：輕捷貌。

建寧三年，[1]辟司徒橋玄府，[2]玄甚敬待之。出補河平長。[3]召拜郎中，[4]校書東觀。[5]遷議郎。[6]邕以經籍去聖久遠，文字多謬，俗儒穿鑿，疑誤後學，熹平四年，[7]乃與五官中郎將堂谿典、光禄大夫楊賜、諫議大夫馬日磾、議郎張馴、韓説、太史令單颺等，[8]奏求正定六經文字。靈帝許之，邕乃自書丹於碑，[9]使工鐫刻立於太學門外。[10]於是後儒晚學，咸取正焉。及碑始立，其觀視及摹寫者，車乘日千餘兩，填塞街陌。

[1]【今注】建寧：東漢靈帝劉宏年號（168—172）。

[2]【今注】司徒：官名。西周置，西漢哀帝罷丞相置大司徒。東漢光武建武二十七年（51），去“大”，稱司徒。掌民政，凡教民孝悌、遜順、謙儉，養生送死之事，則議其制，建其度，與太尉、司空並列“三公”。本書《百官志一》：“司徒，公一人。本注：掌人民事。”　橋玄：字公祖，梁國睢陽（今河南商丘市南）人。傳見本書卷五一。案，錢大昭《後漢書辨疑》：“案本紀橋公爲司徒在四年三月，非三年也。”王先謙《後漢書集解》引洪頤煊曰：“‘司徒’當作‘司空’。《靈帝紀》建寧三年八月大鴻臚橋玄

爲司空，四年三月司徒許訓免，司空橋玄爲司徒。”

［3］【今注】長：縣長。漢代萬户以上縣的長官稱縣令，不足萬户稱長。案，錢大昕《廿二史考異》卷一二《後漢書三》指出，“《郡國志》無河平縣”。

［4］【今注】郎中：官名。漢承秦置。西漢有車、户、騎三將，内充侍衛，外從作戰。東漢罷郎中三將，遂分隸五官、左、右中郎將三署，備宿衛，充車騎。屬光禄勳，比三百石。

［5］【今注】東觀：東漢藏書、校書、撰修國史的重要機構，興建於光武帝末或明帝初年，在洛陽南宫（參見朱桂昌《後漢洛陽東觀考》，《洛陽大學學報》1996 年第 1 期）。

［6］【今注】議郎：官名。秦置漢承。掌顧問應對，參與議政。不入直宿衛。漢九卿之一光禄勳（郎中令）屬官，秩比六百石。

［7］【今注】熹平：東漢靈帝劉宏年號（172—178）。

［8］【李賢注】堂谿，姓也。《先賢行狀》曰：“典字子度，潁川人，爲西鄂長。”【今注】五官中郎將：官名。秦置漢承。主五官署郎，掌宫禁宿衛。東漢時，或參與征戰，或共典選舉，或將副監喪，或承制問難，或持節奉策。章帝建初元年（76），復以五官中郎將行長樂衛尉事。但事實上，東漢中後期，虎賁、羽林郎更多承擔宫禁宿衛職能，五官中郎將的宿衛作用較弱。屬光禄勳，秩比二千石。　堂谿典：複姓堂谿，潁川郡人。　光禄大夫：官名。西漢武帝時改中大夫置，掌論議。屬光禄勳，秩比二千石。西漢晚期，多作爲貴戚重臣的加官。無員限。東漢時，因權臣不復冠此號，漸成閑散之職，雖仍掌顧問應對，但多用以拜假賵贈之使，及監護諸國嗣喪事。本書《百官志二》載：“光禄大夫，比二千石。本注曰：無員。凡大夫、議郎皆掌顧問應對，無常事，唯詔令所使。凡諸國嗣之喪，則光禄大夫掌弔。”　楊賜：字伯獻，弘農華陰（今陝西華陰市東）人。傳見本書卷五四。曹金華《後漢書稽

疑》："余疑'光禄大夫楊賜'爲'議郎楊彪'之訛。《盧植傳》載植'與諫議大夫馬日磾、議郎蔡邕、楊彪、韓説等並在東觀，校中書《五經》記傳，補續《漢記》'。《楊彪傳》載'熹平中，以博習舊聞，公車征拜議郎'，注引《華嶠書》：'與馬日磾、盧植、蔡邕等著作東觀。'《孔融傳》與《魏志·袁術傳》注引《三輔決録注》：日磾'與楊彪、盧植、蔡邕等典校中書'。《後漢紀》卷二五載：盧植'征拜議郎，與蔡邕、楊彪等並在東觀，補續《漢記》'。而《楊賜傳》載賜熹平中爲司空，復拜光禄大夫，再爲司徒，不及著書東觀事也。"（中華書局2014年版，第787頁） 諫議大夫：官名。秦始置，西漢武帝復置，稱"諫大夫"。掌諫争、顧問應對，議論朝政。屬光禄勳，無定員，秩比八百石。本書《百官志二》："諫議大夫，六百石。本注曰：無員。"惠棟《後漢書補注》引《齊職儀》曰："秦置諫大夫，屬郎中令，無常員，多至數十人，掌論議，漢初不置，至武帝始因秦置之，無常員，皆名儒宿德爲之。光武增'議'字爲諫議大夫，置三十人。" 馬日磾：字翁叔，右扶風茂陵（今陕西興平市東北）人。東漢經學大師馬融的族孫（或説是族子），以才學入仕，歷任諫議大夫、射聲校尉、太常、太尉、太傅等職，爲袁術脅迫而死。 張馴：字子儁，濟陰定陶（今山東菏澤市定陶區）人。傳見本書卷七九上。 韓説：字叔儒，會稽山陰（今浙江紹興市）人。傳見本書卷八二下。 太史令：官名。秦置漢承。掌天時、星曆及時節禁忌，有修史之職。屬太常，秩六百石。本書《百官志二》："太史令一人，六百石。本注曰：掌天時、星曆。凡歲將終，奏新年曆。凡國祭祀、喪、娶之事，掌奏良日及時節禁忌。凡國有瑞應、災異，掌記之。丞一人。明堂及靈臺丞一人，二百石。本注曰：二丞，掌守明堂、靈臺。靈臺掌候日月星氣，皆屬太史。" 單颺：字武宣，山陽湖陸（今山東魚臺縣東南）人。傳見本書卷八二下。

［9］【今注】書丹：用硃筆在碑石上書寫，以便鐫刻。案，沈欽韓《後漢書疏證》引《北堂書鈔》載《三輔決録》云，"韋誕奏

蔡邕自矜能兼斯籀之法，非紈素不妄下筆"。指出："按《隸釋》，《公羊》殘碑末有堂谿典、諫議大夫臣馬日磾、臣趙㦤、議郎臣□□、臣劉宏、郎中臣張文、臣蘇陵、臣傅楨。《論語》殘碑末詔書與博士臣左立、郎中臣孫表。則他經定碑亦必有同事校勘者，文字之繁固非邕一人所能遍寫也。洪氏亦云此數人中必有同時揮毫者。"

［10］【李賢注】《洛陽記》曰："太學在洛城南開陽門外，講堂長十丈，廣二丈。堂前石經四部。大碑凡四十六枚（大，紹興本、大德本、殿本作'本'），西行，《尚書》《周易》《公羊傳》十六碑存，十二碑毀。南行，《禮記》十五碑悉崩壞。東行，《論語》三碑（三，殿本作'二'），二碑毀。《禮記》碑上有諫議大夫馬日磾、議郎蔡邕名。"【今注】太學：古代大學。西漢武帝始置。東漢規模愈盛，生員衆多。（參見史錫平《漢代的太學制度》，《史學月刊》1988年第3期）

初，朝議以州郡相黨，人情比周，[1]乃制婚姻之家及兩州人士不得對相監臨。[2]至是復有三互法，[3]禁忌轉密，選用艱難。幽冀二州，久缺不補。邕上疏曰："伏見幽、冀舊壤，鎧馬所出，[4]比年兵飢，漸至空耗。今者百姓虚縣，萬里蕭條，[5]闕職經時，吏人延屬，[6]而三府選舉，踰月不定。臣經怪其事，而論者云'避三互'。十一州有禁，當取二州而已。又二州之士，或復限以歲月，狐疑遲淹，以失事會。[7]愚以爲三互之禁，禁之薄者，今但申以威靈，明其憲令，在任之人豈不戒懼，而當坐設三互，自生留閡邪？[8]昔韓安國起自徒中，朱買臣出於幽賤，並以才宜，還守本邦。[9]又張敞亡命，擢授劇州。豈復顧循三互，繼以末制乎？[10]三公明知二州之要，所宜速定，當越禁取能，以救時敝；而不顧争臣之義，[11]苟避輕微之科，[12]選用稽滯，以失其人。臣願陛下上則先帝，蠲除近禁，其諸州刺史器用可换者，[13]無拘日月三互，以差厥中。"[14]書奏不省。

［1］【今注】比周：阿黨營私。

［2］【今注】制：命令。

［3］【李賢注】三互謂婚姻之家及兩州人不得交互爲官也。《謝承書》曰"史弼遷山陽太守，其妻鉅野薛氏女，以三互自上，轉拜平原相"是也。【今注】三互法：任用地方官吏的限制規定。諸州郡行政長官不僅不能任用本籍人士，而且三州人士及婚姻之家也不能交互任官。如甲州人士有在乙州做官者，同時乙州人士又在丙州做官，則丙州人士不但不能到乙州做官，也不能到甲州做官。此法目的是防止地方官吏互相勾結庇護，以加强中央對地方的控制。延緩了東漢後期地方割據勢力的出現。（參見籍曉蕊《東漢"三互法"及"幽、冀尤甚"探析》，碩士學位論文，鄭州大學，2012年）但因禁忌轉密，造成選用困難。

［4］【李賢注】鎧，甲也。《周禮·考工記》曰："燕無函。"函亦甲也，言幽、燕之地，家家皆能爲函，故無函匠也。《左傳》曰："冀之北土，馬之所生。"

［5］【李賢注】縣音玄。【今注】虚縣：無著落。

［6］【今注】延屬：延頸矚目。比喻急切盼望的樣子。

［7］【今注】事會：時機。指辦事的時機。

［8］【今注】留閡：滯礙不通。

［9］【李賢注】《前書》，安國字長孺，梁人。坐法抵罪。居無幾，天子使使者拜安國爲梁内史，起徒中爲二千石。買臣字翁子，吴人。家貧，負薪賣以給食，歌謳道中，後拜會稽太守（太，

大德本作“大”）。【今注】韓安國：字長孺，梁國成安（今河南汝州市）人。傳見《史記》卷一〇八、《漢書》卷五二。　徒：刑徒。　朱買臣：傳見《漢書》卷六四上。

［10］【李賢注】《前書》，敞字子高，河東人也。爲京兆尹，坐與楊惲厚善，制免爲庶人，從闕下亡命。數月，冀州部有大賊，天子思敞功，使使者召拜爲冀州刺史。【今注】張敞：字子高，西漢茂陵（今陝西興平市東北）人。傳見《漢書》卷七六。　劇州：複雜難以治理的州。

［11］【今注】争臣：能直言規諫國君過錯的臣子。

［12］【今注】科：律令，法規。

［13］【今注】刺史：西漢武帝時分全國爲十三部州，州置刺史一人。奉詔巡行諸郡，以六條問事，省察治政，黜陟能否，斷理冤獄。無治所，秩六百石。漢成帝時改刺史爲州牧，秩二千石。漢哀帝中復爲刺史，旋復爲牧。東漢光武帝建武十八年（42），罷州牧，復置刺史。東漢刺史，秩亦六百石。漢靈帝中平元年（184），黄巾起義爆發，復改刺史爲州牧，成爲郡以上的一級行政組織。

［14］【今注】差：選擇。　厥：其。　中：得當。

初，帝好學，自造《皇羲篇》五十章，因引諸生能爲文賦者。本頗以經學相招，後諸爲尺牘及工書鳥篆者，皆加引召，遂至數十人。[1]侍中祭酒樂松、賈護，[2]多引無行趣埶之徒，[3]並待制鴻都門下，[4]憙陳方俗閭里小事，[5]帝甚悦之，待以不次之位。[6]又市賈小民，爲宣陵孝子者，[7]復數十人，悉除爲郎中、太子舍人。[8]時頻有雷霆疾風，傷樹拔木，地震、隕雹、蝗蟲之害。又鮮卑犯境，[9]役賦及民。六年七月，制書引咎，誥群臣各陳政要所當施行。[10]邕上封事曰：

［1］【李賢注】《説文》曰："牘，書板也，長一尺。"《藝文志》曰："六體者，古文、奇字、篆書、隸書、繆篆、蟲書。"《音義》曰："古文謂孔子壁中書也。奇字即古文而異者也。篆書謂小篆，蓋秦始皇使程邈所作也。隸書亦程邈所獻，主於徒隸，從簡易也。繆篆謂其文屈曲纏繞，所以摹印章也（大德本、殿本無'也'字）。蟲書謂爲蟲鳥之形，所以書旛信也。"

［2］【今注】侍中祭酒：官名。西漢置侍中僕射，東漢改置祭酒，爲侍中之長，不常置。本書《百官志三》："侍中，比二千石。本注曰：無員。掌侍左右，贊導衆事，顧問應對。法駕出，則多識者一人參乘，餘皆騎在乘輿車後。本有僕射一人，中興轉爲祭酒，或置或否。" 樂松：東漢靈帝時宦官，嘗任奉車都尉、侍中、侍中祭酒、中常侍等職。

［3］【今注】趣埶：同"趣勢"。趨炎附勢。

［4］【今注】待制：等待詔命。指應皇帝徵召隨時待命，以備諮詢顧問。漢朝皇帝徵召才術之士至京，以其處所性質不同，有待詔公車、待詔金馬門、待詔博士、待詔射聲士等名目。後遂演變爲官名，凡具一技之長而備諮詢顧問者，如太史、治曆、音律、本草、相工等皆置。 鴻都門：東漢洛陽南宫宫門，東漢靈帝光和元年（178）在此門建立學官，稱鴻都門學。招收學生不同於太學，多爲無名望的豪强子弟，以經學兼辭賦、小説、尺牘、字畫爲教學内容。畢業以後提拔他們擔任重要的官職，以便與士族對抗。參見王永平《漢靈帝之置"鴻都門學"及其原因考論》（《揚州大學學報》1999年第5期）、趙國華《漢鴻都門學考辨》（《華中師範大學學報》2000年第3期）、孫明君《第三種勢力：政治視角中的鴻都門學》（《學習與探索》2002年第5期）、錢志熙《"鴻都門學"事件考論：從文學與儒學關係、選舉及漢末政治等方面着眼》（《北京大學學報》2008年第1期）、曾維華與孫剛華《東漢"鴻都門學"設置原由探析》（《東嶽論叢》2010年第1期）、楊繼剛《漢

靈帝鴻都門學研究》（博士學位論文，華中師範大學，2012 年）。

［5］【今注】憙：同“喜”。

［6］【今注】不次：不按次第，指越級提拔。

［7］【今注】宣陵：東漢桓帝陵。在今河南洛陽市東北漢魏故城南。本書卷八《靈帝紀》：建寧元年，“二月辛酉，葬孝桓皇帝于宣陵，廟曰威宗”。李賢注：“在洛陽東南三十里，高十二丈，周三百步。”本書《禮儀志》注引《古今注》：“桓帝宣陵，《帝王世紀》曰：‘山方三百步，高十二丈。在雒陽東，去雒陽三十里。’”

［8］【今注】太子舍人：官名。秦置漢承，掌東宫宿衛，似郎中，秩二百石，無員額。

［9］【今注】鮮卑：古族名。東胡的一支，因别依鮮卑山，故稱。漢初，爲冒頓所敗，入遼東塞外，與烏桓相接。東漢初，與匈奴攻遼東。東漢和帝永元中，北匈奴西遷後，徙據其地。因兼併其衆，逐漸强盛，多次攻漢邊郡。桓帝時，首領檀石槐建庭立制，分爲東、中、西三部，各置大人率領。其後聯合體瓦解，步度根、軻比能等首領各擁其衆，附屬曹魏。

［10］【今注】案，誥，大德本作“制”。

臣伏讀聖旨，雖周成遇風，訊諸執事，宣王遭旱，密勿祗畏，無以或加。[1]臣聞天降灾異，緣象而至。辟歷數發，[2]殆刑誅繁多之所生也。風者天之號令，所以教人也。[3]夫昭事上帝，則自懷多福；[4]宗廟致敬，則鬼神以著。國之大事，實先祀典，[5]天子聖躬所當恭事。臣自在宰府，及備朱衣，[6]迎氣五郊，[7]而車駕稀出，四時至敬，屢委有司，雖有解除，猶爲疎廢。[8]故皇天不悦，顯此諸異。《鴻範傳》曰：[9]“政悖德隱，厥風發屋折木。”坤爲地道，《易》稱安貞。[10]陰氣憤盛，則當静反動，法爲下叛。夫權不在上，則雹傷物；政有苛暴，則虎狼食人；貪利傷民，則蝗蟲損稼。去六月二十八日，太白與月相迫，[11]兵事惡之。鮮卑犯塞，所從來遠，今之出師，未見其利。上違天文，下逆人事。誠當博覽衆議，從其安者。臣不勝憤滿，[12]謹條宜所施行七事表左：[13]

[1]【李賢注】《尚書·金縢》曰："火大孰未穫（火，紹興本、大德本、殿本作'秋'，是；孰，大德本、殿本作'熟'），天大雷電以風，王乃問諸史百執事。"《詩·大雅·雲漢篇》序曰："宣王遇旱，側身脩行，欲消去之，故大夫仍叔作《雲漢》之詩以美之。"密勿祇畏言勤勞戒懼也。【今注】密勿：猶"黽勉"，勤奮。

[2]【李賢注】辟音普歷反。《史記》曰"霹靂，陽氣之動"也。

[3]【李賢注】《翼氏風角》曰："風者天之號令，所以譴告人君者。"

[4]【李賢注】《詩·大雅》曰："昭事上帝，聿懷多福。"聿，遂也。懷，來也。【今注】昭事：勤勉地服事。昭，通"劭"。

[5]【李賢注】《左傳》曰："國之大事，在祀與戎。"

[6]【李賢注】宰府謂司徒橋玄府也。朱衣謂祭官也。《漢官儀》曰："漢家赤行，齊者絳絝韈。"韈音文伐反。

[7]【今注】迎氣：於立春日祭青帝，立夏日祭赤帝，立秋日祭白帝，立冬日祭黑帝；於立秋前十八日祭黄帝。用以迎接四季，祈求豐年。　五郊：東郊、南郊、西郊、北郊、中郊。本書卷二《明帝紀》載永平二年（59），"是歲，始迎氣於五郊"。李賢注引

《續漢書》曰："迎氣五郊之兆。四方之兆各依其位。中央之兆在未，壇皆三尺。立春之日，迎春於東郊，祭青帝句芒，車服皆青，歌《青陽》，八佾舞《雲翹》之舞。立夏之日，迎夏於南郊，祭赤帝祝融，車服皆赤，歌《朱明》，八佾舞《雲翹》之舞。先立秋十八日，迎黄靈於中兆，祭黄帝后土，車服皆黄，歌《朱明》，八佾舞《雲翹》《育命》之舞。立秋之日，迎秋於西郊，祭白帝蓐收，車服皆白，歌《白藏》，八佾舞《育命》之舞。立冬之日，迎冬於北郊，祭黑帝玄冥，車服皆黑，歌《玄冥》，八佾舞《育命》之舞。"

［8］【李賢注】解除謂謝過也。

［9］【今注】鴻範傳：《洪範五行傳》。屬伏生《尚書大傳》。（參見馬楠《〈洪範五行傳〉作者補證》，《中國史研究》2013年第1期）《漢書》卷七五《夏侯勝傳》："從始昌受《尚書》及《洪範五行傳》。"楊樹達《漢書窺管》曰："此云《洪範五行傳》，在劉向《五行傳記》之前。據沈約云：'伏生創記《大傳》，五行之體始詳；劉向廣演《洪範》，休咎之文益備。'又《隋志》云：'伏生之傳，惟劉向父子所著是其本法。'則此《洪範五行傳》乃伏生所記，今見《尚書大傳》中者是也。趙翼以爲始昌所爲，非也。"

［10］【李賢注】《易·坤·文言》曰："地道也，妻道也。"其彖曰："安貞之吉，應地無疆。"

［11］【今注】太白：即金星。又名啓明、長庚。

［12］【今注】案，滿，殿本作"懣"。

［13］【李賢注】表左謂陳之於表左也，猶今云"如左""如右"。

一事：明堂月令，天子以四立及季夏之節，迎五帝於郊，[1]所以導致神氣，祈福豐年。清廟祭祀，[2]追往孝敬，養老辟雍，[3]示人禮化，皆帝者之大業，祖宗所祇奉也。[4]而有司數以蕃國疎喪，宮内産生，[5]及吏卒小汙，屢生忌故。[6]竊見南郊齋戒，未嘗有廢，至於它祀，輒興異議。豈南郊卑而它祀尊哉？孝元皇帝策書曰："禮之至敬，莫重於祭，所以竭心親奉，以致肅祗者也。"又元和故事，復申先典。[7]前後制書，推心懇惻。而近者以來，更任太史。忘禮敬之大，任禁忌之書，拘信小故，以虧大典。禮，妻妾産者，齋則不入側室之門，無廢祭之文也。[8]所謂宮中有卒，三月不祭者，謂士庶人數堵之室，共處其中耳，[9]豈謂皇居之曠，臣妾之衆哉？自今齋制宜如故典，庶荅風霆灾妖之異。[10]

[1]【李賢注】天子居明堂，各依其月布政，故云"明堂月令"。四立謂立春、立夏、立秋、立冬。各以其日，天子親迎氣於其方，并祭其方之帝。季夏之末，祭中央帝也。【今注】明堂：古代帝王上通天象、下統萬物、宣明政教的地方。凡朝會、祭祀、慶賞、選士、養老、教學等大典，都在此舉行。參見楊鴻勛《明堂泛論——明堂的考古學研究》（日本京都大學人文科學研究所《東方學報》，1998年3月）。

[2]【今注】清廟：太廟。泛指帝王宗廟。

[3]【今注】辟雍：本爲西周天子所設大學，又是養老、鄉飲、鄉射之處，兼爲獻俘之所。

[4]【今注】祗：敬。

[5]【今注】産生：生孩子。

[6]【李賢注】小汙謂病及死也。

[7]【李賢注】章帝元和二年制曰："山川百神應典禮者，尚

未咸秩，其議脩群祀，以祈豐年。”又宗祀五帝于汶上明堂。三年，望祀華、霍，東柴岱宗，爲人祈福。【今注】元和：東漢章帝劉炟年號（84—87）。

［8］【李賢注】《禮記》曰“妻將生子，及月辰，居側室，夫使人日再問之。夫齋，則不入側室之門”也。

［9］【李賢注】《儀禮》曰：“有死於宫中者，則爲之三月不舉祭。”【今注】堵：墻。

［10］【今注】庶：幸。

二事：臣聞國之將興，至言數聞，[1]内知己政，外見民情。是故先帝雖有聖明之姿，而猶廣求得失。又因灾異，援引幽隱，重賢良、方正、敦朴、有道之選，[2]危言極諫，[3]不絶於朝。陛下親政已來，[4]頻年灾異，而未聞特舉博選之旨。[5]誠當思省述脩舊事，使抱忠之臣展具狂直，[6]以解《易傳》“政悖德隱”之言。

［1］【今注】至言：直言。

［2］【今注】賢良：選舉官吏科目之一。始於西漢文帝，常與方正、文學、能直言極諫者連稱，也稱賢良文學、賢良方正。　方正：漢代選舉官吏的科目之一。始於漢文帝。　敦朴：漢代選舉官吏科目之一。敦厚樸實之人。　有道：漢代選舉官吏科目之一。意爲選拔有道德、有才能的人。

［3］【今注】危言：正直急切之言。

［4］【今注】案，已，紹興本、大德本、殿本作“以”。

［5］【今注】案，博選，大德本作“選博”。

［6］【今注】案，具，紹興本、大德本、殿本作“其”，是。

三事：夫求賢之道，未必一塗，或以德顯，或以言揚。頃者，立朝之士，曾不以忠信見賞，恒被謗訕之誅，遂使群下結口，莫圖正辭。郎中張文，前獨盡狂言，聖聽納受，以責三司。臣子曠然，衆庶解悦。[1]臣愚以爲宜擢文右職，以勸忠謇，[2]宣聲海内，博開政路。

[1]【李賢注】《漢名臣奏》張文上疏，其略曰："《春秋義》曰：'蝗者貪擾之氣所生。天意若曰：貪狼之人，蠶食百姓，若蝗食禾稼而擾萬民。獸齧人者，象暴政若獸而齧人。'《京房易傳》曰：'小人不義而反尊榮，則虎食人，辟歷殺人，亦象暴政，妄有喜怒。'政以賄成，刑放於寵，推類叙意，探指求原（原，大德本、殿本作'源'），皆象群下貪狼，威教妄施，或苦蝗蟲。宜敕正衆邪，清審選舉，退屏貪暴。魯僖公小國諸侯，敕政脩己，斥退邪臣，尚獲其報，六月甚雨之應。豈況萬乘之主，脩善求賢？宜舉敦朴，以輔善政。陛下体堯舜之聖（体，大德本、殿本作'參'），秉獨見之明，恢太平之業，敦經好學，流布遠近，可留須臾神慮，則可致太平，招休徵矣。"制曰："下太尉、司徒、司空。夫瑞不虚至，灾必有緣。朕以不德，秉統未明，以招袄僞，將何以昭顯憲法哉？三司任政者也，所當夙夜，而各拱默，訖未有聞，將何以奉答天意，救寧我人？其各悉心思所崇改，務消復之術，稱朕意焉。"【今注】張文：惠棟《後漢書補注》指出，"石經《公羊》末有郎中臣張文即是人也"。　案，聖，大德本作"上"。　三司：太尉、司空、司徒。本書卷六《順帝紀》："今刺史、二千石之選，歸任三司。"李賢注："三司，三公也，即太尉、司空、司徒也。"

[2]【李賢注】右，用事之便，謂樞要之官。【今注】忠謇：

忠誠正直。

四事：夫司隸校尉、諸州刺史，[1]所以督察姦枉，分別白黑者也。伏見幽州刺史楊憙、益州刺史龐芝、涼州刺史劉虔，[2]各有奉公疾姦之心，憙等所糾，其効尤多。餘皆枉橈，[3]不能稱職。或有抱罪懷瑕，與下同疾，綱網弛縱，[4]莫相舉察，公府臺閣亦復默然。[5]五年制書，議遣八使，[6]又令三公謡言奏事。[7]是時奉公者欣然得志，邪枉者憂悸失色。未詳斯議，所因寢息。昔劉向奏曰："夫執狐疑之計者，開群枉之門；養不斷之慮者，來讒邪之口。"[8]今始聞善政，旋復變易，足令海内測度朝政。宜追定八使，糾舉非法，更選忠清，平章賞罰。[9]三公歲盡，差其殿最，[10]使吏知奉公之福，營私之禍，則衆灾之原庶可塞矣。

[1]【今注】司隸校尉：官名。西漢武帝時置。持節，從中都官徒千二百人，捕巫蠱，督大姦猾。後罷其兵。察三輔、三河、弘農。元帝時去節，成帝時省。哀帝中復置，但稱司隸，冠進賢冠，屬大司空，比司直。東漢復爲司隸校尉，所部河南尹、河内、右扶風、左馮翊、京兆尹、河東、弘農凡七郡，治河南洛陽。無所不糾，唯不察三公。廷議處九卿上，朝賀處公卿下。東漢光武帝特詔朝會時與御史中丞、尚書令並專席而坐，時號"三獨坐"。秩比二千石。

[2]【今注】幽州：西漢武帝時所置十三刺史部之一。治薊縣(今北京市區西南)。下轄渤海、燕國、涿、上谷、漁陽、右北平、遼西、遼東、樂浪、真番、玄菟、臨屯等郡國。　益州：西漢武帝

時所置十三刺史部之一。治雒縣（今四川廣漢市北）。下轄漢中、巴郡、廣漢、蜀郡、犍爲、牂牁、越嶲、益州、永昌等郡。　涼州：西漢武帝時所置十三刺史部之一。治隴縣（今甘肅張家川回族自治縣）。下轄安定、隴西、天水、酒泉、張掖、敦煌等郡。

[3]【今注】枉橈：彎曲。這裏指邪曲不正。

[4]【今注】綱網：綱維，法度。

[5]【今注】臺閣：尚書臺。

[6]【今注】案，本書卷六一《周舉傳》："時詔遣八使巡行風俗，皆選素有威名者，乃拜舉爲侍中，與侍中杜喬、守光禄大夫周栩、前青州刺史馮羨、尚書欒巴、侍御史張綱、兗州刺史郭遵、太尉長史劉班並守光禄大夫，分行天下。其刺史、二千石有臧罪顯明者，驛馬上之；墨綬以下，便輒收舉。其有清忠惠利，爲百姓所安，宜表異者，皆以狀上。"

[7]【李賢注】《漢官儀》曰："三公聽採長吏臧否，人所疾苦，條奏之。"是爲舉謡言者也。【今注】謡言：民間流傳的歌謡、言論。

[8]【李賢注】語見《前書》。【今注】劉向：字子政，本名更生，沛（今江蘇沛縣）人。傳見《漢書》卷三六。

[9]【李賢注】平，和也。章，明也。

[10]【今注】殿最：古代的考核，以下等爲"殿"，上等爲"最"。

五事：臣聞古者取士，必使諸侯歲貢。[1]孝武之世，郡舉孝廉，[2]又有賢良、文學之選，[3]於是名臣輩出，文武並興。漢之得人，數路而已。[4]夫書畫辭賦，才之小者，匡國理政，未有其能。陛下即位之初，先涉經術，聽政餘日，觀省篇章，聊以游意，[5]當代博弈，非以教化取士之本。而諸生競利，作者鼎沸。[6]其高者頗引經訓風喻之言；[7]下則連偶俗語，[8]有類俳優；[9]或竊成文，虚冒名氏。臣每受詔於盛化門，差次録第，其未及者，亦復隨輩皆見拜擢。既加之恩，難復收改，但守奉禄，於義已弘，不可復使理人及任州郡。[10]昔孝宣會諸儒於石渠，[11]章帝集學士於白虎，[12]通經釋義，其事優大，文武之道，所宜從之。若乃小能小善，雖有可觀，孔子以爲“致遠則泥”，君子故當志其大者。[13]

[1]【李賢注】《尚書大傳》曰：“古者諸侯之於天子，三年一貢士。一適謂之攸好德，再適謂之賢賢，三適謂之有功。”注云：“適猶得也。”【今注】歲貢：諸侯或屬國每年向朝廷遣使進貢的財物。

[2]【今注】孝廉：漢代選官科目之一。由郡、國舉孝、廉各一人。孝指善事父母，廉指廉節正直。

[3]【今注】文學：漢朝察舉科目名，爲常見特科之一。通常多與“賢良”連稱爲“賢良文學”。昭宣時始獨立以“文學”之名出現，稱作“文學高第”。

[4]【李賢注】數路謂孝廉、賢良、文學之類也。

[5]【今注】游意：游心，游神。

[6]【今注】作者：隱逸之士。《論語·憲問》：“子曰：‘賢者辟世，其次辟地，其次辟色，其次辟言。’子曰：‘作者七人矣！’”

[7]【今注】風喻：同“諷喻”。

[8]【今注】連偶：這裏指連綴。

[9]【今注】俳優：滑稽雜戲。

[10]【今注】案，任，紹興本、大德本、殿本作“仕”。

[11]【今注】石渠：閣名。在今陝西西安市西北漢長安城内未央宫前殿西北，爲漢代儒者校書之所，並藏秘書。《漢書》卷三六《劉向傳》："講論五經於石渠。"陳直《漢書新證》："石渠閣遺址今在西安未央鄉、劉家寨未央宫大殿遺址西北（天禄閣遺址則在直北），現存有漢代石渠兩具，一完一殘，在天禄閣小學内。清代光緒初年曾出'石渠千秋'瓦一片，爲王蓮生所藏，各書皆未著録，據云原物現藏天津博物館。又按：石渠閣遺址曾由余採集大泉五十錢背範三十餘方，知王莽時石渠閣已改爲刻錢範場所，詳見拙著《石渠閣王莽大泉五十錢背範的發現》文中。"（中華書局2008年版，第245、246頁）西漢宣帝甘露三年（前51），漢廷召開石渠閣會議，韋玄成與太子太傅蕭望之及五經諸儒雜論同異於石渠閣，條奏其對。漢宣帝親稱制臨決。立梁丘《易》、大小夏侯《尚書》、穀梁《春秋》博士。（參見徐興無《石渠閣會議與漢代經學的變局》，《古典文獻研究》第6輯，鳳凰出版社2003年版）

[12]【今注】白虎：宫觀名。在東漢洛陽宫殿北宫。東漢章帝建初四年（79）十一月在白虎觀召集官吏、經師數十人，集會數月，"講議五經異同"。參與者有魏應、淳于恭、賈逵、丁鴻、李育、樓望、成封、桓鬱等人，由楊終、班固記録。會上群臣論經由班固整理撰寫成《白虎通義》。

[13]【李賢注】《論語》子夏曰："雖小道必有可觀者焉，致遠恐泥。"鄭玄注云："小道，如今諸子書也。泥謂滯陷不通。"此邕以爲孔子之言，當別有所據也。

六事：墨綬長吏，職典理人，[1]皆當以惠利爲績，日月爲勞。褒責之科，所宜分明。而今在任無復能省，[2]及其還者，多召拜議郎、郎中。若器用優美，不宜處之冗散。如有釁故，[3]自當極其刑誅。豈有伏罪懼考，反求遷轉，更相倣効，[4]臧否無章？先帝舊典，未嘗有此。可皆斷絶，以覈真僞。[5]

[1]【李賢注】《漢官儀》曰“祑六百石（官，殿本作‘書’；祑，紹興本、大德本、殿本作‘秩’），銅章墨綬”也。【今注】理人：治民。

[2]【今注】省：檢查。

[3]【今注】釁（xìn）：罪。

[4]【今注】案，倣，紹興本、大德本、殿本作“放”，通。

[5]【今注】覈：核實。

七事：伏見前一切以宣陵孝子者爲太子舍人。[1]臣聞孝文皇帝制喪服三十六日，[2]雖繼體之君，父子至親，公卿列臣，受恩之重，皆屈情從制，不敢踰越。今虛僞小人，本非骨肉，既無幸私之恩，又無禄仕之實，惻隱思慕，情何緣生？而群聚山陵，假名稱孝，行不隱心，義無所依，至有姦軌之人，通容其中。桓思皇后祖載之時，[3]東郡有盜人妻者亡在孝中，[4]本縣追捕，乃伏其辜。虛僞雜穢，難得勝言。又前至得拜，後輩被遺；或經年陵次，以暫歸見漏；或以人自代，亦蒙寵榮。爭訟怨恨，凶凶道路。[5]太子官屬，宜搜選令德，豈有但取丘墓凶醜之人？其爲不祥，莫與大焉。宜遣歸田里，以明詐僞。

[1]【今注】一切：權宜，臨時。

［2］【今注】案，《漢書》卷四《文帝紀》載漢文帝遺詔："其令天下吏民，令到出臨三日，皆釋服。無禁取婦嫁女祠祀飲酒食肉。自當給喪事服臨者，皆無踐。絰帶無過三寸。無布車及兵器。無發民哭臨宫殿中。殿中當臨者，皆以旦夕各十五舉音，禮畢罷。非旦夕臨時，禁無得擅哭。以下，服大紅十五日，小紅十四日，纖七日，釋服。"顔師古注引應劭曰："紅者，中祥、大祥以紅爲領緣。纖者，禫也。凡三十六日而釋服矣。此以日易月也。"

［3］【李賢注】《周禮》曰："喪祝掌大喪，及祖飾棺及載，遂御之。"鄭玄云（大德本、殿本"玄"後有"注"字）："祖謂將葬祖祭於庭，載謂升柩於車也（大德本無'謂'字）。"【今注】桓思皇后：竇妙。紀見本書卷一〇下。

［4］【今注】東郡：治濮陽縣（今河南濮陽市華龍區西南）。

［5］【今注】凶凶：騷動不安。

書奏，帝乃親迎氣北郊，及行辟雍之禮。又詔宣陵孝子爲舍人者，悉改爲丞尉焉。[1]光和元年，[2]遂置鴻都門學，畫孔子及七十二弟子像。其諸生皆勑州郡三公舉用辟召，或出爲刺史、太守，入爲尚書、侍中，[3]乃有封侯賜爵者，士君子皆耻與爲列焉。

［1］【今注】丞尉：縣丞、縣尉。

［2］【今注】光和：東漢靈帝劉宏年號（178—184）。

［3］【今注】尚書：官名。東漢尚書臺六曹，每曹設尚書一人，分别負責己曹事務。秩六百石。本書《百官志三》："尚書六人，六百石。本注曰：成帝初置尚書四人，分爲四曹：常侍曹尚書主公卿事；二千石曹尚書主郡國二千石事；民曹尚書主凡吏上書事；客曹尚書主外國夷狄事。世祖承遵，後分二千石曹，又分客曹爲南主客曹、北主客曹，凡六曹。"　侍中：官名。秦始置。西漢

時爲加官，無員，凡官員加此頭銜即可入禁中，親近皇帝。初掌雜務，後漸與聞朝政、贊導衆事、顧問應對，與公卿大臣論辯，平議尚書奏事，爲中朝要職。本書《百官志三》：“侍中，比二千石。本注曰：無員。掌侍左右，贊導衆事，顧問應對。法駕出，則多識者一人參乘，餘皆騎在乘輿車後。本有僕射一人，中興轉爲祭酒，或置或否。”

時妖異數見，人相驚擾。其年七月，詔召邕與光禄大夫楊賜、諫議大夫馬日磾、議郎張華、太史令單颺詣金商門，引入崇德殿，[1]使中常侍曹節、王甫就問灾異及消改變故所宜施行。[2]邕悉心以對，事在《五行》《天文志》。[3]又特詔問曰：“比災變互生，未知厥咎，朝廷焦心，載懷恐懼。[4]每訪群公卿士，庶聞忠言，[5]而各存括囊，莫肯盡心。[6]以邕經學深奥，故密特稽問，宜披露失得，指陳政要，勿有依違，[7]自生疑諱。具對經術，以皁囊封上。”[8]邕對曰：

[1]【李賢注】《洛陽記》曰“南宫有崇德殿、太極殿，西有金商門”也。

[2]【今注】曹節：字漢豐，南陽新野（今河南新野縣）人。傳見本書卷七八。　王甫：事迹見本書卷七八《宦者傳》。

[3]【李賢注】其志今亡。《續漢志》曰，光和元年，詔問曰：“連年蝗蟲，其咎焉在?”邕對曰：“《易傳》云：‘大作不時天降灾，厥咎蝗蟲來。’《河圖秘徵篇》曰：‘帝貪則政暴，吏酷則誅慘。生蝗蟲，貪苛之所致也。’”又南宫侍中寺，雌鷄欲化爲雄，一身毛皆似雄，但頭冠尚未變。詔以問邕。對曰：“貌之不恭，則有鷄禍。宣帝黄龍元年，未央宫雌鷄化爲雄，不鳴無距。

是歲元帝初即位，將立王皇后。至初元元年，丞相史家雌鷄化爲雄，距而鳴將。是后父禁爲平陽侯，女立爲后。至哀帝晏駕，后攝政，王莽以后兄子爲大司馬，由是爲亂。臣竊推之，頭爲元首，人君之象。令鷄一身已變（令，紹興本、大德本、殿本作‘今’），未至於頭而止，是將有其事而不遂成之象也。若應之不精，政無所改（改，大德本、殿本作‘及’），頭冠或成，爲患滋大也。”

［4］【今注】載：滿。

［5］【今注】庶聞：希冀。

［6］【李賢注】括囊喻閉口而不言。《易》曰：“括囊无咎。”王弼注云：“括，結也（大德本無‘也’字）。”

［7］【今注】依違：順從或違背，不能作決斷。這裏指有所諱言。

［8］【李賢注】《漢官儀》曰“凡章表皆啓封，具言密事得皁囊”也（具，紹興本、大德本、殿本作“其”）。【今注】案，惠棟《後漢書補注》引袁夢麒《漢制叢録》曰：“東方朔言文帝集書囊爲殿幃，翟酺又言文帝飾帳於皂囊者指此。其後靈帝詔蔡邕指陳政要，具對經術，以皂囊封上，遵前制也。”

臣伏惟陛下聖德允明，深悼災咎，褒臣末學，特垂訪及，非臣螻蟻所能堪副。斯誠輸寫肝膽出命之秋，[1]豈可以顧患避害，使陛下不聞至戒哉！臣伏思諸異，皆亡國之怪也。天於大漢，殷勤不已，[2]故屢出袄變，[3]以當譴責，欲令人君感悟，改危即安。今災眚之發，不於它所，遠則門垣，近在寺署，[4]其爲監戒，[5]可謂至切。

［1］【今注】輸寫：表達情意。　出命：獻出生命。

［2］【今注】殷勤：懇切。

［3］【今注】祅：同“妖”。

［4］【今注】寺署：官署。

［5］【今注】監戒：鑒察往事，警戒將來。

蜺墯鷄化，[1]皆婦人干政之所致也。前者乳母趙嬈，貴重天下，[2]生則貲藏侔於天府，[3]死則丘墓踰於園陵，兩子受封，兄弟典郡；續以永樂門史霍玉，依阻城社，[4]又爲姦邪。今者道路紛紛，復云有程大人者，[5]察其風聲，將爲國患。宜高爲隄防，明設禁令，深惟趙、霍，以爲至戒。[6]今聖意勤勤，思明邪正。[7]而聞太尉張顥，[8]爲玉所進；光禄勳姓璋，[9]有名貪濁；又長水校尉趙玹、[10]屯騎校尉蓋升，[11]並叨時幸，[12]榮富優足。宜念小人在位之咎，退思引身避賢之福。[13]

［1］【今注】蜺墯：案，本書《五行志五》：“靈帝光和元年六月丁丑，有黑氣墯北宮温明殿東庭中，黑如車蓋，起奮訊，身五色，有頭，體長十餘丈，形貌似龍。上問蔡邕，對曰：‘所謂天投蜺者也。不見足尾，不得稱龍。《易傳》曰：“蜺之比無德，以色親也。”《潛潭巴》曰：“虹出，后妃陰脅王者。”又曰：“五色迭至，照于宫殿，有兵革之事。”《演孔圖》曰：“天子外苦兵，威内奪，臣無忠，則天投蜺。”變不空生，占不空言。’”　鷄化：案，本書《五行志一》：“靈帝光和元年，南宫侍中寺雌雞欲化雄，一身毛皆似雄，但頭冠尚未變。詔以問議郎蔡邕。邕對曰：‘貌之不恭，則有雞禍。宣帝黄龍元年，未央宫雌雞化爲雄，不鳴無距。是歲元

帝初即位，立王皇后。至初元元年，丞相史家雌雞化爲雄，冠距鳴將。是歲后父禁爲陽平侯，女立爲皇后。至哀帝晏駕，后攝政，王莽以后兄子爲大司馬，由是爲亂。臣竊推之，頭，元首，人君之象；今雞一身已變，未至於頭，而上知之，是將有其事而不遂成之象也。若應之不精，政無所改，頭冠或成，爲患兹大。'"

［2］【李賢注】嬈音奴鳥反（奴，大德本、殿本作"女"）。【今注】趙嬈：東漢桓帝的乳母，與宦官曹節、王甫等相互勾結，諂事竇太后。

［3］【今注】侔：相等。　天府：《周禮》職官名，掌管祖守藏與禁令。後因稱朝廷藏物的府庫。

［4］【今注】依阻：憑借，仗恃。

［5］【今注】程大人：中常侍程璜之女，用事宫中，又稱"程夫人"。

［6］【李賢注】趙嬈及霍玉也。

［7］【今注】案，邪，大德本作"雅"。

［8］【今注】太尉：官名。東漢光武帝建武二十七年（51）改大司馬置，秩萬石，爲三公之首。本書《百官志一》："太尉，公一人。本注曰：掌四方兵事功課，歲盡即奏其殿最而行賞罰。凡郊祀之事，掌亞獻；大喪則告謚南郊。凡國有大造大疑，則與司徒、司空通而論之。國有過事，則與二公通諫争之。"　張顥：字智明，常山人。曾任太常、太尉。

［9］【李賢注】姓（姓，大德本、殿本作"偉"），姓也；璋，名也。漢有姓偉。【今注】光禄勳：官名。秦稱郎中令，漢因之，武帝時更名光禄勳，掌宫掖門户。秩中二千石，位列九卿。本書《百官志二》："光禄勳，卿一人，中二千石。本注曰：掌宿衛宫殿門户，典謁署郎更直執戟，宿衛門户，考其德行而進退之。郊祀之事，掌三獻。"　案，姓，大德本、殿本作"偉"。

［10］【李賢注】音玄。《蔡邕集》"玹"作"玄"。【今注】

長水校尉：官名。西漢武帝初置。領長水宣曲胡騎，屯戍京師，兼任征伐。爲北軍八校尉之一，秩二千石，位次列卿，屬官有丞、司馬等。東漢光武帝建武七年省、十五年復置，爲北軍五校尉之一，秩比二千石，隸北軍中候。掌宿衛禁兵，下設司馬、胡騎司馬各一員。本書《百官志三》："長水校尉一人，比二千石。本注曰：掌宿衛兵。"

［11］【今注】屯騎校尉：官名。西漢武帝始置，爲北軍八校尉之一。領本營騎士，掌戍衛京師，兼任征伐。秩二千石。東漢初改名"驍騎校尉"。光武帝建武十五年復舊，隸北軍中候，爲北軍五校尉之一，掌宿衛禁兵。秩比二千石。本書《百官志三》載："屯騎校尉一人，比二千石。本注曰：掌宿衛兵。"　蓋升：曾任南陽太守、太中大夫，與東漢靈帝有舊恩。

［12］【今注】叨：承受。

［13］【李賢注】《尚書》曰："君子在野，小人在位。"

伏見廷尉郭禧，[1]純厚老成；光禄大夫橋玄，聰達方直；故太尉劉寵，[2]忠實守正：並宜爲謀主，數見訪問。夫宰相大臣，君之四體，[3]委任責成，優劣已分，不宜聽納小吏，雕琢大臣也。[4]又尚方工技之作，[5]鴻都篇賦之文，可具消息，[6]以示惟憂。[7]《詩》云："畏天之怒，不敢戲豫。"[8]天戒誠不可戲也。宰府孝廉，士之高選。近者以辟召不慎，切責三公，而今並以小文超取選舉，開請託之門，違明王之典，衆心不厭，莫之敢言。[9]臣願陛下忍而絶之，思惟萬機，以答天望。聖朝既自約厲，左右近臣亦宜從化。人自抑損，以塞咎戒，則天道虧滿，鬼神福謙矣。臣以愚贛，[10]感激忘身，敢觸忌諱，手書具對。夫君臣不密，上有漏言之戒，下有失身之禍。[11]願寢臣表，無使盡忠之吏，受怨姦仇。

［1］【今注】廷尉：官名。秦置漢承，西漢景帝時更名爲大理，武帝時復爲廷尉，哀帝復更名爲大理，王莽時更名爲作士。掌管刑獄，九卿之一，秩中二千石。本書《百官志二》："廷尉，卿一人，中二千石。本注曰：掌平獄，奏當所應。凡郡國讞疑罪，皆處當以報。" 郭禧：字公房，扶溝縣人。又曾任太僕、太尉。

［2］【今注】劉寵：字祖榮，東萊牟平（今山東烟臺市西北）人。傳見本書卷七六。

［3］【李賢注】謂肱股也（肱股，大德本、殿本作"股肱"）。

［4］【李賢注】雕琢猶鐫削以成其罪也。

［5］【今注】尚方：官署名。亦作上方。秦、漢皆置，隸少府。掌使役工徒，製造手工藝品及宫廷器用、刀劍等兵器，專供御用。有令、丞各一人。本書《百官志三》："尚方令一人，六百石。本注曰：掌上手工作御刀劍諸好器物。丞一人。"

［6］【今注】案，具，紹興本、大德本、殿本作"且"。 消息：停止，平息。

［7］【今注】惟憂：這裏指憂心政事。《詩·小雅·小弁》："維憂用老。"

［8］【今注】案，今本《詩·大雅·板》作"敬天之怒，無敢戲豫"。

［9］【李賢注】厭，伏也，音一葉反。

［10］【今注】愚贛：痴騃，魯直。

［11］【李賢注】《易》曰："君不密則失臣，臣不密則失身。"

章奏，帝覽而歎息，因起更衣，曹節於後竊視之，悉宣語左右，事遂漏露。其爲邕所裁黜者，皆側目思報。初，邕與司徒劉郃素不相平，[1]叔父衛尉質[2]又與將作大匠楊球有隙。[3]球即中常侍程璜女夫也，璜遂使人飛章言邕、質數以私事請託於郃，[4]郃不聽，邕含隱切，志欲相中。[5]於是詔下尚書，召邕詰狀。邕上書自陳曰：

[1]【今注】劉郃：字季承。東漢宗室。嘗任濟陰太守、大鴻臚。東漢靈帝光和二年（179）遷司徒。與永樂少府陳球等謀誅宦官張讓、曹節等，事泄，下獄死。

[2]【李賢注】質字子文，著《漢職儀》。【今注】衛尉：官名。戰國秦置，西漢沿置，掌宫門屯衛兵，秩中二千石，列位九卿。本書《百官志二》："衛尉，卿一人，中二千石。本注曰：掌宫門衛士，宫中徼循事。"

[3]【今注】將作大匠：官名。秦稱將作少府，掌治宫室。西漢景帝中元六年（前144）改稱將作大匠。東漢沿置，秩二千石，掌修作宗廟、路寢、宫室、陵園土木工程等。本書《百官志四》："將作大匠一人，二千石。本注曰：承秦，曰將作少府，景帝改爲將作大匠。掌修作宗廟、路寢、宫室、陵園木土之功，並樹桐梓之類列於道側。"　楊球：大德本作"陽球"。傳見本書卷七七。

[4]【今注】飛章：報告急變的奏章。

[5]【李賢注】中傷也。

臣被召，問以大鴻臚劉郃前爲濟陰太守，[1]臣屬吏張宛長休百日，[2]郃爲司隸，[3]又託河内郡吏李奇爲州書佐，[4]及營護故河南尹羊陟、侍御史胡母班，郃不爲用致怨之狀。[5]臣征營怖悸，[6]肝膽塗地，不知死命所在。竊自尋案，實屬宛、奇，不及陟、班。凡休假小吏，非結恨之本。與陟姻家，豈敢申助私黨？如臣父子欲相傷陷，當明言臺閣，具陳恨狀所緣。内無寸事，而謗書外發，宜以臣對與郃參驗。

［1］【今注】大鴻臚：官名。秦置典客，掌諸歸義蠻夷。西漢景帝中更名大行令，武帝太初元年（前104）更名大鴻臚。成帝河平元年（前28）罷典屬國併大鴻臚。王莽時改稱典樂。東漢復稱大鴻臚。九卿之一，秩中二千石。本書《百官志二》："大鴻臚，卿一人，中二千石。本注曰：掌諸侯及四方歸義蠻夷。其郊廟行禮，贊導，請行事，既可，以命群司。諸王入朝，當郊迎，典其禮儀。及郡國上計，匡四方來，亦屬焉。皇子拜王，贊授印綬。及拜諸侯、諸侯嗣子及四方夷狄封者，臺下鴻臚召拜之。王薨則使弔之，及拜王嗣。"　濟陰：郡名。治定陶縣（今山東菏澤市定陶區西北）。

［2］【李賢注】休，假也。《前書音義》曰"吏病滿百日當免"也。

［3］【今注】司隸：司隸校尉。官名。西漢武帝時置，掌察舉京師及京師近郡犯法者，並領京師所在之州。秩二千石。東漢時，主掌監察皇親國戚、京城百官，兼有領兵、檢敕、捕殺罪犯之權。同時爲司隸州行政長官，轄有京兆、左馮翊、右扶風、河東、河内、河南及弘農七郡，治所在今河南洛陽市。秩比二千石。本書《百官志四》："司隸校尉一人，比二千石。本注曰：孝武帝初置，持節，掌察舉百官以下，及京師近郡犯法者。元帝去節，成帝省，建武中復置，并領一州。從事史十二人。本注曰：都官從事，主察舉百官犯法者。功曹從事，主州選署及衆事。別駕從事，校尉行部

則奉引，録衆事。簿曹從事，主財穀簿書。其有軍事，則置兵曹從事，主兵事。其餘部郡國從事，每郡國各一人，主督促文書，察舉非法，皆州自辟除，故通爲百石云。假佐二十五人。本注曰：主簿録閤下事，省文書。門亭長主州正。門功曹書佐主選用。孝經師主監試經。月令師主時節祠祀。律令師主平法律。簿曹書佐主簿書。其餘都官書佐及每郡國，各有典郡書佐一人，各主一郡文書，以郡吏補，歲滿一更。司隸所部郡七。"

［4］【李賢注】《續漢志》曰："書佐，主幹文書。"【今注】河内：郡名。治懷縣（今河南武陟縣西南）。

［5］【李賢注】《邕集》其奏曰："邕屬張宛長休百日，郃假宛五日；復屬河南李奇爲書佐，郃不爲召；太山黨魁羊陟與邕季父衛尉質對門九族（太，紹興本、大德本作'大'；紹興本、大德本、殿本無'對'字），質爲尚書，營護阿擁，令文書不覺，郃被詔書考胡母班等，辭與陟爲黨，質及邕頻詣郃問班所及，郃不應，遂懷怨恨，欲必中傷郃。"制曰："下司隸校尉正處上。"《邕集》作"綦母班"也。【今注】營護：救護。　河南尹：東漢光武帝建武十五年（39）置。爲京都雒陽所在河南郡長官。主掌京都事務，春行屬縣，勸農桑，振乏絶；秋冬案訊囚徒，平其罪法；歲終遣吏上計；並舉孝廉，典禁兵。秩二千石。　羊陟：字嗣祖，太山梁父（今山東新泰市西）人。傳見本書卷六七。　侍御史：官名。漢置。掌察舉非法，受公卿群吏奏事，有違失舉劾之。御史中丞屬官。有十五人，秩六百石。本書《百官志三》："侍御史十五人，六百石。本注曰：掌察舉非法，受公卿群吏奏事，有違失舉劾之。凡郊廟之祠及大朝會、大封拜，則二人監威儀，有違失則劾奏。"　胡母班：字季皮，太山（今山東泰安市）人。少與度尚、張邈等八人輕財重義，世稱"八厨"。董卓擅政時官至執金吾。奉卓命招撫袁紹，至河内，被太守王匡所殺。

［6］【今注】征營：惶恐不安貌。

臣得以學問特蒙褒異，執事秘館，操管御前，姓名貌狀，微簡聖心。[1]今年七月，召詣金商門，問以灾異，齎詔申旨，誘臣使言。[2]臣實愚戇，唯識忠盡，出命忘軀，不顧後害，遂譏刺公卿，内及寵臣。實欲以上對聖問，救消災異，規爲陛下建康寧之計。陛下不念忠臣直言，宜加掩蔽，誹謗卒至，便用疑怪。盡心之吏，豈得容哉？詔書每下，百官各上封事，欲以改政思譴，除凶致吉，而言者不蒙延納之福，旋被陷破之禍。今皆杜口結舌，以臣爲戒，誰敢爲陛下盡忠孝乎？臣季父質，連見拔擢，位在上列。臣被蒙恩渥，[3]數見訪逮。言事者因此欲陷臣父子，破臣門户，非復發糾姦伏，補益國家者也。臣年四十有六，孤特一身，得託名忠臣，死有餘榮，恐陛下於此不復聞至言矣。臣之愚冗，職當咎患，但前者所對，質不及聞，[4]而衰老白首，横見引逮，[5]隨臣摧没，并入阬埳，誠冤誠痛。臣一入牢獄，當爲楚毒所迫，趣以飲章，辭情何緣復聞？[6]死期垂至，冒昧自陳。願身當辜戮，匄質不并坐，[7]則身死之日，更生之年也。惟陛下加餐，爲萬姓自愛。

[1]【今注】簡：察閲。這裏指記得。

[2]【李賢注】齎猶持也，與賫通。【今注】齎（jī）：交付。

[3]【今注】恩渥：帝王給予的恩澤。

[4]【李賢注】前在金商門對事之時，質爲下邳相，故不聞也。

［5］【今注】引逮：株連被捕。

［6］【李賢注】趣音促。飲猶隱卻告人姓名，無可對問。章者，今之表也。《邕集》曰："光和元年，都官從事張恕，以辛卯詔書，收邕送雒陽詔獄。考吏張静謂邕曰：'省君章云欲仇怨未有所施，法令無此，以詔書又刊章家姓名，不得對相指斥考事，君學多所見，古今如此，豈一事乎？'答曰：'曉是。'吏遂飲章爲文書。"臣賢案：俗本有不解"飲"字，或改爲"報"，或改爲"款"，並非也。【今注】飲章：匿名的文書、奏章。

［7］【李賢注】匄，乞也。【今注】匄（gài）：同"丐"。

於是下邕、質於洛陽獄，劾以仇怨奉公，議害大臣，大不敬，弃市。[1]事奏，中常侍吕强愍邕無罪，[2]請之，帝亦更思其章，有詔減死一等，與家屬髡鉗徙朔方，[3]不得以赦令除。[4]楊球使客追路刺邕，客感其義，皆莫爲用。球又賂其部主使加毒害，所賂者反以其情戒邕，故每得免焉。居五原安陽縣。[5]

［1］【今注】弃市：刑罰名。在鬧市執行死刑，尸暴街頭，言與衆人共棄之。

［2］【今注】吕强：字漢盛，河南成皋（今河南滎陽市西）人。傳見本書卷七八。

［3］【今注】髡鉗：刑罰名。謂剃去頭髮，用鐵圈束頸。　朔方：郡名。治臨戎縣（今内蒙古磴口縣北）。

［4］【今注】除：減免。

［5］【李賢注】即西安陽縣也，故城在今勝州銀城縣。【今注】五原：郡名。治九原縣（今内蒙古包頭市西）。　安陽縣：治所在今内蒙古烏拉特前旗東南。

邕前在東觀，與盧植、韓説等撰補《後漢記》，[1]會遭事流離，不及得成，因上書自陳，奏其所著十意，[2]分别首目，連置章左。[3]帝嘉其才高，會明年大赦，及宥邕還本郡。邕自徙及歸，凡九月焉。將就還路，五原太守王智餞之。酒酣，智起舞屬邕，邕不爲報。[4]智者，中常侍王甫弟也，素貴驕，慙於賓客，詬邕曰："徒敢輕我！"邕拂衣而去。智銜之，密告邕怨於囚放，謗訕朝廷。内寵惡之。邕慮卒不免，乃亡命江海，遠跡吴會。[5]往來依太山羊氏，[6]積十二年。[7]

[1]【今注】盧植：字子幹，涿郡涿（今河北涿州市）人。傳見本書卷六四。

[2]【李賢注】猶《前書》十《志》也。《邕别傳》曰："邕昔作《漢記》十《意》，未及奏上，遭事流離，因上書自陳曰：'臣既到徙所，乘塞守烽，職在候望，憂怖焦灼，無心能復操筆成草，致章闕廷。誠知聖朝不責臣謝，但懷愚心有所不竟。臣自在布衣，常以爲《漢書》十《志》下盡王莽而止，光武已來唯記紀傳，無續志者。臣所事師故太傅胡廣，知臣頗識其門户，略以所有舊事與臣。雖未備悉，粗見首尾，積累思惟，二十餘年。不在其位，非外史庶人所得擅述。天誘其衷，得備著作即（即，大德本、殿本作"郎"，是），建言十志皆當撰録。會臣被罪，逐放邊野，恐所懷隨軀朽腐，抱恨黄泉，遂不設施，謹先顛踣，科條諸志，臣欲删定者一，所當接續者四，前《志》所無臣欲著者五，及經典群書宜捃摭（殿本"宜"前有"所"字），本奏詔書所當依據，分别首目，并書章左，惟陛下留神省察。臣謹因臨戎長霍圉封上。'有《律曆意》第一（意，大德本作'志'，本注下同），《禮意》第二，《樂意》第三，《郊祀意》第四，《天文意》第五，

《車服意》第六。”

［3］【今注】章左：奏章末的空白處。

［4］【李賢注】屬猶勸也，音燭。【今注】報：酬答。

［5］【李賢注】張騭《文士》傳曰：“邕告吴人曰：‘吾昔嘗經會稽高遷亭，見屋椽竹東間第十六可以爲笛。’取用，果有異聲。”伏滔《長笛賦序》云“柯亭之觀，以竹爲椽，邕取爲笛，奇聲獨絶”也。【今注】吴會：吴郡與會稽郡。

［6］【今注】太山：泰山郡，治奉高縣（今山東泰安市東）。

［7］【今注】案，曹金華《後漢書稽疑》以爲“十二年”疑衍“二”字。其文曰：“本傳載邕光和元年七月被詔特問，旋徙朔方，‘明年大赦’，‘自徙及歸，凡九月焉’，據此亡命於吴當在光和二年。又據下文‘中平六年，靈帝崩，董卓爲司空，聞邕名高，辟之’，則在吴整整十年。又《三國志·魏書·董卓傳》注引張璠《漢紀》云：‘初，蔡邕以言事見徙，名聞天下，義動志士。及還，内寵惡之。邕恐，乃亡命海濱，往來依太山羊氏，積十年。’”（第794頁）

在吴，吴人有燒桐以爨者，[1]邕聞火烈之聲，知其良木，因請而裁爲琴，果有美音，而其尾猶焦，故時人名曰“焦尾琴”焉。[2]初，邕在陳留也，其鄰人有以酒食召邕者，比往而主以酣焉。[3]客有彈琴於屏，邕至門試潛聽之，曰：“憘！[4]以樂召我而有殺心，何也？”遂反。將命者告主人曰：“蔡君向來，至門而去。”邕素爲邦鄉所宗，主人遽自追而問其故，[5]邕具以告，莫不憮然。[6]彈琴者曰：“我向鼓弦，見螳蜋方向鳴蟬，蟬將去而未飛，螳蜋爲之一前一卻。吾心聳然，惟恐螳蜋之失之也，[7]此豈爲殺心而形於聲者乎?”邕莞然而笑曰:[8]“此足以當之矣。”

[1]【今注】爨(cuàn):燒火做飯。

[2]【李賢注】傅玄《琴賦序》曰:“齊桓公有鳴琴曰‘號鍾’,楚莊有鳴琴曰‘繞梁’,司馬相如‘緑綺’,蔡邕有‘焦尾’,皆名器也。”

[3]【今注】案,主,紹興本作“酒”。

[4]【李賢注】歎聲也,音僖(僖,大德本作“憘”)。

[5]【今注】遽:急。

[6]【李賢注】撫猶怪也(撫,紹興本、大德本、殿本作“憮”),音武。

[7]【今注】案,大德本“失”後無“之”字。

[8]【李賢注】莞,笑皃也(皃,大德本、殿本作“貌”),音胡板反。

中平六年,[1]靈帝崩,董卓爲司空,[2]聞邕名高,辟之。稱疾不就。卓大怒,詈曰:“我力能族人,蔡邕遂偃蹇者,[3]不旋踵矣。”[4]又切敕州郡舉邕詣府,邕不得已,到,署祭酒,[5]甚見敬重。舉高第,補侍御史,又轉持書御史,[6]遷尚書。三日之間,周歷三臺。[7]遷巴郡太守,[8]復留爲侍中。初平元年,[9]拜左中郎將,[10]從獻帝遷都長安,封高陽鄉侯。[11]

[1]【今注】中平:東漢靈帝劉宏年號(184—189)。

[2]【今注】董卓:字仲穎,隴西臨洮(今甘肅岷縣)人。傳見本書卷七二。　司空:官名。西周置,西漢成帝更名御史大夫爲大司空。東漢光武建武二十七年(51),去“大”字,稱“司空”。

掌水土事。與太尉、司徒合稱三公。本書《百官志一》："司空，公一人。本注曰：掌水土事。凡營城起邑、浚溝洫、修墳防之事，則議其利，建其功。凡四方水土功課，歲盡則奏其殿最而行賞罰。凡郊祀之事，掌掃除樂器，大喪則掌將校復土。凡國有大造大疑，諫争，與太尉同。"

［3］【今注】偃蹇：傲慢。

［4］【今注】旋踵：一轉脚。形容極短的時間。

［5］【今注】祭酒：指司空府祭酒。

［6］【今注】持書御史：官名。治書侍御史。負責解釋法律，爲御史中丞屬官。本書《百官志三》載："治書侍御史二人，六百石。本注曰：掌選明法律者爲之。凡天下諸讞疑事，掌以法律當其是非。"周壽昌《後漢書注補正》："《百官志》有侍御史，無侍書御史，而有治書御史。蓋唐人避諱改'治'作'持'。觀《曹褒傳》治慶氏《禮》作'持'可證。'侍'則又因'持'而誤者也。"

［7］【今注】三臺：尚書爲中臺，御史爲憲臺，謁者爲外臺。

［8］【今注】巴郡：治江州縣（今重慶市北）。

［9］【今注】初平：東漢獻帝劉協年號（190—193）。

［10］【今注】左中郎將：官名。漢置。掌宫殿的宿衛侍從。屬光禄勳，秩比二千石。本書《百官志二》載："左中郎將，比二千石。本注曰：主左署郎。"

［11］【今注】高陽鄉：故地在今河南杞縣西南。

董卓賓客部曲議欲尊卓比太公，[1]稱尚父。卓謀之於邕，邕曰："太公輔周，受命翦商，故特爲其號。今明公威德，誠爲巍巍，[2]然比之尚父，愚意以爲未可。宜須關東平定，[3]車駕還反舊京，然後議之。"卓從其言。初平二年六月，[4]地震，卓以問邕。邕對曰："地動者，陰盛侵陽，臣下踰制之所致也。前春郊天，公奉引車駕，乘金華青蓋，爪畫兩幡，遠近以爲非宜。”[5]卓於是改乘皁蓋車。[6]

[1]【今注】部曲：古代軍隊編制單位。大將軍營五部，校尉一人；部有曲，曲有軍候一人。這裏指部下。　太公：姜太公吕尚。

[2]【今注】巍巍：崇高偉大。

[3]【今注】關東：秦漢時指崤山、函谷關以東地區。

[4]【今注】案，初，大德本作“永”。

[5]【李賢注】《續漢志》曰：“乘輿大駕，公卿奉引，皇太子、皇子皆安車，朱輪，青蓋，金華爪，畫幡。”《廣雅》：“幡，箱也。”

[6]【李賢注】《續漢志》曰：“中二千石、二千石皆皁蓋，朱兩幡。”【今注】案，蓋車，大德本作“車蓋”。

卓重董邕才學，厚相遇待，每集讌，[1]輒令邕鼓琴贊事，邕亦每存匡益。然卓多自佷用，[2]邕恨其言少從，謂從弟谷曰：“董公性剛而遂非，[3]終難濟也。吾欲東奔兗州，[4]若道遠難達，且遯逃山東以待之，[5]何如？”谷曰：“君狀異恒人，每行觀者盈集。以此自匿，不亦難乎？”邕乃止。

[1]【今注】集讌：宴會。

[2]【今注】佷用：剛愎自用。

[3]【今注】遂非：堅持、掩飾錯誤。

[4]【今注】兗州：西漢武帝時所置十三刺史部之一。下轄陳

留、東郡、東平、任城、泰山、濟北、山陽、濟陰八郡。治所在昌邑縣（今山東巨野縣東南昌邑故城）。

［5］【今注】山東：崤山、函谷關以東地區，與“關東”意思相近。

及卓被誅，邕在司徒王允坐，[1]殊不意言之而歎，有動於色。允勃然叱之曰：“董卓國之大賊，幾傾漢室。君爲王臣，所宜同忿，而懷其私遇，以忘大節！今天誅有罪，而反相傷痛，豈不共爲逆哉？”即收付廷尉治罪。邕陳辭謝，乞黥首刖足，[2]繼成漢史。士大夫多矜救之，不能得。太尉馬日磾馳往謂允曰：“伯喈曠世逸才，多識漢事，當續成後史，爲一代大典。且忠孝素著，而所坐無名，誅之無乃失人望乎？”允曰：“昔武帝不殺司馬遷，使作謗書，流於後世。[3]方今國祚中衰，神器不固，不可令佞臣執筆在幼主左右。既無益聖德，[4]復使吾黨蒙其訕議。”日磾退而告人曰：“王公其不長世乎？善人，國之紀也；制作，國之典也。滅紀廢典，其能久乎！”邕遂死獄中。允悔，欲止而不及。時年六十一。[5]搢紳諸儒莫不流涕。[6]北海鄭玄聞而歎曰：[7]“漢世之事，誰與正之！”兗州、陳留聞皆畫像而頌焉。其撰集漢事，未見録以繼後史。適作《靈紀》及十《意》，又補諸列傳四十二篇，因李傕之亂，[8]湮没多不存。所著詩、賦、碑、誄、銘、讚、連珠、箴、弔、論議、《獨斷》、《勸學》、《釋誨》、《叙樂》、《女訓》、《篆執》、祝文、章表、書記，[9]凡百四篇，傳於世。

［1］【今注】王允：字子師，太原祁（今山西祁縣）人。傳見本書卷六六。案，惠棟《後漢書補注》引《殷芸小説》："允數與邕會議，允詞常屈，由是銜邕。及允誅卓，并收邕，衆人争之不能得。"又引何焯曰："裴松之以爲伯喈不應發嘆於子師坐，此謝承妄記。"惠氏以爲《殷芸小説》所載爲得其實。

［2］【今注】黥首刖足：皆刑罰。黥首，在額頭上刺字、塗墨。刖足，砍掉脚。

［3］【李賢注】凡史官記事，善惡必書。謂遷所著《史記》，但是漢家不善之事，皆爲謗也。非獨指武帝之身，即高祖善家令之言，武帝筭緡、榷酤之類是也。《班固集》云："司馬遷著書，成一家之言。至以身陷刑，故微文刺譏，貶損當世，非誼士也。"

［4］【今注】案，大德本無"益"字。

［5］【今注】案，錢大昭《後漢書辨疑》："案邕徙朔方時，自言臣年四十有六，至董卓伏誅，邕年六十歲也。此云六十一誤。"

［6］【今注】搢紳：古時官吏插笏於紳帶間，故指仕宦之人。

［7］【今注】北海：郡國名。治劇縣（今山東昌樂市西）。鄭玄：字康成，北海高密（今山東高密市西南）人。傳見本書卷三五。

［8］【今注】李傕：北地（今寧夏吴忠市）人。董卓部將。歷官校尉、車騎將軍等。漢末董卓擅政時，駐軍陳留、潁川一帶。卓被殺，他與郭汜等人率部攻陷長安，挾制獻帝，專擅朝政，大殺百官和百姓，焚毁長安宫殿。後與郭汜之間或攻殺或聯合，獻帝乘機脱逃。後爲曹操軍隊所殺。

［9］【今注】誄（lěi）：文體名。叙述亡者生前德行功業，以表哀祭。《文心雕龍·誄碑》："周世盛德，有銘誄之文。大夫之材，臨喪能誄。誄者，累也；累其德行，旌之不朽也。夏商已前，其詳靡聞。周雖有誄，未被于士。又賤不誄貴，幼不誄長，在萬乘則稱天以誄之，讀誄定謚，其節文大矣。"　銘：文體名。始於三代金

石銘刻，後逐漸演變爲頌揚、鑒戒的文體。　讚：又作“贊”，文體名。東漢前爲發明書旨，如班固《漢書》之“贊”，後漸成頌揚人物的文體（參見劉師培《左庵文論·文心雕龍頌贊篇》）。　連珠：文體名。多排偶用韻，藉串連事例或比喻以傳達微旨。嚴可均輯《全後漢文》卷七四：“道爲知者設，馬爲御者良，賢爲聖者用，辨爲知者通。”“臣聞目瞤耳鳴，近夫小戒也。狐鳴犬嗥，家人小祅也。猶忌慎動作，封鎮書符，目防其禍。是故天地示異，災變横起，則人主恒恐懼而修政。”　箴：文體名。用以規勸他人或勉勵自己的箴言。　獨斷：記述漢代名號、服飾等典章制度的著作，今本二卷。　勸學：已佚，嚴可均輯《全後漢文》卷八〇有輯本。　叙樂：嚴可均輯《全後漢文》卷七四：“世祖追修前業，采讖緯之文，曰大子樂府，曰黄門鼓吹。”嚴氏指出：“《北堂書鈔》九十六讖篇引蔡邕《叙樂》。案，此即成邊上章之樂意，唯多首二語耳。本傳稱邕所著百四篇，有《叙樂》一篇，即此篇也。”　女訓：見《太平御覽》卷五七七。女，大德本作“大”。蔡邕又有《女誡》，散見於《北堂書鈔》《太平御覽》等書。　篆勢：書法理論著作。祝文：文體名。祭祀告神求福的文辭。

論曰：意氣之感，士所不能忘也。流極之運，有生所共深悲也。[1]當伯喈抱鉗扭，[2]徙幽裔，[3]仰日月而不見照燭，臨風塵而不得經過，[4]其意豈及語平日倖全人哉！及解刑衣，竄歐越，[5]潛舟江壑，不知其遠，捷步深林，尚苦不密，但願北首舊丘，歸骸先壟，又可得乎？董卓一旦入朝，辟書先下，分明枉結，[6]信宿三遷。[7]匡導既申，狂僭屢革，資同人之先號，得北叟之後福。[8]屬其慶者，夫豈無懷？[9]君子斷刑，尚或爲之不舉，[10]況國憲倉卒，慮不先圖，矜情變容，而罰同邪黨？執政乃追怨子長謗書流後，[11]放此爲戮，[12]未或聞之典刑。

［1］【李賢注】流，極，皆放也。極音紀力反。

［2］【今注】鉗扭：指束頸縛手的刑具。

［3］【今注】幽裔：遠僻之地。

［4］【李賢注】謂迫促之，令不得避風塵也下（紹興本、大德本、殿本無“下”字）。

［5］【今注】歐越：指吴地。案，歐，大德本、殿本作“甌”。

［6］【今注】枉結：冤屈，冤結。

［7］【李賢注】謂三日之間，位歷三臺也。

［8］【李賢注】《易·同人卦》曰：“先號咷而後笑。”北叟，塞上叟也。其馬亡入胡中，人皆弔之。叟曰：“何知非福？”居數月，其馬引胡駿馬而歸，人皆賀之。叟曰：“何知非禍？”及家富馬良，其子好騎，墯而折髀，人皆弔之。叟曰：“何知非福？”居一年，胡夷大入，丁壯皆戰死者十九，其子獨以跛之故，子父相保。見《淮南子》也。【今注】資同人之先號：《周易·同人》：“九五：同人先號咷而後笑，大師克，相遇。”高亨《周易大傳今注》：“同人，聚衆。號咷，大哭。克，勝也。此疑是古代故事。蓋有軍隊被敵人圍攻，將就敗亡。乃聚衆大哭，而又轉爲喜笑。因别有大軍戰勝敵人，彼此會師，轉禍爲福。爻辭借此故事，以示筮遇此爻，先危後安，先悲後喜。”（齊魯書社2009年版，第135頁）

［9］【李賢注】慶謂恩遇也。懷，思也。荷恩遇者，豈不思之乎？

［10］【李賢注】《左傳》鄭伯見虢叔曰：“夫司寇行戮，君爲之不舉。”杜注云：“不舉盛饌也（盛，紹興本、大德本作‘成’）。”

［11］【李賢注】執政謂王允也。

［12］【李賢注】放音甫往反。【今注】放：通“仿”。

贊曰：季長戚氏，[1]才通情侈。苑囿典文，流悦音伎。[2]邕實慕静，心精辭綺。斥言金商，南徂北徙。[3]籍梁懷董，名澆身毀。[4]

［1］【今注】戚氏：指馬融先後聽命於外戚鄧氏、梁氏。

［2］【李賢注】侈謂紗帳、女樂之類。音技謂鼓琴吹笛之屬也。【今注】流悦：耽樂。

［3］【李賢注】謂對事於金商門，指斥而言，無隱諱也。【今注】徂：往。

［4］【李賢注】籍梁謂融因籍梁冀貴幸，爲作《西第頌》。懷董謂邕懷董卓之恩也（懷，紹興本作“讀”）。澆，薄也。

後漢書　卷六一

列傳第五十一

左雄　周舉 子勰　黄瓊 孫琬

左雄字伯豪，南郡涅陽人也。[1]安帝時，[2]舉孝廉，[3]稍遷冀州刺史。[4]州部多豪族，[5]好請託，雄常閉門不與交通。奏案貪猾二千石，[6]無所回忌。

［1］【今注】案，王先謙《後漢書集解》引洪亮吉説，“郡”應作“陽”，刊寫之誤。南陽，郡名。治宛縣（今河南南陽市卧龍區）。　涅陽：縣名。治所在今河南鄧州市東北穰東鎮。

［2］【今注】安帝：東漢安帝劉祜，公元106年至125年在位。紀見本書卷五。

［3］【今注】孝廉：漢代推舉人才的一種科目。孝，指孝順。廉，指廉潔。每年由郡推舉孝廉各一人，東漢時舉孝廉爲求仕進的必由之路。

［4］【今注】冀州：西漢武帝時所置十三刺史部之一。東漢時刺史治高邑縣（今河北柏鄉縣北），後移治鄴縣（今河北臨漳縣西南）。　刺史：官名。西漢武帝元封五年（前106）分全國爲十三

部，各部置刺史一人，秩六百石。無治所，奉詔巡行諸郡，省察治政。成帝綏和元年（前8）更名州牧，秩二千石。哀帝建平二年（前5）復舊制，元壽二年（前1）又改名州牧。東漢建武十一年（35）省。十八年仍置，秩六百石。有固定治所，成爲比郡高一級的地方行政長官。除監察外，又有選舉、劾奏等，有權干預地方行政，還擁有領兵之權。

［5］【今注】豪族：是漢代社會結構中一個重要的社會階層，其形成、發展可參見崔向東《漢代豪族研究》（崇文書局2004年版）。

［6］【今注】二千石：因漢代所得俸禄以米穀爲計算標準，故官秩等級以度量衡單位“石”爲名。漢朝二千石爲中央政府機構的列卿，及地方州牧郡守、諸侯王國相等。又可細分爲中二千石、二千石、比二千石三等。據《漢書·百官公卿表》顔師古注，中二千石者月各百八十斛，二千石者百二十斛，比二千石者百斛。本書《百官志五》所載與此略同。

永建初，[1]公車徵拜議郎。[2]時順帝新立，[3]大臣懈怠，朝多闕政，雄數言事，其辭深切。[4]尚書僕射虞詡以雄有忠公節，[5]上疏薦之曰：“臣見方今公卿以下，類多拱默，以樹恩爲賢，盡節爲愚，至相戒曰：‘白璧不可爲，容容多後福。’[6]伏見議郎左雄，數上封事，至引陛下身遭難戹，以爲警戒，實有王臣蹇蹇之節，[7]周公謨成王之風。[8]宜擢在喉舌之官，必有匡弼之益。”由是拜雄尚書，[9]再遷尚書令。[10]上疏陳事曰：[11]

［1］【今注】永建：東漢順帝劉保年號（126—132）。

［2］【今注】公車：本爲漢代官署名，設公車令，掌管宫殿中車馬警衛等事。漢代常用公家車馬接送應舉的人。　議郎：官名。西漢置，隸光禄勳。爲高級郎官，不入直宿衛，職掌顧問應對，參與議政，指陳得失，爲皇帝近臣，秩比六百石。東漢更爲顯要，常選任耆儒名士、高級官吏，除議政外，亦或給事宫中近署。

［3］【今注】順帝：東漢順帝劉保，公元125年至144年在位。紀見本書卷六。

［4］【今注】深切：指切中時弊。

［5］【今注】尚書僕射：官名。秦置，屬少府。西漢因之，爲尚書令副職，主文書啓封。秩六百石。　虞詡：字升卿，陳國武平（今河南鹿邑縣西北）人。傳見本書卷五八。

［6］【李賢注】容容猶和同也。言不可獨爲日玉之清絜（日，紹興本、大德本、殿本作"白"，可從），當與衆人和同（大德本、殿本"同"後有"也"字）。

［7］【今注】蹇蹇：正直、剛正不阿。

［8］【李賢注】謨，謀也。即《尚書·立政》《無逸篇》之類也。【今注】周公謨成王之風：指周公爲周成王盡心謀劃的風範。

［9］【今注】尚書：官名。始於戰國，秦時爲少府屬官，掌殿内文書。漢承秦制。西漢武帝時逐漸成爲重要宫廷政治機構，參與國家機密、議政決策，宣示詔命。百官奏事先呈尚書，皆爲正、副二封，由領尚書者拆閲副封，加以裁決，可屏抑不奏。百官選舉任用考察詰責彈劾之責亦歸之。漢成帝時設尚書五人，開始分曹辦事，群臣章奏都經尚書。

［10］【今注】尚書令：官名。秦、西漢爲尚書署長官，掌收發文書，隸少府，初秩六百石。西漢武帝之後，職權稍重，爲宫廷機要官員，升秩千石。東漢爲尚書臺長官，兼具宫官、朝官職能。秩位雖低，但總領政務。如以公任其職，增秩至二千石。

［11］【今注】案，大德本脱"事"字。

臣聞柔遠和邇，[1]莫大寧人，寧人之務，莫重用賢，用賢之道，必存考黜。是以皋陶對禹，貴在知人。[2]“安人則惠，黎民懷之。”[3]分伯建侯，代位親民，[4]民用和穆，禮讓以興。故《詩》云：“有渰淒淒，興雨祁祁。雨我公田，遂及我私。”[5]及幽、厲昏亂，不自爲政，[6]褒、豔用權，七子黨進，賢愚錯緒，深谷爲陵。故其詩云：“四國無政，不用其良。”又曰：“哀今之人，胡爲虺蜴？”言人畏吏如虺蜴也。[7]宗周既滅，六國并秦，阬儒泯典，剗革五等，更立郡縣，[8]縣設令長，郡置守尉，什伍相司，封豕其民。[9]大漢受命，雖未復古，然克慎庶官，蠲苛救敝，悦以濟難，撫而循之。至於文、景，[10]天下康乂。誠由玄靖寬柔，克慎官人故也。降及宣帝，[11]興於仄陋，[12]綜覈名實，知時所病，刺史守相，輒親引見，考察言行，信賞必罰。帝乃歎曰：“民所以安而無怨者，政平吏良也。與我共此者，其唯良二千石乎！”以爲吏數變易，則下不安業；久於其事，則民服教化。其有政理者，輒以璽書勉勵，增秩賜金，或爵至關内侯，[13]公卿缺則以次用之。是以吏稱其職，人安其業。漢世良吏，於兹爲盛，故能降來儀之瑞，建中興之功。[14]

[1]【今注】案，大德本“聞”後衍“之”字。

[2]【今注】案，貴，大德本作“曰”。

[3]【李賢注】《尚書·皋陶謨》之詞也（大德本無“也”

字)。惠，愛也。黎，衆也。

[4]【今注】代位親民：指讓諸侯直接管理百姓。

[5]【李賢注】《詩·小雅》也（殿本“詩”後有“云”字)。渰，陰雲也。淒淒，雲興貌。祁，徐也。言陰陽和，風雨時，先雨公田，乃及私田。【今注】案，王先謙《後漢書集解》謂“興雨”當作“興雲”，此用三家《詩》，而後人據《毛詩》改之。

[6]【李賢注】《詩·小雅》刺幽王曰：“不自爲政，卒勞百姓。”

[7]【李賢注】褒豔謂褒姒也。豔，色美也。七子皆褒姒之親黨，謂皇甫爲卿士，仲允爲膳夫，家伯爲宰，番爲司徒，蹶爲趣馬，棸子爲内史，楀爲師氏也。厲王淫於色（厲，殿本作“幽”。中華本校勘記云：“用毛説當作‘幽’，依鄭説應作‘厲’也”)，七子皆用，言妻黨盛也。四國，四方之國也。虺蜴之性，見人則走，哀今之人皆如是，傷時政事。見《詩·小雅》。番音方元反。棸音側流反。楀音記禹反。【今注】案，王先謙《後漢書集解》引錢大昕説，章懷太子李賢注用毛氏説，鄭康成則以豔妻爲厲王后，謂《正月》惡褒姒滅周，《十月之交》疾豔妻煽方處，則“褒豔”非一人。此疏上言“幽厲昏亂”，下言“褒、豔用權”，則亦與鄭説同。《魯詩》“豔”作“閻”，《尚書中候》作“剡”。閻、剡、豔文異實同，蓋其女族姓，非訓美色也。

[8]【李賢注】剗，削也。五等謂諸侯。【今注】剗革五等：指廢除分封制。

[9]【李賢注】《史記》，商鞅爲秦定變法之令，令人什伍而相牧司，犯禁相連坐，不告姦者腰斬。楊雄《長楊賦》曰“秦窫窳其士，封豕其人”也。

[10]【今注】文景：指西漢文帝與景帝。漢文帝劉恒，公元前180年至前157年在位。紀見《史記》卷一〇、《漢書》卷四。漢景帝劉啓，公元前157年至前141年在位。紀見《史記》卷一

一、《漢書》卷五。

［11］【今注】宣帝：西漢宣帝劉詢，公元前74年至前49年在位。紀見《漢書》卷八。

［12］【今注】興於仄陋：指宣帝生長於困苦受難之家。

［13］【今注】關内侯：二十等爵制的第十九級，地位僅次於列侯。列侯有封邑，能食其邑之租稅。而關内侯僅有封號而無封邑，寄食於關内三輔地區。

［14］【李賢注】宣帝時鳳皇五至，因以紀年。【今注】案，西漢宣帝時有五鳳（前57—前54）紀年。又史稱昭宣中興。

漢初至今，三百餘載，俗浸彫敝，巧僞滋萌，下飾其詐，上肆其殘。典城百里，[1]轉動無常，各懷一切，莫慮長久。謂殺害不辜爲威風，聚斂整辨爲賢能，以理己安民爲劣弱，以奉法循理爲不化。髡鉗之戮，[2]生於睚眥；覆尸之禍，成於喜怒。視民如寇讎，税之如豺虎。[3]監司項背相望，[4]與同疾疢，[5]見非不舉，聞惡不察，觀政於亭傳，[6]責成於朞月，[7]言善不稱德，論功不據實，虚誕者獲譽，拘檢者離毁。[8]或因罪而引高，或色斯以求名。[9]州宰不覆，競共辟召，踊躍升騰，超等踰匹。或考奏捕案，而亡不受罪，會赦行賂，復見洗滌。朱紫同色，清濁不分。故使姦猾枉濫，輕忽去就，拜除如流，缺動百數。鄉官部吏，職斯禄薄，[10]車馬衣服，一出於民，廉者取足，貪者充家，特選横調，[11]紛紛不絶，送迎煩費，損政傷民。和氣未洽，災眚不消，咎皆在此。今之墨綬，猶古之諸侯，[12]拜爵王庭，輿服有庸，[13]而齊於匹豎，叛命避負，[14]非所以崇憲明理，惠育元元也。臣愚以爲守相長吏，惠和有顯効者，可就增秩，勿使移徙，非父母喪不得去官。其不從法禁，不式王命，錮之終身，[15]雖會赦令，不得齒列。[16]若被劾奏，亡不就法者，徙家邊郡，以懲其後。鄉部親民之吏，皆用儒生清白任從政者，[17]寬其負筭，[18]增其秩禄，吏職滿歲，宰府州郡乃得辟舉。如此，威福之路塞，虚僞之端絶，送迎之役損，賦斂之源息。循理之吏，得成其化；率土之民，各寧其所。追配文、宣中興之軌，[19]流光垂祚，永世不刊。

[1]【今注】典城百里：指主管一個小小郡縣。

[2]【今注】髡鉗：指剔去頭髮，並用鐵圈束頸。

[3]【李賢注】《國語》曰："鬬丹廷見令尹子常，與之語，問畜貨聚焉。歸以語其弟曰：'楚其亡乎？吾見令尹如餓獸豺虎焉，殆必亡者也。'"

[4]【李賢注】項背相望謂前後相顧也。背音輩。

[5]【今注】疢：指熱病。泛指疾病。

[6]【今注】亭傳：指古代供旅客和傳遞文書的人途中歇宿的處所。

[7]【李賢注】朞，匝也。謂一歲。【今注】責成於朞月：以限期爲中心的效率規定在秦漢政治中具有普遍性。（參見劉曉滿、卜憲群《秦漢行政中的效率規定與問責》，《安徽史學》2012 年第 2 期）

[8]【李賢注】離，遭也。【今注】拘檢：指守分報實。

［9］【李賢注】因罪潛遁，以求高尚之名也。《論語》曰："色斯舉矣。"言觀前人之顔色也。

［10］【李賢注】斯，賤也。

［11］【李賢注】調，徵也。

［12］【李賢注】墨綬謂令長，即古子男之國也。

［13］【李賢注】庸，常也。【今注】拜爵王庭輿服有庸：指他們受命於朝廷，其職守待遇國家有明確規定。

［14］【今注】齊於匹豎叛命避負：指他們却等同於尋常百姓，不執行朝廷命令，逃避國家義務和職責。

［15］【李賢注】式，用也。

［16］【今注】不得齒列：指不得任職。

［17］【李賢注】任，堪也（堪，大德本作"甚"），音人林反。

［18］【李賢注】負，欠也。筭，口錢也。儒生未有品秩，故寬之。

［19］【李賢注】文帝、宣帝也。文帝遭吕氏難，故亦云中興（亦，大德本誤作"去"；大德本、殿本"興"後有"也"字）。

帝感其言，申下有司，考其真僞，詳所施行。雄之所言，皆明達政體，而宦豎擅權，終不能用。自是選代交互，令長月易，迎新送舊，勞擾無已，或官寺空曠，無人案事，每選部劇，乃至逃亡。永建三年，京師、漢陽地皆震裂，[1]水泉涌出。四年，司、冀復有大水。雄推較灾異，以爲下人有逆上之徵，[2]又上疏言："宜密爲備，以俟不虞。"[3]尋而青、冀、楊州盜賊連發，[4]數年之間，海内擾亂。其後天下大赦，賊雖頗解，而官猶無備，流叛之餘，數月復起。雄與僕射郭虔共上疏，以爲“寇賊連年，死亡太半，一人犯法，舉宗群亡。宜及其尚微，開令改悔。若告黨與者，聽除其罪；能誅斬者，明加其賞”。書奏，並不省。

［1］【今注】漢陽：東漢明帝永平十七年（74）改天水郡置，治所在冀縣（今甘肅甘谷縣東）。

［2］【李賢注】《天鏡經》曰：“大水自平地出，破山殺人，其國有兵。”

［3］【今注】宜密爲備以俟不虞：指應從内部秘密加以防範，以防不測。

［4］【今注】青：青州。西漢武帝時所置十三刺史部之一。東漢時刺史治臨菑縣（今山東淄博市臨淄區北）。 楊州：西漢武帝時所置十三刺史部之一。東漢時刺史治歷陽縣（今安徽和縣）。

又上言：“宜崇經術，繕脩太學。”[1]帝從之。陽嘉元年，[2]太學新成，詔試明經者補弟子，[3]增甲乙之科，員各十人。除京師及郡國耆儒年六十以上爲郎、舍人、諸王國郎者百三十八人。

［1］【今注】太學：漢武帝時置，爲國家最高學府，設學官，立五經博士，教授弟子。東漢更加興盛。

［2］【今注】陽嘉：東漢順帝劉保年號（132—135）。

［3］【今注】案，本書卷六《順帝紀》“明經”下有“下第”二字。

雄又上言：“郡國孝廉，古之貢士，出則宰民，宣協風教。若其面牆，[1]則無所施用。孔子曰‘四十不惑’，[2]《禮》稱‘强仕’。請自今孝廉年不滿四十，不得察舉，皆先詣公府，[3]諸生試家法，[4]文吏課牋奏，[5]副之端門，[6]練其虚實，以觀異能，以美風俗。有不承科令者，正其罪法。若有茂才異行，自可不拘年齒。”帝從之，於是班下郡國。明年，有廣陵孝廉徐淑，[7]年未及舉，臺郎疑而詰之。對曰：“詔書曰‘有如顔回、子奇，不拘年齒’，[8]是故本郡以臣充選。”郎不能屈。雄詰之曰：“昔顔回聞一知十，孝廉聞一知幾邪？”淑無以對，乃譴却郡。於是濟陰太守胡廣等十餘人皆坐謬舉免黜，[9]唯汝南陳蕃、潁川李膺、下邳陳球等三十餘人得拜郎中。[10]自是牧守畏慄，莫敢輕舉。迄于永嘉，[11]察選清平，多得其人。

[1]【今注】面牆：指不學無術。《尚書·周官》：“不學牆面，莅事惟煩。”孔安國傳：“人而不學，其猶正牆面而立，臨政事必煩。”孔穎達疏：“人而不學，如面向牆無所睹見，以此臨事，則惟煩亂不能治理。”後因以“面牆”比喻不學而識見淺薄。

[2]【今注】案，大德本、殿本“不”前有“而”字，是。

[3]【今注】案，大德本“皆”後有“請”字。

[4]【李賢注】儒有一家之學（有，大德本誤作“用”），故稱家。

[5]【今注】文吏課牋奏：如果是文吏就測試其應用文書的寫作。

[6]【今注】副之端門：指送往政府機構去實習。

[7]【李賢注】《謝承書》曰“淑字伯進（進，殿本作‘達’），廣陵海西人也。寬裕博雅，好學樂道。隨父愼在京師，鑽《孟氏易》《春秋》《公羊》《禮記》《周官》（鑽，大德本、殿本作

‘贊’）。善誦《太公六韜》，交接英雄，常有壯志。舉茂才，除勃海脩令，遷琅邪都尉”也。【今注】廣陵：郡名。東漢建武十八年（42）改廣陵國置，治廣陵縣（今江蘇揚州市西北蜀岡上）。東漢末移治射陽縣（今江蘇寶應縣東北射陽鎮）。

［8］【李賢注】解見《順帝紀》。【今注】案，本書卷六《順帝紀》李賢注：“《史記》曰：‘顔回，魯人，好學，年二十九髮盡白，早死。’《新序》曰：‘子奇年十八，齊君使之化阿。至阿，鑄其庫兵以爲耕器，出倉廩以賑貧窮，阿縣大化。’”

［9］【今注】濟陰：郡名。治定陶縣（今山東菏澤市定陶區西北）。　胡廣：字伯始，南郡華容（今湖北潜江市西南）人。歷事六帝，先後任司徒、太尉、司空等職。所辟多爲天下名士。傳見本書卷四四。

［10］【今注】汝南：西漢高祖四年（前203）置，治上蔡縣（今河南上蔡縣西南）。東漢徙治平輿縣（今河南平輿縣北）。　陳蕃：字仲舉，汝南平輿（今河南平輿縣北）人。初仕郡，後舉孝廉。歷任豫章太守、太尉等職。後與太尉李固等反對宦官專權，謀誅宦官而事泄被殺。傳見本書卷六六。　潁川：郡名。治陽翟縣（今河南禹州市）。　李膺：字元禮，潁川襄城（今河南襄城縣）人。初舉孝廉，後歷漁陽太守、度遼將軍，東漢桓帝時任司隸校尉。反對宦官專權，受到太學生擁戴，被稱爲“天下楷模”。爲名士“八俊”之一。黨錮事起，被捕下獄，釋放後禁錮終身。靈帝初竇武執政，又起用爲長樂少府，與陳蕃謀誅宦官失敗，再遭禁錮。不久死於獄中。傳見本書卷六七。　下邳：侯國名。東漢明帝永平十五年（72）改臨淮郡置，屬徐州。治下邳縣（今江蘇邳州市南）。　陳球：字伯真，下邳淮浦（今江蘇漣水縣）人。少受儒學，善律令。東漢順帝時舉孝廉，後歷任零陵太守、將作大匠、南陽太守等職。桓帝時官至司空、太尉。後與司徒劉郃等謀誅宦官，事泄被殺。傳見本書卷五六。　郎中：官名。東漢尚書臺置三十六

郎，亦稱郎中。秩四百石。協助諸曹尚書處理政務。秩位雖輕，但權力較重。

［11］【今注】永嘉：大德本、殿本“永熹”。案，錢大昭《漢書辨疑》謂“熹”乃“憙”之譌。王先謙《後漢書集解》引錢大昕説及惠棟説改。中華本校勘記引史繩祖《學齋佔畢》記邛州蒲江縣發地得石刻，有“永憙元年”字樣，認爲“永嘉”爲“永憙”之誤。

雄又奏徵海内名儒爲博士，[1]使公卿子弟爲諸生。有志操者，加其俸禄。及汝南謝廉，河南趙建，[2]年始十二，各能通經，雄並奏拜童子郎。[3]於是負書來學，雲集京師。

［1］【今注】博士：官名。秦置，漢因之，隸屬九卿之一奉常（太常）。西漢武帝罷黜百家之前，博士治各家之學，其後乃專立儒學一家。掌議政、制禮、藏書、顧問及教授經學、考核人材、奉命出使等。初秩比四百石，後升比六百石。東漢以降，議政職能逐漸削弱。這裏指五經博士。

［2］【今注】河南：郡名。治河南縣（今河南洛陽市東北）。

［3］【今注】童子郎：郎官名。漢代授未成年而通經者爲童子郎。

初，帝廢爲濟陰王，乳母宋娥與黄門孫程等共議立帝，[1]帝後以娥前有謀，遂封爲山陽君，邑五千户。又封大將軍梁商子冀襄邑侯。[2]雄上封事曰：“夫裂土封侯，王制所重。高皇帝約，非劉氏不王，非有功不侯。[3]孝安皇帝封江京、王聖等，[4]遂致地震之異。永建二年，封陰謀之功，又有日食之變。數術之士，咸歸咎於封爵。今青州飢虚，盜賊未息，民有乏絶，上求稟貸。陛下乾乾勞思，以濟民爲務。宜循古法，寧静無爲，以求天意，以消灾異。誠不宜追録小恩，虧失大典。”帝不聽。雄復諫曰：“臣聞人君莫不好忠正而惡讒諛，然而歷世之患，莫不以忠正得罪，讒諛蒙倖者，蓋聽忠難，從諛易也。夫刑罪，人情之所甚惡；貴寵，人情之所甚欲。是以時俗爲忠者少，而習諛者多。故令人主數聞其美，稀知其過，迷而不悟，至於危亡。臣伏見詔書顧念阿母舊德宿恩，欲特加顯賞。案尚書故事，無乳母爵邑之制，唯先帝時阿母王聖爲野王君。聖造生讒賊廢立之禍，生爲天下所咀嚼，死爲海内所歡快。[5]桀、紂貴爲天子，而庸僕羞與爲比者，以其無義也。夷、齊賤爲匹夫，[6]而王侯争與爲伍者，以其有德也。今阿母躬蹈約儉，以身率下，群僚蒸庶，莫不向風，而與王聖並同爵號，懼違本操，失其常願。臣愚以爲凡人之心，理不相遠，其所不安，古今一也。百姓深懲王聖傾覆之禍，民萌之命，危於累卵，常懼時世復有此類。怵惕之念，[7]未離於心；恐懼之言，未絶乎口。[8]乞如前議，歲以千萬給奉阿母，内足以盡恩愛之歡，外可不爲吏民所怪。梁冀之封，事非機急，宜過灾戹之運，然後平議可否。”會復有地震、緱氏山崩之異，[9]雄復上疏諫曰：“先帝封野王君，漢陽地震，今封山陽君而京城復震，專政在陰，其灾尤大。臣前後瞽言封爵至重，王者可私人以財，不可以官，宜還阿母之封，以塞灾異。今冀已高讓，山陽君亦宜崇其本節。"雄言數切至，娥亦畏懼辭讓，而帝戀戀不能已，卒封之。後阿母遂以交遘失爵。

［1］【今注】黄門：指宦官。　孫程：字稚卿，涿郡新城（今河北保定市徐水區西）人。東漢安帝時爲中黄門。安帝卒，他與中黄門王康等十八人首謀擁立濟陰王稱帝，即順帝，誅殺外戚閻顯。傳見本書卷七八。

［2］【今注】大將軍：官名。戰國時設，兩漢因之。地位因人而異，與三公相上下，與丞相相當。自西漢武帝時起領録尚書事，外主征戰，内秉國政，權勢超過丞相。東漢多以貴戚擔任，位在三公之上。　梁商：字伯夏，安定烏氏（今寧夏固原市東南）人。東漢外戚、大臣，女爲順帝皇后。傳見本書卷三四。　冀：梁冀，字伯卓，安定烏氏人。梁商之子。亦任大將軍等職，威權傾朝。傳見本書卷三四。

［3］【今注】高皇帝約非劉氏不王非有功不侯：對這一"白馬之盟"，學界主流觀點積極闡釋其政治意義，如張森年《"白馬之盟"盟詞辨説》（《廣西大學學報》1988 年第 2 期）、趙沛《試論"白馬之盟"與漢初政治模式的建立》（《河南師範大學學報》2003 年第 6 期）、朱志昊《"白馬之盟"與漢初政制——以政治正當性爲綫索》（《政治學研究》2014 年第 2 期）。但也有學者質疑或認爲這一盟約非歷史事實，如劉鳴《"白馬之盟"真僞辨》（《秦漢研究》第 6 輯，陝西人民出版社 2012 年版）、尹鵬與王文英《"白馬之盟"真僞探》（《新鄉學院學報》2020 年第 1 期）。

［4］【今注】孝安皇帝：即漢安帝劉祜。　江京：曾與安帝乳母王聖等陷害順帝（時爲皇太子），廢爲濟陰王。後中黄門孫程等人斬殺江京等，迎濟陰王即皇帝位。安帝乳母被流放到雁門。事見本書卷六《順帝紀》。　王聖：安帝乳母。封野王君。恃帝寵，勾

結宦官，競爲侈虐，與其女伯榮用事。安帝死後，王聖母女被徙往雁門。

［5］【今注】案，海内，殿本作“天下”。

［6］【今注】夷齊：指伯夷、叔齊。

［7］【今注】怵惕：警惕。惕，大德本作“陽”。

［8］【今注】案，乎，大德本、殿本作“於”，可從。

［9］【今注】緱氏山：在今河南偃師市南。

是時大司農劉據以職事被譴，[1]召詣尚書，傳呼促步，又加以捶撲。[2]雄上言：“九卿位亞三事，班在大臣，行有佩玉之節，動有庠序之儀。[3]孝明皇帝始有撲罰，[4]皆非古典。”帝從而改之，其後九卿無復捶撲者。自雄掌納言，[5]多所匡肅，每有章表奏議，臺閣以爲故事。遷司隸校尉。[6]

［1］【今注】大司農：官名。西漢武帝太初元年（前104）改大農令置。秩中二千石，位列九卿。掌管全國租賦收入和國家財政開支。新莽先後改名羲和、納言。東漢復故，機構減省，置丞、部丞各一員。屬官有太倉、平準、導官三令丞，餘皆罷省。

［2］【今注】捶撲：鞭打，杖擊。

［3］【李賢注】《禮記》曰：“公侯佩山玄玉而朱組綬，大夫佩水蒼玉而緇組綬。”【今注】案，惠棟《後漢書補注》言《東觀記》“三事”作“三公”。

［4］【今注】孝明皇帝：東漢明帝劉莊，公元57年至75年在位。紀見本書卷二。

［5］【今注】納言：尚書官員的别稱。

［6］【今注】司隸校尉：官名。西漢武帝征和四年（前89）始

置，秩二千石。初掌管理在中央諸官府服役的徒隸，後職掌京都百官及三輔等地區的犯法者，職權威重。成帝元延四年（前9）省，哀帝即位後復置，隸大司空，位比司直。

初，雄薦周舉爲尚書，舉既稱職，議者咸稱焉。及在司隸，又舉故冀州刺史馮直以爲將帥，而直嘗坐臧受罪，舉以此劾奏雄。雄悦曰："吾嘗事馮直之父而又與直善，今宣光以此奏吾，乃是韓厥之舉也。"由是天下服焉。[1]明年坐法免。後復爲尚書。永和三年卒。[2]

［1］【李賢注】韓厥，韓獻子也。《國語》曰："趙宣子舉獻子於靈公，以爲司馬。河曲之役，宣子使人以其乘車干行，獻子執而戮之。宣子皆告諸大夫曰：'可賀我矣。吾舉厥也而中吾，乃今知免於罪矣。'"

［2］【今注】永和：東漢順帝劉保年號（136—141）。

周舉字宣光，汝南汝陽人，[1]陳留太守防之子。[2]防在《儒林傳》。舉姿貌短陋，而博學洽聞，爲儒者所宗，故京師爲之語曰："五經從横周宣光。"

［1］【今注】汝陽：縣名。治所在今河南商水縣西北。案，《北堂書鈔》卷七二引《續漢書》作"字真先"。然《藝文類聚》卷五〇、《太平御覽》卷二五六引無"字真先"三字。

［2］【今注】陳留：郡名。治陳留縣（今河南開封市東南陳留鎮）。　防：周防，字偉公，汝南汝陽（今河南商水縣西北）人。尤能誦讀經書，撰《尚書雜記》。在太尉張禹舉薦下補任博士，後

又任陳留太守。不久，獲罪而免職。傳見本書卷七九上。

延熹四年，[1]辟司徒李郃府。[2]時宦者孫程等既立順帝，[3]誅滅諸閻，議郎陳禪以爲閻太后與帝無母子恩，宜徙别館，絶朝見。群臣議者咸以爲宜。舉謂郃曰："昔鄭武姜謀殺嚴公，嚴公誓之黄泉；[4]秦始皇怨母失行，久而隔絶，後感穎考叔、茅焦之言，[5]循復子道。書傳美之。[6]今諸閻新誅，太后幽在離宫，若悲愁生疾，一旦不虞，主上將何以令於天下？如從禪議，後世歸咎明公。宜密表朝廷，令奉太后，率厲群臣，朝覲如舊，以厭天心，以答人望。"郃即上疏陳之。明年正月，帝乃朝于東宫，太后由此以安。

[1]【今注】延熹：王先謙《後漢書集解》引錢大昕説延熹爲"延光"之誤。延光，東漢安帝劉祜年號（122—125）。

[2]【今注】司徒：官名。西漢哀帝元壽二年（前1）改丞相爲大司徒，東漢光武帝建武二十七年（51）改名司徒，與太尉、司空並爲三公，分掌宰相職能，秩萬石。 李郃：字孟節，漢中南鄭（今陝西漢中市）人。李固之父。通曉《五經》，懂得占術。歷任尚書令、太常、司空、司徒等職。東漢安帝崩後，他曾與步兵校尉趙直等密謀立順帝。傳見本書卷八二上。

[3]【今注】案，者，殿本誤作"豎"。

[4]【今注】案，前"嚴公"，大德本、殿本作"莊公"，後"嚴公"，大德本作"莊公"，殿本無此二字。

[5]【今注】案，穎，大德本、殿本作"潁"。

[6]【李賢注】鄭武姜生莊公及共叔段，愛叔段，謀殺莊公。公誓之曰："不及黄泉，無相見也。"既而悔之。穎考叔爲穎谷封

人（穎，大德本、殿本作“潁”），曰：“若掘地及泉，隧而相見，其誰曰不然！”公從之，遂爲母子如初。事見《左傳》。茅焦事，解見《蘇竟傳》也。

後長樂少府朱倀[1]代郤爲司徒，舉猶爲吏。時孫程等坐懷表上殿争功，帝怒，悉徙封遠縣，勑洛陽令促期發遣。舉説朱倀曰：“朝廷在西鍾下時，非孫程等豈立？[2]雖韓、彭、吴、賈之功，何以加諸！[3]今忘其大德，録其小過，如道路夭折，帝有殺功臣之譏。及今未去，宜急表之。”倀曰：“今詔怒，二尚書已奏其事，[4]吾獨表此，必致罪譴。”舉曰：“明公年過八十，位爲台輔，[5]不於今時竭忠報國，惜身安寵，欲以何求？[6]禄位雖全，必陷佞邪之譏；諫而獲罪，猶有忠貞之名。若舉言不足採，請從此辭。”倀乃表諫，帝果從之。

[1]【李賢注】音丑良反。

[2]【李賢注】朝廷謂順帝也。孫程與王康等十八人謀於西鍾下，共立濟陰王爲順帝也。【今注】西鍾：屬於德陽殿。

[3]【李賢注】韓信、彭越、吴漢、賈復也。【今注】韓：韓信。秦末漢初淮陰（今江蘇淮陰市）人。漢初重要將臣與功臣。後被吕后所殺。傳見《史記》卷九二、《漢書》卷三四。　彭：彭越，秦末漢初昌邑（今山東金鄉縣西北）人。楚漢戰争中，幫助劉邦擊敗項羽，封爲梁王。後因“謀反”而被殺。傳見《史記》卷九〇、《漢書》卷三四。　吴：吴漢，字子顔，南陽宛（今河南南陽市卧龍區）人。東漢名將。傳見本書卷一八。　賈：賈復，字君文，南陽冠軍（今河南鄧州市）人。跟隨劉秀南征北戰，封爲膠東

侯。知光武帝偃武修文，乃敦儒學，與公卿參議國家大事。傳見本書卷一七。

[4]【今注】二尚書：指郭鎮與劉光。郭鎮，字桓鍾。東漢安帝延光中爲尚書。及中黄門孫程誅中常侍江京等而立濟陰王，鎮率羽林士擊殺衛尉閻景，以成大功。傳見本書卷四六。劉光事見本書卷六《順帝紀》、卷七八《宦者傳》。

[5]【今注】案，爲，大德本、殿本作“至”。　台輔：指宰相、三公等最高級官員的尊稱。

[6]【今注】案，以何，大德本作“何以”。

舉後舉茂才，[1]爲平丘令。[2]上書言當世得失，辭甚切正。尚書郭虔、應賀等見之歎息，[3]共上疏稱舉忠直，欲帝置章御坐，以爲規誡。[4]

[1]【今注】茂才：即秀才。東漢時避光武帝劉秀諱而稱茂才。漢代選拔人才的科目之一。每年由郡國推舉一人。

[2]【李賢注】平丘，縣，屬陳留郡。【今注】平丘：縣名。治所在今河南封丘縣東南。

[3]【今注】郭虔：《太平御覽》卷五九四引張璠《漢記》云“尚書張度見之歎息，上疏願退位避舉”。“虔”作“度”，未知孰是。

[4]【李賢注】章謂所上之書。

舉稍遷并州刺史。[1]太原一郡，舊俗以介子推焚骸，有龍忌之禁。[2]至其亡月，咸言神靈不樂舉火，由是士民每冬中輒一月寒食，[3]莫敢烟爨，老小不堪，歲多死者。舉既到州，乃作弔書以置子推之廟，言盛冬去火，殘損民命，非賢者之意，以宣示愚民，使還温食。[4]於是衆惑稍解，風俗頗革。

[1]【今注】并州：西漢武帝時所置十三刺史部之一。東漢時刺史治太原縣（今山西太原市西南）。

[2]【李賢注】《新序》曰："晉文公反國，介子推無爵，遂去而之介山之上。文公求之不得，乃焚其山，推遂不出而焚死。"事具《耿恭傳》（具，大德本作"見"，可從）。龍，星，木之位也，春見東方。心爲大火，懼火之盛，故爲之禁火。俗傳云子推以此日被焚而禁火。

[3]【今注】寒食：吃冷的食物。

[4]【李賢注】其事見桓譚《新論》及《汝南先賢傳》也。

轉冀州刺史。陽嘉三年，司隸校尉左雄薦舉，徵拜尚書。舉與僕射黄瓊同心輔政，名重朝廷，左右憚之。是歲河南、三輔大旱，[1]五穀灾傷，天子親自露坐德陽殿東厢請雨，[2]又下司隸、河南禱祀河神、名山、大澤。[3]詔書以舉才學優深，特下策問曰："朕以不德，仰承三統，[4]夙興夜寐，思協大中。[5]頃年以來，旱灾屢應，稼穡焦枯，民食困乏。五品不訓，王澤未流，[6]群司素餐，據非其位。審所貶黜，變復之徵，[7]厥効何由？分别具對，勿有所諱。"舉對曰："臣聞《易》稱'天尊地卑，乾坤以定'。[8]二儀交構，[9]乃生萬物，萬物之中，以人爲貴。故聖人養之以君，成之以化，順四節之宜，[10]適陰陽之和，使男女婚娶不過其時。包之以仁恩，導之以德教，示之以灾異，訓之以嘉祥。

此先聖承乾養物之始也。夫陰陽閉隔，則二氣否塞；二氣否塞，則人物不昌；人物不昌，則風雨不時；風雨不時，則水旱成災。陛下處唐虞之位，未行堯舜之政，近廢文帝、光武之法，[11]而循亡秦奢侈之欲，内積怨女，外有曠夫。今皇嗣不興，東宫未立，傷和逆理，斷絶人倫之所致也。非但陛下行此而已，豎宦之人，亦復虚以形埶，威侮良家，取女閉之，至有白首歿無配偶，逆於天心。[12]昔武王入殷，出傾宫之女；[13]成湯遭災，以六事剋己；[14]魯僖遇旱，而自責祈雨：[15]皆以精誠轉禍爲福。自枯旱以來，彌歷年歲，未聞陛下改過之効，徒勞至尊暴露風塵，誠無益也。又下州郡祈神致請。昔齊有大旱，景公欲祀河伯，晏子諫曰：'不可。夫河伯以水爲城國，魚鼈爲民庶。水盡魚枯，豈不欲雨？自是不能致也。'[16]陛下所行，但務其華，不尋其實，猶緣木希魚，却行求前。[17]誠宜推信革政，崇道變惑，出後宫不御之女，理天下冤枉之獄，除太官重膳之費。[18]夫五品不訓，責在司徒，有非其位，宜急黜斥。臣自藩外擢典納言，學薄智淺，不足以對。《易傳》曰：'陽感天，不旋日。'[19]惟陛下留神裁察。"因召見舉及尚書令成翊世、僕射黄瓊，問以得失。舉等並對以爲宜慎官人，去斥貪汙，離遠佞邪，循文帝之儉，尊孝明之教，則時雨必應。帝曰："百官貪汙佞邪者爲誰乎？"舉獨對曰："臣從下州，超備機密，不足以别群臣。[20]然公卿大臣數有直言者，忠貞也；阿諛苟容者，佞邪也。司徒視事六年，未聞有忠言異謀，愚心在此。”其後以事免司徒劉崎，遷舉司隸校尉。

［1］【今注】三輔：地區名。京畿地區的合稱。西漢景帝二年（前155）分内史爲左右内史，與主爵中尉（尋改主爵都尉）同治京城長安城中，所轄皆爲京畿之地，故合稱“三輔”。武帝時，左右内史、主爵都尉分别改名爲左馮翊、京兆尹、右扶風。轄境相當於今陜西關中地區。

［2］【今注】德陽殿：東漢雒陽北宫的正殿。在今河南洛陽市東北漢魏故城内。張衡《東京賦》曰：“逮至顯宗（漢明帝），六合殷昌，乃新崇德，遂作德陽。”本書卷六《順帝紀》載，延光四年（125），“迎濟陰王于德陽殿西鐘下，即皇帝位”，李賢注引《漢官儀》曰：“崇賢門内德陽殿也。”又本書卷八《靈帝紀》載，中平六年（189）八月，“張讓、段珪等劫少帝及陳留王幸北宫德陽殿”。

［3］【今注】河南：即河南尹。官名。東漢光武帝建武十五年（39）置，爲京都雒陽所在河南郡長官，設一員，二千石；有丞一員，爲其副貳。主掌京都事務。

［4］【李賢注】天統、地統、人統謂之三統。事見《白武通》（武，殿本作“虎”）。

［5］【李賢注】《尚書·洪範》曰：“建用皇極。”孔安國注云：“皇，大也。極，中也。言立大中之道而行之也。”

［6］【李賢注】五品，五常之教也。《書》曰：“五品不遜，汝作司徒，敬敷五教在寬。”訓亦遜之義。

［7］【今注】變復：古時主張“天人感應”的儒生提倡以祭祀祈禱來消除災禍，恢復正常，謂之“變復”。

［8］【今注】案，大德本“易稱”二字在“乾坤”之前。以定，殿本作“定矣”。

［9］【今注】二儀：指日月。

［10］【今注】案，節，大德本、殿本作“時”。

［11］【今注】光武：東漢光武帝劉秀，公元 25 年至 57 年在位。紀見本書卷一。

［12］【李賢注】殁，終也。

［13］【李賢注】《帝王紀》曰：“武王入殷，命召公釋箕子之囚，表商容之閭，出傾宫之女於諸侯。”

［14］【李賢注】《帝王紀》曰：“湯伐桀，後大旱七年，洛川竭，使人持三足鼎祝於山川曰：‘政不節邪？使人疾邪？苞苴行邪？讒夫昌邪？宫室榮邪？女謁行邪？何不雨之極也！’”

［15］【李賢注】解見《楊厚傳》。【今注】魯僖：即魯僖公。春秋魯國國君姬申。魯僖公三年（前 657），久不下雨。魯僖公很是憂慮，遂下令減輕賦税和徭役，廢除嚴刑峻法，革新政事，並親自向天禱告，結果天降大雨。

［16］【李賢注】《晏子春秋》之文。

［17］【李賢注】緣木求魚，見《孟子》之文。《韓詩外傳》曰：“夫明鏡所以照形，往古所以知今。夫惡知往古之所以危亡，無異却行而求逮於前人也。”【今注】希魚：大德本、殿本作“求魚”。李慈銘《越縵堂讀書記·後漢書第四》謂此因下文有“求”字而避易，今本乃據《孟子》妄改之。

［18］【今注】案，太，大德本、殿本作“大”。

［19］【李賢注】《易稽覽圖》之文也。解具《郎顗傳》也（具，殿本作“見”）。【今注】案，本書卷三〇下《郎顗傳》李賢注：“《易中孚傳》曰：‘陽感天，不旋日，諸侯不旋時，大夫不過朞。’鄭玄注云：‘陽者天子，爲善一日，天立應以善；爲惡一日，天立應以惡。諸侯爲善一時，天立應以善；爲惡一時，天立應以惡。大夫爲善一歲，天亦立應以善；爲惡一歲，天亦立應以惡。’一説云‘不旋日，立應之；不過時，三辰閒；不過朞，從今旦至明日旦’也。陽即指天子也。”

［20］【李賢注】别音彼列反。

永和元年，灾異數見，省内惡之，[1]詔召公、卿、中二千石、尚書詣顯親殿，問曰："言事者多云，昔周公攝天子事，及薨，成王欲以公禮葬之，天爲動變。及更葬以天子之禮，即有反風之應。[2]北鄉侯親爲天子而葬以王禮，[3]故數有灾異，宜加尊謚，列於昭穆。"[4]群臣議者多謂宜如詔旨，舉獨對曰："昔周公有請命之應，隆太平之功，故皇天動威，以章聖德。北鄉侯本非正統，姦臣所立，立不踰歲，年號未改，皇天不祐，大命夭昏。[5]《春秋》王子猛不稱崩，魯子野不書葬。[6]今北鄉侯無它功德，以王禮葬之，於事已崇，不宜稱謚。灾眚之來，弗由此也。"於是司徒黄尚、太常桓焉等七十人同舉議，[7]帝從之。尚字伯河，南郡人也，[8]少歷顯位，亦以政事稱。

［1］【今注】省：古稱王宫禁地爲省或省中，代指朝廷。

［2］【李賢注】《尚書·洪範五行傳》曰："周公死，成王不圖大禮，故天大雷雨，禾偃，大木拔。及成王寤金縢之策，改周公之葬，尊以王禮，申命魯郊，而天立復風雨，禾稼盡起。"

［3］【今注】北鄉侯：劉懿。東漢章帝孫，父劉壽爲濟北惠王。公元125年三月安帝死，被立爲皇帝，同年十月死。因即位前封北鄉侯，習稱北鄉侯。或稱少帝。

［4］【今注】昭穆：古代宗法制度，宗廟次序，始祖廟居中，以下父子（祖父）遞爲昭穆，左爲昭，右爲穆。祭祀時，子孫也按照此排列行禮。也泛稱一般宗族的輩分。

［5］【李賢注】杜預注《左傳》曰："短折曰夭，未名曰昏。"

[6]【李賢注】子猛，周景王之子。子野，魯襄公之子。《春秋經》書“王子猛卒”。杜元凱注云：“未即位，故不言崩。”又曰：“秋九月癸巳，子野卒。”注曰：“不書葬，未成君也。”

[7]【今注】太常：官名。秩中二千石，位列九卿之首，官居清要，職務繁重，多由列侯充任。主管祭祀社稷、宗廟和朝會、喪葬禮儀等。西漢中期以後職權逐漸分化削弱，考試之權轉歸尚書，陵邑劃屬三輔。新莽時改名秩宗。東漢復舊，裁省屬官，唯置丞一員。 桓焉：字叔元，沛郡龍亢（今安徽懷遠縣西北）人。東漢安帝永初元年（107），授帝經書。三遷爲侍中，後爲太子少傅。順帝即位，拜太傅，録尚書事，復授經宫中。封陽平侯，固讓不受。官至太尉。弟子傳業者數百人。傳見本書卷三七。

[8]【今注】南郡：治江陵縣（今湖北荆州市荆州城西北）。

舉出爲蜀郡太守，[1]坐事免。大將軍梁商表爲從事中郎，[2]甚敬重焉。六年三月上巳日，商大會賓客，讌乎洛水，[3]舉時稱疾不往。商與親暱酣飲極歡，及酒闌倡罷，繼以《韰露》之歌，坐中聞者，皆爲掩涕。[4]太僕張种時亦在焉，[5]會還，[6]以事告舉。舉歎曰：“此所謂哀樂失時，非其所也。殃將及乎！”[7]商至秋果薨。商疾篤，帝親臨幸，問以遺言。對曰：“人之將死，其言也善。臣從事中郎周舉，清高忠正，可重任也。”由是拜舉諫議大夫。[8]

[1]【今注】蜀郡：郡名。治成都縣（今四川成都市）。

[2]【今注】從事中郎：官名。東漢大將軍、車騎將軍屬官。職参謀議，大將軍府所屬員二人，秩六百石。

[3]【李賢注】《周官》曰：“女巫，掌歲時祓除釁浴。”鄭玄

云："如今三月上巳，水上之類也。"司馬彪《續漢書》曰"三月上巳，宫人皆禊於東流水上，自洗濯祓除爲大絜"也。【今注】上巳日：王先謙《後漢書集解》："先謙曰：《御覽》五百五十二引《續漢書》云，大將軍梁商，三月上巳日會洛水，倡樂畢極，終以《薤露》歌之，坐中流淚，其年八月而商薨。"　案，乎，殿本作"于"，是。

［4］【李賢注】《纂文》曰："《韰露》，今之挽歌也。"崔豹《古今注·韰露歌》曰："韰上露何易晞！露晞明朝還復落，人死一去何時歸？"

［5］【今注】太僕：官名。秦漢皆置，秩中二千石，位列九卿。掌皇帝專用車馬。

［6］【今注】案，會還，大德本作"還會"。

［7］【李賢注】《左傳》曰，叔孫昭子與宋公語，相泣。樂祁退而告人曰（大德本無"退"字）："君與叔孫其皆死乎？吾聞之，哀樂而樂哀，皆喪心也。心之精爽，是謂魂魄。魂魄去之，何以能久也！"

［8］【今注】諫議大夫：官名。秦置。專掌論議。西漢初廢，武帝時置諫大夫。東漢光武帝復置諫議大夫。秩六百石。掌侍從顧問、參諷謀議。名義上隸光禄勳。

時連有灾異，帝思商言，召舉於顯親殿，問以變眚。舉對曰："陛下初立，遵脩舊典，興化致政，遠近肅然。頃年以來，稍違於前，朝多寵倖，禄不序德。觀天察人，準今方古，誠可危懼。《書》曰：'僭恒暘若。'[1]夫僭差無度，則言不從而下不正；陽無以制，則上擾下竭。宜密嚴勑州郡，察彊宗大姦，以時禽討。"其後江淮猾賊周生、徐鳳等處處並起，如舉所陳。

［1］【李賢注】《尚書·洪範》之文也（文，大德本、殿本作“言”）。孔安國注曰：“君行僭差，則常暘順之也（暘，大德本作‘陽’）。”【今注】案，暘，大德本作“陽”。

時詔遣八使巡行風俗，皆選素有威名者，乃拜舉爲侍中，[1]與侍中杜喬、守光禄大夫周栩、前青州刺史馮羨、尚書欒巴、侍御史張綱、兗州刺史郭遵、太尉長史劉班竝守光禄大夫，[2]分行天下。其刺史、二千石有臧罪顯明者，驛馬上之；墨綬以下，便輒收舉。其有清忠惠利，爲百姓所安，宜表異者，皆以狀上。於是八使同時俱拜，天下號曰“八俊”。舉於是劾奏貪猾，表薦公清，朝廷稱之。遷河内太守，[3]徵爲大鴻臚。[4]

［1］【今注】侍中：官名。秦朝始置，西漢爲加官。侍從皇帝左右。王莽秉政，復令與宦官同止禁中。東漢置爲正式職官，秩比二千石。

［2］【今注】杜喬：字叔榮，河内林慮（今河南林州市）人。初舉孝廉，後歷遷南郡太守、東海相。東漢桓帝時官至太尉。曾上書反對權臣梁冀子弟及宦官無功封侯，遂遭冀忌恨，被迫害致死。傳見本書卷六三。　光禄大夫：官名。西漢武帝時改中大夫置，掌論議。屬光禄勳，秩比二千石。西漢晚期，多作爲貴戚重臣的加官。無員限。東漢時，因權臣不復冠此號，漸成閑散之職，雖仍掌顧問應對，但多用以拜假賵贈之使，及監護諸國嗣喪事。　欒巴：字叔元，魏郡内黄（今河南内黄縣西北）人。爲桂陽太守時，政事

明察，甚有治績。荆州刺史李固以此推薦欒巴，徵拜議郎，守光禄大夫，與杜喬、周舉等八人徇行州郡。傳見本書卷五七。　侍御史：官名。西漢爲御史大夫屬官，秩六百石。新莽時改侍御史名執法。東漢復舊，爲御史臺屬官，於糾彈本職外，常奉命出使州郡，巡行風俗，督察軍旅，職權頗重。　兖州：西漢武帝元封五年（前106）置，爲十三刺史部之一。東漢時刺史治昌邑縣（今山東巨野縣東南）。　案，太尉，殿本作"大尉"。　長史：官名。戰國時置，秦、漢因之。爲所在官署掾屬之長，秩千石。　案，王先謙《後漢書集解》引汪文臺説，謂《太平御覽》卷七七八引《續漢書》"郭遵"作"甄遵"。又，宋文民《後漢書考釋》："案傳文，周栩已爲守光禄大夫，不得復言並守云，明並守光禄大夫六字衍，故《通鑑》從《順紀》，不從此傳，無並守等六字。《蜀志·張翼傳》注引《續漢書》'張綱永安元年，拜光禄大夫'，脱'守'字。"（上海古籍出版社1995年版，第254頁）

［3］【今注】河内：郡名。治懷縣（今河南武陟縣西南）。

［4］【今注】大鴻臚：官名。秦和西漢初稱典客，掌管歸降的少數民族。西漢景帝中六年（前144）改稱大行令，武帝太初元年（前104）又更名大鴻臚。王莽時改稱典樂。東漢又復稱大鴻臚，設卿一人，俸禄中二千石。掌諸侯和四方歸降的少數民族。屬官有丞、大行令及諸郎官。大，大德本、殿本作"太"。

及梁太后臨朝，詔以殤帝幼崩，[1]廟次宜在順帝下。太常馬訪奏宜如詔書，諫議大夫吕勃以爲應依昭穆之序，先殤帝，後順帝。詔下公卿。舉議曰："《春秋》魯閔公無子，庶兄僖公代立，其子文公遂躋僖於閔上。孔子譏之，書曰：'有事于太廟，躋僖公。'《傳》曰：'逆祀也。'[2]及定公正其序，經曰'從祀先公'，爲萬世法也。[3]今殤帝在先，於秩爲父，順帝在後，於親爲子，先後之義不可改，昭穆之序不可亂。吕勃議是也。”太后下詔從之。遷光禄勳，會遭母憂去職，後拜光禄大夫。

［1］【今注】殤帝：東漢殤帝劉隆，公元105年至106年在位。紀見本書卷四。

［2］【李賢注】事見《左氏傳》。

［3］【李賢注】《左氏傳》：“從祀先公。”杜預云：“從，順也。先公，閔公、僖公也。將正二公之位，親盡，故通言先公也。”

建和三年卒。[1]朝廷以舉清公亮直，方欲以爲宰相，深痛惜之。乃詔告光禄勳、汝南太守曰：“昔在前世，求賢如渴，封墓軾閭，以光賢哲。[2]故公叔見誄，翁歸蒙述，所以昭忠厲俗，作範後昆。[3]故光禄大夫周舉，性侔夷、魚，[4]忠踰隨、管，[5]前授牧守，及還納言，出入京輦，有欽哉之績，[6]在禁闈有密静之風。予録乃勳，用登九列。方欲式序百官，亮協三事，不永夙終，用乖遠圖。朝廷愍悼，良爲愴然。《詩》不云乎：‘肇敏戎功，用錫爾祉。’[7]其令將大夫以下到喪發日復會弔。加賜錢十萬，以旌委蛇素絲之節焉。”[8]子勰。[9]

［1］【今注】建和：東漢桓帝劉志年號（147—149）。

［2］【李賢注】《尚書》曰，武王入殷，封比干墓，軾商容閭。【今注】案，軾，大德本作“式”。

［3］【李賢注】公叔文子，衞大夫也。文子卒，其子戌請謚於君。君曰："昔者衞國凶飢，夫子爲粥與國之餓者，不亦惠乎？衞國有難，夫子以其死衞寡人（以，大德本誤作'亦'），不亦貞乎？夫子聽衞國之政，脩其班制，不亦文乎？謂夫子'貞惠文子'（謂，殿本作'謚'；大德本無'夫'字）。"事見《禮記》。尹翁歸爲右扶風，宣帝下詔褒揚，賜金百斤。班固曰："翁歸承風，帝揚厥聲。"故曰蒙述也。【今注】翁歸：尹翁歸，字子兄，河東平陽（今山西臨汾市西南）人。爲官廉潔。後拜東海太守，東海大治。爲右扶風，治如東海。傳見《漢書》卷七六。

［4］【李賢注】伯夷、史魚也。【今注】夷：伯夷。孤竹君之子也，隱於首陽山，卒餓死。傳見《史記》卷六一。　魚：史魚。即史鰌，字子魚，春秋時衞國大夫，以正直敢諫著稱。

［5］【李賢注】隨會、管仲。【今注】管：管仲。春秋政治家，實行改革，輔助齊桓公稱霸。傳見《史記》卷六二。

［6］【李賢注】《史記·堯典》曰："咨十有二牧，欽哉！"

［7］【李賢注】《詩·大雅》也。肇，謀也。敏，疾也。戎，汝也。錫，賜也。祉（祉，大德本作"社"），福也。

［8］【李賢注】《詩·國風·羔羊詩》（大德本、殿本無前一"詩"字）："羔羊之皮，素絲五紽。退食自公，逶蛇逶蛇（二'逶'字，大德本、殿本作'委'）。"

［9］【李賢注】音叶（叶，大德本作"司"）。

緦字巨勝，少尚玄虚，以父任爲郎，自免歸家。父故吏河南召夔爲郡將，卑身降禮，致敬於緦。緦恥交報之，因杜門自絶。後太守舉孝廉，復以疾去。時梁冀貴盛，被其徵命者，莫敢不應，唯緦前後三辟，竟不能屈。後舉賢良方正，[1]不應。又公車徵，玄纁備禮，[2]固辭廢疾。常隱處窟身，慕老聃清静，杜絶人事，巷生荆棘，十有餘歲。至延熹二年，[3]乃開門延賓，游談宴樂，及秋而梁冀誅，年終而勰卒，時年五十。蔡邕以爲知命。[4]自勰曾祖父揚至勰孫恂，六世一身，皆知名云。

[1]【今注】賢良方正：中國古代選拔人才的科目之一。西漢文帝時，由郡國推舉文學之士充選。亦稱“賢良文學”。賢良，指品德高尚；方正，指品行端正。

[2]【今注】玄纁：指帝王用作延聘賢士的禮品。

[3]【今注】延熹：東漢桓帝劉志年號（158—167）。

[4]【今注】蔡邕：字伯喈，陳留圉（今河南杞縣）人。東漢名儒。傳見本書卷六〇下。

黄瓊字世英，江夏安陸人，[1]魏郡太守香之子也。[2]香在《文苑傳》。瓊初以父任爲太子舍人，[3]辭病不就。遭父憂，[4]服闋，[5]五府俱辟，[6]連年不應。

[1]【今注】江夏：郡名。治西陵（今湖北武漢市新洲區西）。安陸：縣名。治所在今湖北雲夢縣。

[2]【今注】魏郡：治鄴縣（今河北臨漳縣西南鄴鎮）。

[3]【今注】太子舍人：官名。掌行令書、表啓等。秦置此官，西漢因之，比郎中。東漢無員限，更直宿衛。

[4]【今注】父憂：父親喪事。

[5]【今注】服闋：守孝期滿。

[6]【今注】五府：官署合稱。西漢指丞相、御史大夫、車騎將軍、前將軍、後將軍府。東漢指太傅、太尉、司徒、司空、大將

軍府。

永建中，公卿多薦瓊者，於是與會稽賀純、廣漢楊厚俱公車徵。[1] 瓊至綸氏，稱疾不進。[2] 有司劾不敬，詔下縣以禮慰遣，遂不得已。先是徵聘處士多不稱望，李固素慕於瓊，[3] 乃以書逆遺之曰："聞已度伊、洛，近在萬歲亭，豈即事有漸，將順王命乎？[4] 蓋君子謂伯夷隘，柳下惠不恭，故傳曰'不夷不惠，可否之閒'。[5] 蓋聖賢居身之所珍也。誠遂欲枕山棲谷，擬跡巢、由，[6] 斯則可矣；若當輔政濟民，今其時也。自生民以來，善政少而亂俗多，必待堯舜之君，此爲志士終無時矣。常聞語曰：'嶢嶢者易缺，皦皦者易汙。'[7] 陽春之曲，和者必寡，盛名之下，其實難副。[8] 近魯陽樊君被徵初至，朝廷設壇席，猶待神明。[9] 雖無大異，而言行所守無缺。[10] 而毁謗布流，應時折減者，豈非觀聽望深，聲名太盛乎？自頃徵聘之士，胡元安、薛孟嘗、朱仲昭、顧季鴻等，[11] 其功業皆無所採，是故俗論皆言處士純盜虚聲。願先生弘此遠謨，令衆人歎服，一雪此言耳。"瓊至，即拜議郎，稍遷尚書僕射。

[1]【今注】案，大德本、殿本脱"與"字。　會稽：郡名。秦始皇二十五年（前 222）置，治吴縣（今江蘇蘇州市）。東漢順帝永建四年（129）徙治山陰縣（今浙江紹興市）。　賀純：本書卷六三《李固傳》李賢注引《謝承書》曰："純字仲真，會稽山陰人。少爲諸生，博極群蓺。十辟公府，三舉賢良方正，五徵博士，四公車徵，皆不就。後徵拜議郎，數陳灾異，上便宜數百事，多見

省納。遷江夏太守。” 廣漢：郡名。西漢高祖六年（前201）置，初治乘鄉縣（今四川金堂縣東），後徙治梓潼縣（今四川梓潼縣）。公孫述改名子同郡。東漢復爲廣漢郡。安帝永初二年（108）移治涪縣（今四川綿陽市東），後又徙治雒縣（今四川廣漢市）。 楊厚：字仲桓，廣漢新都（今四川成都市新都區）人。傳見本書卷三〇上。

［2］【李賢注】綸氏即夏之綸國，少康之邑也。《竹書紀年》云：“楚及秦伐鄭綸氏。”今洛州故嵩陽縣城是（紹興本、大德本、殿本句末有“也”字，可從）。【今注】綸氏：縣名。治所在今河南登封市西南。

［3］【今注】李固：字子堅，漢中南鄭（今陝西漢中市）人。傳見本書卷六三。

［4］【李賢注】萬歲亭在今洛州故嵩陽縣西北。武帝元封元年，幸緱氏，登太室，聞山上呼萬歲聲者三，因以名焉。【今注】萬歲亭：在今河南登封市西北。

［5］【李賢注】《論語》孔子曰，伯夷、叔齊不降其志，不辱其身。謂柳下惠、少連降志辱身。我則異於是，無可無不可。鄭玄注云：不爲夷、齊之清，不爲惠、連之屈，故曰異於是也。

［6］【今注】巢：巢父。傳説中遠古時人。許由之友，堯以天下讓之，不受。 由：許由。傳説中遠古時人。相傳堯擬讓位於他，他逃遁於箕山下隱居。後堯又請其任九州長官，他不願聽堯召喚，跑到潁水濱洗耳。以示其志行高潔。《史記》卷六一《伯夷列傳》引皇甫謐《高士傳》云：“許由字武仲。堯聞致天下而讓焉，乃退而遁於中嶽潁水之陽，箕山之下隱。堯又召爲九州長，由不欲聞之，洗耳於潁水濱。時有巢父牽犢欲飲之，見由洗耳，問其故。對曰：‘堯欲召我爲九州長，惡聞其聲，是故洗耳。’巢父曰：‘子若處高岸深谷，人道不通，誰能見子？子故浮游，欲聞求其名譽。污吾犢口。’牽犢上流飲之。許由殁，葬此山，亦名許由山。”

［7］【今注】嶢嶢者易缺皦皦者易汙：高險者容易缺損，潔淨者容易玷汙。

［8］【李賢注】宋玉對楚襄王問曰："客有歌於郢中者，爲下里巴人，國中屬而和者數千人；爲陽春白雪，屬而和者不過數百人。是其曲彌高，其和彌寡。"

［9］【李賢注】樊君，樊英也。事具《英傳》。【今注】樊君：樊英，字季齊，南陽魯陽（今河南魯山縣）人。傳見本書卷八二上。

［10］【今注】案，無缺，大德本、殿本作"亦無所缺"。

［11］【今注】胡元安：《初學記》卷一八《人部中·貧第六》引《先賢行狀》曰："胡定字元安。至行絶人。居喪。雉兔遊其庭。縣令遣户曹掾問定。定已絶穀。"　薛孟嘗：本書卷三九《劉趙淳于江劉周趙傳》有"序"曰："安帝時，汝南薛包孟嘗，好學篤行，喪母，以至孝聞。""建光中，公車特徵，至，拜侍中。包性恬虚，稱疾不起，以死自乞。有詔賜告歸，加禮如毛義。年八十餘，以壽終。"對薛孟嘗略有叙述。王先謙《後漢書集解》謂："《東觀記》'包'作'苞'。"曹金華《後漢書稽疑》案："《御覽》卷四九一引《東觀記》、《後漢紀》卷十一、《御覽》卷四一三與《類聚》卷二十引《汝南先賢傳》皆作'汝南薛苞，字孟嘗'。《風俗通義·過譽》作'薛孟嘗'。"（中華書局 2014 年版，第 370 頁）　顧季鴻：顧奉，字季鴻。《三國志》卷五二《吴書·顧雍傳》裴松之注引《吴録》曰："雍曾祖父奉，字季鴻，潁川太守。"宋熊方等撰、劉祐仁點校《後漢書三國志補表三十種·三國志世系表》（中華書局 1984 年版）所載亦同。本書卷三六《張霸傳》載"（張霸）永元中爲會稽太守，表用郡人處士顧奉、公孫松等。奉後爲潁川太守，松爲司隸校尉，並有名稱。其餘有業行者，皆見擢用。郡中争厲志節，習經者以千數，道路但聞誦聲"。本書卷七九下《儒林傳下》載"程曾字秀升，豫章南昌人也。受業長安，習《嚴氏春秋》，積

十餘年，還家講授。會稽顧奉等數百人常居門下”。

初，瓊隨父在臺閣，[1]習見故事。[2]及後居職，達練官曹，[3]争議朝堂，莫能抗奪。時連有灾異，瓊上疏順帝曰："間者以來，卦位錯謬，[4]寒燠相干，蒙氣數興，日闇月散。[5]原之天意，殆不虚然。陛下宜開石室，案河洛，[6]外命史官，悉條上永建以前至漢初灾異，與永建以後訖于今日，孰爲多少。又使近臣儒者參考政事，數見公卿，察問得失。諸無功德者，宜皆斥黜。臣前頗陳灾眚，并薦光禄大夫樊英、太中大夫薛包及會稽賀純、廣漢楊厚，未蒙御省。伏見處士巴郡黄錯、漢陽任棠，[7]年皆耆耋，有作者七人之志。[8]宜更見引致，助崇大化。"於是有詔公車徵錯等。

[1]【今注】臺閣：指尚書。

[2]【今注】故事：昔日的典章制度。

[3]【今注】達練官曹：對官府運轉駕輕就熟。

[4]【李賢注】《易乾鑿度》曰："求卦主歲術常以太歲爲歲紀歲，七十六爲一紀，二十紀爲一蔀首。即置積蔀首歲數，加所入紀歲數，以三十二除之，不足除者以乾坤始數二卦而得一歲，未筭即主歲之卦也。"

[5]【李賢注】蒙，陰闇也。散謂不精明。

[6]【李賢注】石室，藏書之府。河洛，圖書之文也。

[7]【今注】巴郡：郡名。治江州（今重慶江北區）。 任棠：東漢漢陽上邦人，有奇節，隱居教授。事見本書卷五一《龐參傳》。

[8]【李賢注】《論語》曰："作者七人。"注云："謂伯夷、叔齊、虞仲、夷逸、朱張、柳下惠、少連。"【今注】案，志，殿

本作“諭”。

三年，大旱，瓊復上疏曰：“昔魯僖遇旱，以六事自讓，躬節儉，閉女謁，放讒佞者十三人，誅稅民受貨者九人，[1]退舍南郊，天立大雨。今亦宜顧省政事，有所損闕，務存質儉，以易民聽。尚方御府，息除煩費。明敕近臣，使遵法度，如有不移，示以好惡。數見公卿，引納儒士，訪以政化，使陳得失。又囚徒尚積，多致死亡，亦足以感傷和氣，招降灾旱。若改敝從善，擇用嘉謀，則灾消福至矣。”書奏，引見德陽殿，使中常侍以瓊奏書屬主者施行。[2]

[1]【李賢注】《春秋考異郵》曰“僖公之時，雨澤不澍，比于九月，人大驚懼（人，殿本作‘公’，可從），率群臣禱山川，以六過自讓，絀女謁，放下讒佞郭都之等十三人，誅領人之吏受貨賂趙祝等九人。曰：‘辜在寡人。方今天旱（天，大德本作“大”，可從），野無生稼，寡人當死，百姓何謗，請以身塞無狀’”也。

[2]【今注】中常侍：官名。初稱常侍，西漢元帝以後稱中常侍。凡列侯、將軍、卿大夫、將、都尉、尚書以至郎中，加此得出入禁中，常侍皇帝左右。武帝以後參與朝議，成爲中朝官。無定員。《資治通鑑》卷二八胡三省注根據《百官公卿表》指出，侍中、中常侍皆加官，西漢時參用士人，東漢時乃以宦者爲中常侍。

自帝即位以後，不行籍田之禮。[1]瓊以國之大典不宜久廢，上疏奏曰：“自古聖帝哲王，莫不敬恭明祀，增致福祥，故必躬郊廟之禮，親籍田之勤，以先群萌，率勸農功。昔周宣王不籍千畝，虢文公以爲大譏，卒有姜戎之難，終損中興之名。[2]竊見陛下遵稽古之鴻業，體虔肅以應天，順時奉元，懷柔百神，朝夕觸塵埃於道路，[3]晝暮聆庶政以卹人。雖《詩》詠成湯之不怠遑，《書》美文王之不暇食，誠不能加。[4]今廟祀適闋，而祈穀絜齋之事，近在明日。臣恐左右之心，不欲屢動聖躬，以爲親耕之禮，可得而廢。臣聞先王制典，籍田有日，司徒咸戒，司空除壇。先時五日，有協風之應，王即齋宫，饗醴載耒，誠重之也。自癸巳以來，仍西北風，甘澤不集，寒涼尚結。[5]迎春東郊，既不躬親，先農之禮，所宜自勉，以逆和氣，以致時風。[6]《易》曰：'君子自强不息。'斯其道也。"[7]書奏，帝從之。

[1]【今注】籍田之禮：學界對這一主題研究甚多，争議也不少。特别是隨着清華簡《繫年》的公布，關於這一學術問題的討論更加深入。參見楊寬《"籍禮"新探》，載《西周史》，上海人民出版社2003年版，第268—283頁；雷曉鵬《從清華簡〈繫年〉看周宣王"不籍千畝"的真相》，《農業考古》2014年第4期；寧鎮疆《周代"籍禮"補議——兼説商代無"籍田"及"籍禮"》，《中國史研究》2016年第1期；等等。

[2]【李賢注】《國語》曰，宣王即位，不籍千畝。虢文公諫曰："夫人之大事在農，上帝之粢盛於是乎出，故稷爲太官（太，大德本、殿本作'大'）。古者太史順時覛土（覛，大德本作'頒'），農祥晨正日月，底于天廟（天，大德本作'太'）。先時九日，太史告稷曰：'陽氣俱蒸，土膏其動。'稷以告王，王即齋宫，百官御事。王耕一墢，班三之，庶人終于千畝。"王弗聽，

後師敗績于姜氏之戎。墢音扶發反。

［3］【今注】案，埃，大德本作“俟”。

［4］【李賢注】《詩·商頌》曰：“不僭不濫（僭，殿本作‘潛’），不敢怠遑。”《書》曰“文王至于日中昃，不遑暇食”也。

［5］【李賢注】西北風曰不周風，亦曰厲風，見《吕氏春秋》也。

［6］【李賢注】《五經通義》曰（殿本無“五經”二字）：“八風者，八卦之氣。八風以時至，則陰陽變化之道成，萬物得以時育生之（殿本句末有‘也’字）。”

［7］【李賢注】《乾卦象》曰“天行健，君子以自强不息”也。

頃之，遷尚書令。瓊以前左雄所上孝廉之選，專用儒學文吏，於取士之義，猶有所遺，乃奏增孝悌及能從政者爲四科，事竟施行。又雄前議舉吏先試之於公府，又覆之於端門，後尚書張盛奏除此科。瓊復上言：“覆試之作，將以澄洗清濁，覆實虚濫，不宜改革。”帝乃止。出爲魏郡太守，稍遷太常。和平中，[1]以選入侍講禁中。

［1］【今注】和平：東漢桓帝劉志年號（150）。

元嘉元年，[1]遷司空。[2]桓帝欲褒崇大將軍梁冀，使中朝二千石以上會議其禮。特進胡廣、太常羊溥、司隸校尉祝恬、太中大夫邊韶等，[3]咸稱冀之勳德，其制度賚賞，以宜比周公，[4]錫之山川、土田、附庸。[5]瓊獨建議曰：“冀前以親迎之勞，增邑三千，又其子胤亦加封賞。昔周公輔相成王，制禮作樂，化致太平，是以大啓土宇，開地七百。[6]今諸侯以户邑爲制，不以里數爲限。蕭何識高祖於泗水，霍光定傾危以興國，皆益户增封，以顯其功。[7]冀可比鄧禹，[8]合食四縣，賞賜之差，同於霍光，使天下知賞必當功，爵不越德。"朝廷從之。冀意以爲恨。會以地動策免。復爲太僕。

[1]【今注】元嘉：東漢桓帝劉志年號（151—153）。

[2]【今注】司空：官名。三公之一。西漢成帝綏和元年（前8）由御史大夫改名大司空，秩萬石。哀帝建平二年（前5）復名御史大夫，元壽二年（前1）又名大司空，遂成定制。東漢初年因之，光武帝建武二十七年（51）去"大"字，改名司空。

[3]【今注】特進：官名。西漢置，凡諸侯功德優盛、朝廷敬異者賜特進，位在三公下，得自辟僚屬。東漢爲加官，從本官車服，無吏卒，唯食其禄賜、列其班位。 羊溥：宋熊方等撰、劉祜仁點校《後漢書三國志補表三十種·熊氏後漢書年表校補》："校曰：時廣爲特進，太常乃羊溥，見《黄瓊傳》，疑即《羊續傳》續父儒也，但名互異耳。以敦案：是年十一月，黄瓊始拜司空，代之者爲羊溥，胡廣爲太常當在二年。又《袁紀》稱太常羊儒，可爲儒即溥之證。"曹金華《後漢書稽疑》卷三一《羊續傳》亦按："羊儒，《後漢紀》卷二一同。《崔駰傳》載桓帝時'大司農羊傅'，《黄瓊傳》載桓帝時'太常羊溥'，與本傳羊儒各一見，實爲一人，以字形近而訛。"（第440頁） 祝恬：本書卷七《桓帝紀》載"大司農黄瓊爲太尉，光禄大夫中山祝恬爲司徒"，"（延熹三年）六月辛丑，司徒祝恬薨"，李賢注："恬字伯休，盧奴人。"本書《百官志一》劉昭注引應劭曰："若乃中山祝恬，踐周、召之列，當軸處中，忘謇諤之節，憚首尾之譏，縣囊捉撮，無能清澄，其與申

屠須責鄧通，王嘉封還詔書，邈矣乎！”《三國志》卷三一《蜀書·劉二牧傳》載劉焉“以師祝公喪去官”，裴松之案：“祝公，司徒祝恬也。”　太中大夫：官名。亦作大中大夫。秦、西漢初位居諸大夫之首。西漢武帝太初元年（前104）以後次於光禄大夫，秩比千石。掌顧問應對。東漢秩千石，後期權任漸輕。　邊韶：字孝先，陳留浚儀（今河南開封市）人。以文章知名。東漢桓帝時，爲臨潁侯相，徵拜太中大夫，著作東觀。傳見本書卷八〇上。案，韶，殿本作“詔”。

［4］【今注】以宜比周公：沈欽韓《後漢書疏證》謂袁宏《後漢紀》無“以”字，似乎更順。

［5］【李賢注】《詩·魯頌》曰：“王曰叔父，建爾元子，俾侯于魯，大啓爾宇（紹興本、大德本、殿本無‘大’字，‘宇’前有‘土’字），爲周室輔。乃命魯公，俾侯于東，錫之山川，土田附庸。”注云：“王，成王也。叔父，周公也。”

［6］【李賢注】《禮記·明堂位》曰“周公相武王以伐紂。武王崩，成王幼弱，周公踐天子位，以理天下。七年，致政於成王。成王以周公有勳勞於天下（殿本無‘成王’二字），是以封周公於曲阜，地方七百里，革車千乘，命魯公世世祀周公以天子之禮樂”也。

［7］【李賢注】高祖爲泗上亭長，蕭何佐之，後拜何爲相國，益封五千户。霍光廢昌邑王，立宣帝，後益封光萬七千户。【今注】蕭何：沛（今江蘇沛縣）人。漢初重臣。世家見《史記》卷五三，傳見《漢書》卷三九。王先謙《後漢書集解》：“《通鑑》胡注，蕭何惟劍履上殿入朝不趨，何嘗謁贊不名也。君前臣名禮也。冀何如人而寵秩之至此乎！”　霍光：字子孟，河東平陽（今山西臨汾市西南）人。霍去病之弟。西漢武帝死後，他與桑弘羊等受遺詔立昭帝爲嗣。昭帝時八歲，霍光以大司馬大將軍輔政。昭帝死，他又立昌邑王劉賀爲帝，不久又廢，迎立漢武帝曾孫劉詢爲帝。先

後執政二十年。傳見《漢書》卷六八。

[8]【今注】鄧禹：字仲華，南陽新野（今河南新野縣）人。東漢初大將、名臣。傳見本書卷一六。

永興元年，[1]遷司徒，轉太尉。梁冀前後所託辟召，一無所用。雖有善人而爲冀所飾舉者，亦不加命。延熹元年，以日食免。復爲大司農。明年，梁冀被誅，太尉胡廣、司徒韓縯、司空孫朗皆坐阿附免廢，[2]復拜瓊爲太尉。以師傅之恩，而不阿梁氏，乃封爲邧鄉侯，[3]邑千户。瓊辭疾讓封六七上，言旨懇惻，乃許之。梁冀既誅，瓊首居公位，舉奏州郡素行貪汙至死徙者十餘人，海内由是翕然望之。尋而五侯擅權，傾動内外，自度力不能匡，乃稱疾不起。[4]四年，以寇賊免。其年復爲司空。秋，以地震免。

[1]【今注】永興：東漢桓帝劉志年號（153—154）。

[2]【今注】韓縯：桓帝永壽元年（155），太常韓縯爲司空。永壽三年，爲司徒。惠棟《後漢書補注》謂《風俗通》"縯"作"演"。 孫朗：字代平，北海（今山東昌樂縣）人。永壽三年爲由太常爲司空。本書卷七《桓帝紀》載，延熹二年（159），大將軍梁冀謀爲亂不成而被迫自殺，"司徒韓縯、司空孫朗下獄"。李賢注引《東觀記》曰："並坐不衞宫，止長壽亭，減死一等，以爵贖之。"本書卷四四《胡廣傳》載："延熹二年，大將軍梁冀誅，廣與司徒韓縯、司空孫朗坐不衞宫，皆減死一等，奪爵土，免爲庶人。"

[3]【李賢注】《説文》云"邧，穎川縣"也（穎，紹興本、殿本作"潁"）。漢穎川有周承休侯國（穎，紹興本、大德本、殿本作"潁"），元始二年更名曰邧，音亢。

[4]【李賢注】五侯謂左悺、徐璜等。【今注】五侯：大將軍梁冀被滅之後，下詔封單超等五人爲縣侯，稱爲“五侯”，即新豐侯單超、武原侯徐璜、東武陽侯具瑗、上蔡侯左悺、汝陽侯唐衡。後又稱“五邪”。事見本書卷七《桓帝紀》、卷七八《宦者傳》。

七年，疾篤，上疏諫曰：“臣聞天者務剛其氣，君者務彊其政。是以王者處高自持，不可不安；履危任力，不可不據。夫自持不安則顛，任力不據則危。故聖人升高據上，則以德義爲首；涉危蹈傾，則以賢者爲力。唐堯以德化爲冠冕，以稷、契爲筋力。高而益崇，動而愈據，此先聖所以長守萬國，保其社稷者也。昔高皇帝應天順民，奮劍而王，埽除秦、項，革命創制，降德流祚。至於哀、平，[1]而帝道不綱，[2]秕政日亂，遂使姦佞擅朝，外戚專恣。所冠不以仁義爲冕，所蹈不以賢佐爲力，終至顛蹶，滅絶漢祚。天維陵弛，[3]民鬼慘愴，賴皇乾眷命，炎德復輝。光武以聖武天挺，繼統興業，創基冰泮之上，立足枳棘之林。[4]擢賢於衆愚之中，畫功於無形之世。[5]崇禮義於交争，循道化於亂離。是自歷高而不傾，任力危而不跌，興復洪祚，開建中興，光被八極，垂名無窮。至於中葉，盛業漸衰。陛下初從藩國，爰升帝位，天下拭目，謂見太平。而即位以來，未有勝政。諸梁秉權，豎宦充朝，重封累職，傾動朝廷，卿校牧守之選，皆出其門，羽毛齒革、明珠南金之寶，殷滿其室，[6]富擬王府，埶回天地。言之者必族，附之者必榮。忠臣懼死而杜口，萬夫怖禍而木舌，[7]塞陛下耳目之明，更爲聾瞽之主。

故太尉李固、杜喬，忠以直言，德以輔政，念國亡身，[8]隕殁爲報，而坐陳國議，遂見殘滅。[9]賢愚切痛，海内傷懼。又前白馬令李雲，指言宦官罪穢宜誅，皆因衆人之心，以救積薪之敝。[10]弘農杜衆，[11]知雲所言宜行，懼雲以忠獲罪，故上書陳理之，乞同日而死，所以感悟國家，庶雲獲免。而雲既不辜，衆又并坐，天下尤痛，益以怨結，故朝野之人，以忠爲諱。昔趙殺鳴犢，孔子臨河而反。夫覆巢破卵，則鳳皇不翔；刳牲夭胎，[12]則麒麟不臻。誠物類相感，理使其然。[13]尚書周永，昔爲沛令，[14]素事梁冀，幸其威埶，坐事當罪，越拜令職。見冀將衰，乃陽毁示忠，遂因姦計，亦取封侯。又黄門協邪，群輩相黨，自冀興盛，腹背相親，朝夕圖謀，共搆姦軌。臨冀當誅，無可設巧，復記其惡，以要爵賞。陛下不加清澂，審别真僞，復與忠臣竝時顯封，使朱紫共色，粉墨雜蹂，所謂抵金玉於沙礫，[15]碎珪璧於泥塗。四方聞之，莫不憤歎。昔曾子大孝，慈母投杼；[16]伯奇至賢，終於流放。[17]夫讒諛所舉，無高而不可升；相抑，[18]無深而不可淪。可不察歟？臣至頑駑，世荷國恩，身輕位重，勤不補過，然懼於永殁，負釁益深。敢以垂絶之日，陳不諱之言，庶有萬分，無恨三泉。"[19]其年卒，時年七十九。贈車騎將軍，[20]謚曰忠侯。孫琬。

[1]【今注】哀：西漢哀帝劉欣，公元前 7 年至前 1 年在位。紀見《漢書》卷一一。　平：西漢平帝劉衎，公元前 1 年至 5 年在位。紀見《漢書》卷一二。

［2］【今注】案，而，殿本作“則”。

［3］【今注】案，弛，大德本作“阤”。

［4］【李賢注】泮冰諭危陷（泮冰，殿本作“冰泮”；諭，大德本、殿本作“喻”，本注下同）。枳棘諭艱難。

［5］【李賢注】形，兆也。言未有天下之兆。“畫”或作“書”也。

［6］【李賢注】殷，盛也。

［7］【李賢注】《法言》曰“金口木舌”也。

［8］【今注】案，亡，大德本、殿本作“忘”。

［9］【李賢注】坐音才卧反。

［10］【李賢注】賈誼上疏曰“夫抱火厝之積薪之下而寢其上（大德本、殿本無前一‘之’），火未及然，因謂之安。方今之政，何以異此”也。

［11］【今注】弘農：西漢武帝元鼎四年（前113）置，治弘農縣（今河南靈寶市北故函谷關城）。

［12］【今注】案，胎，大德本作“台”。

［13］【李賢注】《史記》曰，孔子將西見趙簡子，至於河而聞竇鳴犢、舜華之死也，臨河而歎曰：“美哉洋洋，丘之不濟此，命也夫！竇鳴犢、舜華，晉之賢大夫也。趙簡子未得志之時（未，大德本、殿本作‘不’），須此兩人而後從政，及其得志而殺之。丘聞刳胎殺夭，則麒麟不至郊藪；涸澤而漁，則蛟龍不合陰陽（不合陰陽，殿本作‘不處其淵’）；覆巢毀卵，則鳳皇不翔。何則？君子諱傷其類也。”事亦見《孔子家語》文也。

［14］【今注】沛：縣名。治所在今江蘇沛縣。

［15］【李賢注】抵，投也，音紙。

［16］【李賢注】解見《寇榮傳》。【今注】曾子大孝慈母投杼：本書卷一六《寇榮傳》李賢注：“《史記》曰，昔曾參之處費，魯人有與曾參同姓名，殺人。人告其母曰‘曾參殺人’，其母織自若也。又一人告之曰‘曾參殺人’，其母尚織自若也。又一人告之

曰‘曾参殺人’，其母乃投杼下機，踰牆而走。夫以曾參之賢，其母猶生疑於三告。”

［17］【李賢注】《説菀》曰（菀，紹興本、大德本、殿本作“苑”，是）“王國子前母子伯奇，後母子伯封（封，大德本作‘持’）。後母欲其子立爲太子，説王曰：‘伯奇好妾（奇，殿本作“子”）。’王不信。其母曰：‘令伯奇於後園，妾過其旁，王上臺視之，即可知。’王如其言，伯奇入園，後母陰取蜂十數置單衣中，過伯奇邊曰：‘蜂螫我。’伯奇就衣中取蜂殺之。王遥見之，乃逐伯奇”也。

［18］【今注】相抑：王先謙《後漢書集解》引王補説，謂袁宏《後漢紀》作“阿黨相抑”。中華本校勘記按：“‘阿黨相抑’，與上‘讒諛所舉’，相對成文，今依《袁紀》補‘阿黨’二字。”可從補。

［19］【李賢注】三者數之極。一生二，一生三（一，紹興本、大德本、殿本作“二”，可從），三生萬物，天地人之極數。故以三爲名者，取其深之極也。

［20］【今注】車騎將軍：官名。東漢時權勢尤重，位比三公，常以貴戚充任，秩萬石。掌征伐，亦參政。

琬字子琰。少失父。[1]早而辯慧。祖父瓊，初爲魏郡太守，建和元年正月日食，京師不見而瓊以狀聞。太后詔問所食多少，瓊思其對而未知所況。琬年七歲，在傍，曰：“何不言日食之餘，如月之初？”瓊大驚，即以其言應詔，而深奇愛之。後瓊爲司徒，琬以公孫拜童子郎，辭病不就，知名京師。時司空盛允有疾，[2]瓊遣琬候問，會江夏土蠻賊事副府，[3]允發書視畢，微戲琬曰：“江夏大邦，而蠻多士少。”琬奉手對曰：“蠻夷猾夏，責在司空。”[4]因拂衣辭去。允甚奇之。

［1］【今注】少失父：惠棟《後漢書補注》謂《文選》注引云“少失父母”。

［2］【今注】盛允：桓帝延熹二年（159），大鴻臚梁國盛允爲司空。三年，司空盛允爲司徒。四年，司徒盛允免。事見本書卷七《桓帝紀》。李賢注曰：“允字伯代。”中華本校勘記認爲，據《司徒盛允碑》，允字伯世，此作“代”，是避唐諱改。又，曹金華《後漢書稽疑》指出，據《桓帝紀》《黄瓊傳》，瓊爲司徒在永興元年、二年，盛允爲司空在延熹二年、三年，不當謂“時”（第806頁）。

［3］【李賢注】副本詣公府也。【今注】江夏：郡名。治西陵縣（今湖北武漢市新洲區西）。　案，土，大德本、殿本作“上”。

［4］【今注】案，宋文民《後漢書考釋》：“琬爲瓊孫，江夏安陸人，故司空盛允戲之。蠻夷猾夏乃司空主之，故琬云司空，反譏之。”

稍遷五官中郎將。[1]時陳蕃爲光禄勳，深相敬待，數與議事。舊制，光禄舉三署郎，以高功久次才德尤異者爲茂才四行。[2]時權富子弟多以人事得舉，而貧約守志者以窮退見遺，京師爲之謡曰：“欲得不能，光禄茂才。”[3]於是琬、蕃同心，顯用志士，平原劉醇、河東朱山、蜀郡殷參等並以才行蒙舉。[4]蕃、琬遂爲權富郎所見中傷，事下御史中丞王暢、侍御史刁韙。[5]韙、暢素重蕃、琬，不舉其事，而左右復陷以朋黨。暢坐左轉議郎而免蕃官，琬、韙俱禁錮。

［1］【今注】五官中郎將：官名。秦置。西漢隸光禄勳，主中

郎，秩比二千石。東漢時，部分侍郎、郎中亦歸其統率。職掌宿衛殿門，出充車騎。

［2］【李賢注】久次謂久居官次也。

［3］【李賢注】能音乃來反。

［4］【今注】平原：郡名。治平原縣（今山東平陽縣西南）。河東：郡名。治安邑縣（今山西夏縣西北）。蜀郡：郡名。治成都縣（今四川成都市）。

［5］【今注】案，紹興本、大德本、殿本脱“中”字。

韙字子榮，彭城人。[1]後陳蕃被徵，而言事者多訟韙，復拜議郎，遷尚書。在朝有鯁直節，[2]出爲魯、東海二郡相。[3]性抗厲，有明略，所在稱神。常以法度自整，家人莫見墮容焉。

［1］【今注】彭城：縣名。治所在今江蘇徐州市。

［2］【今注】案，大德本“節”前有“臣”字。

［3］【今注】魯：郡名。治魯縣（今山東曲阜市東北）。東海：郡名。治郯縣（今山東郯城縣西北）。

琬被廢弃幾二十年。至光和末，[1]太尉楊賜上書薦琬有撥亂之才，[2]由是徵拜議郎，擢爲青州刺史，遷侍中。中平初，[3]出爲右扶風，[4]徵拜將作大匠、少府、太僕。[5]又爲豫州牧。[6]時寇賊陸梁，州境彫殘，琬討擊平之，威聲大震。政績爲天下表，封關内侯。

［1］【今注】光和：東漢靈帝劉宏年號（178—184）。

［2］【今注】楊賜：字伯獻，弘農華陰（今陝西華陰市東）

人。靈帝光和五年拜太尉。傳見本書卷五四。

［3］【今注】中平：東漢靈帝劉宏年號（184—189）。

［4］【今注】右扶風：官名。漢置，掌治内史右地。漢初稱主爵中尉，掌列侯。西漢景帝中元六年（前144）改稱都尉，武帝太初元年（前104）又改名右扶風，治内史右地，與左馮翊、京兆尹合稱三輔。東漢建都雒陽，改河南郡爲尹，因陵廟在三輔，故不改其名，祇改其俸。

［5］【今注】將作大匠：官名。秦稱將作少府，掌治宮室。西漢景帝中元六年改稱將作大匠。東漢沿置，秩二千石，掌修作宗廟、路寢、宮室、陵園土木工程等。

［6］【今注】豫州：西漢武帝時置十三部刺史之一。東漢時治譙縣（今安徽亳州市）。

及董卓秉政，[1]以琬名臣，徵爲司徒，遷太尉，更封陽泉鄉侯。卓議遷都長安，琬與司徒楊彪同諫不從。[2]琬退而駁議之曰："昔周公營洛邑以寧姬，光武卜東都以隆漢，[3]天之所啓，神之所安。大業既定，豈宜妄有遷動，以虧四海之望？"時人懼卓暴怒，琬必及害，固諫之。琬對曰："昔白公作亂於楚，屈廬冒刃而前；[4]崔杼弒君於齊，晏嬰不懼其盟。[5]吾雖不德，誠慕古人之節。"琬竟坐免。卓猶敬其名德舊族，不敢害。後與楊彪同拜光禄大夫，及徙西都，轉司隷校尉，與司徒王允同謀誅卓。[6]及卓將李傕、郭汜攻破長安，遂收琬下獄死，時年五十二。

［1］【今注】董卓：字仲穎，隴西臨洮（今甘肅岷縣）人。傳見本書卷七二。

[2]【今注】楊彪：字文先，弘農華陰（今陝西華陰市東）人。楊賜之子。靈帝中平六年（189）冬，代黄琬爲司徒。傳見本書卷五四。

[3]【今注】案，卜，殿本作“下”，可從。

[4]【李賢注】《新序》曰：“白公勝殺楚惠王，王出亡，令尹、司馬皆死，勝拔劍而屬之於屈盧曰：‘子與我，將舍子，不我與（我與，大德本、殿本作“與我”，是），將殺子。’屈盧曰：‘《詩》有之曰：“莫莫葛虆（虆，大德本、殿本作‘纍’），延于條枚，愷悌君子，求福不回。”今子殺子叔父而求福於盧也，可乎？且吾聞之，知命之士，見利不動，臨死則死，是謂人臣之禮。故上知天命，下知臣道。其有可劫乎？子胡不推之！’白公勝乃入其劍焉。”

[5]【李賢注】解見《馮衍傳》。【今注】崔杼弒君於齊晏嬰不懼其盟：本書卷二八上《馮衍傳》李賢注引《晏子春秋》曰：“齊大夫崔杼弒齊莊公，乃劫諸大夫盟。有敢不盟者，戟鉤其頸，劍承其心，曰：‘不與崔氏而與公室者，盟神視之，言不疾，指不至血者死。’所殺者七人，而後及晏子。晏子奉血仰天曰：‘崔氏無道而殺其君，若有能復崔氏而嬰不與，盟神視之。’遂仰而飲血。崔氏曰：‘晏子與我，則齊國吾與共之；不與我，則戟在脰，劍在心，子圖之。’晏子曰：‘劫吾以刃而失其意，非勇也。留吾以利而背其君，非義也。《詩》云：“愷悌君子，求福不回。”嬰可回而求福乎？劍刃鉤之，直兵推之，嬰不革矣。’崔子遂釋之。”崔杼，春秋齊國大夫。齊靈公廢太子光，立牙爲太子。靈公病，崔杼迎立光即位，是爲齊莊公。崔杼爲卿而專國政。後崔杼又殺莊公，立其弟杵臼爲君，即齊景公。崔杼任右相，繼續專權。次年，崔杼爲左相慶封擊破，自殺。晏嬰，字平仲。春秋時齊國人，爲卿大夫。長於辭令，盡忠直諫。後人集其言論爲《晏子春秋》，行於世。考古發現的銀雀山漢簡《晏子春秋》爲目前現存最早的本子。（參見袁青

《銀雀山漢簡本〈晏子春秋〉探析》，《江漢學術》2017 年第 1 期）

［6］【今注】王允：字子師，太原祁（今山西祁縣）人。傳見本書卷六六。

論曰：古者諸侯歲貢士，進賢受上賞，[1]非賢貶爵土。升之司馬，辯論其才，論定然後官之，任官然後禄之。[2]故王者得其人，進仕勸其行，經邦弘務，所由久矣。漢初詔舉賢良、方正，州郡察孝廉、秀才，斯亦貢士之方也。中興以後，復增敦朴、有道、仁賢能、直言、獨行、高節、質直、清白、敦厚之屬。[3]榮路既廣，觖望難裁，自是竊名僞服，浸以流競。權門貴仕，請謁繁興。自左雄任事，限年試才，雖頗有不密，固亦因識時宜。而黄瓊、胡廣、張衡、崔瑗之徒，[4]泥滯舊方，互相詭駮，循名者屈其短，筭實者挺其效。故雄在尚書，天下不敢妄選，十餘年間，稱爲得人，斯亦効實之徵乎？順帝始以童弱反政，而號令自出，知能任使，故士得用情，天下喁喁仰其風采。遂乃備玄纁玉帛，以聘南陽樊英，天子降寢殿，設壇席，尚書奉引，延問失得。急登賢之舉，虚降己之禮，於是處士鄙生，忘其拘儒，[5]拂巾衽褐，[6]以企旌車之招矣。至乃英能承風，俊乂咸事，若李固、周舉之淵謨弘深，左雄、黄瓊之政事貞固，桓焉、楊厚以儒學進，崔瑗、馬融以文章顯，[7]吴祐、蘇章、种暠、欒巴牧民之良幹，[8]龐參、虞詡將帥之宏規，[9]王龔、張皓虚心以推士，[10]張綱、杜喬直道以糾違，郎顗陰陽詳密，[11]張衡機術特妙：東京之士，於兹盛焉。向使廟堂納其高謀，彊埸宣其智力，[12]帷幄容其謇辭，舉厝稟其成式，則武、宣之軌，豈其遠而？[13]《詩》云："靡不有初，鮮克有終。"可爲恨哉！及孝桓之時，碩德繼興，[14]陳蕃、楊秉處稱賢宰，[15]皇甫、張、段出號名將，[16]王暢、李膺彌縫衮闕，[17]朱穆、劉陶獻替匡時，[18]郭有道獎鑒人倫，[19]陳仲弓弘道下邑。[20]其餘宏儒遠智，高心絜行，激揚風流者，不可勝言。而斯道莫振，文武陵隊，在朝者以正議嬰戮，謝事者以黨錮致灾。往車雖折，而來軫方遒。[21]所以傾而未顛，決而未潰，豈非仁人君子心力之爲乎？嗚呼！

[1]【今注】案，上，殿本作"土"。

[2]【李賢注】《尚書大傳》曰"古者諸侯之於天子，三年一貢士。一適謂之好德，再適謂之賢賢，三適謂之有功。有功者，天子賜以車服弓矢，號曰命。諸侯有不貢士謂之不率正，一不適謂之過，再不適謂之傲，三不適謂之誣。誣者，天子絀之，一絀以爵，再絀以地，三絀而爵地畢"也。

[3]【今注】案，大德本、殿本無"仁"字。

[4]【今注】張衡：字平子，南陽西鄂（今河南南陽市北）人。精通天文、陰陽、曆算，創製渾天儀和候風地動儀，又善經學與文學。東漢安帝、順帝時曾任太史令、侍中、河間相等職。傳見本書卷五九。　崔瑗：字子玉，涿郡安平（今河北安平縣）人。爲東漢"宿德大儒"。傳見本書卷五二。

[5]【李賢注】拘儒猶褊狹也。【今注】案，宋文民《後漢書考釋》釋"拘儒"爲局促，"忘其拘儒"意即"忘其局促也"（上海古籍出版社 1995 年版，第 255 頁）。可備一說。

[6]【今注】拂巾衽褐：穿褐衣佩葛巾。

［7］【今注】馬融：字季長，扶風茂陵（今陝西興平市東北）人。東漢經學家。傳見本書卷六〇上。

［8］【今注】吴祐：字季英，陳留長垣（今河南長垣縣東北）人。曾任齊相，有治績。因不與梁冀權貴爲伍，出爲河間相。後自請免歸，不復仕。傳見本書卷六四。　蘇章：字孺文，扶風平陵（今陝西咸陽市西北）人。傳見本書卷三一。　种暠：字景伯，河南洛陽（今河南洛陽市東北）人。傳見本書卷五六。

［9］【今注】龐參：字仲達，河南緱氏（今河南偃師市）人。傳見本書卷五一。　虞詡：字升卿，陳國武平（今河南鹿邑縣西北）人。傳見本書卷五八。

［10］【今注】王龔：字伯宗，山陽高平（今山東鄒城市西南）人。傳見本書卷五六。　張皓：字叔明，犍爲武陽（今四川眉山市彭山區）人。傳見本書卷五六。

［11］【今注】郎顗：字雅光，北海安丘（今山東安丘市西南）人。晝研精義，夜占象度，勤心鋭思，朝夕無倦。傳見本書卷三〇下。

［12］【今注】彊埸宣其智力：疆埸邊防上也能充分發揮其勇武謀略。

［13］【李賢注】而，語辭也。《論語》曰："豈不爾思，室是遠而。"

［14］【李賢注】碩，大也。

［15］【今注】楊秉：字叔節，弘農華陰（今陝西華陰市東）人。傳見本書卷五四。

［16］【今注】皇甫張段：即皇甫規、張奂、段熲，三人傳見本書卷六五。

［17］【李賢注】彌縫猶補合也。《詩》曰："衮職有闕，惟仲山甫補之。"

［18］【今注】朱穆：字公叔，南陽宛（今河南南陽市卧龍區）

人。傳見本書卷四三。　劉陶：字子奇，一名偉，潁川潁陰（今河南許昌市）人。傳見本書卷五七。

［19］【今注】郭有道：即郭太，字林宗，太原界休（今山西介休市東南）人。死後，四方之士千餘人皆來會葬。同志者乃共刻石立碑，蔡邕爲其文，既而謂涿郡盧植曰："吾爲碑銘多矣，皆有慙德，唯郭有道無愧色耳。"傳見本書卷六八。

［20］【今注】陳仲弓：陳寔，字仲弓，潁川許（今河南許昌市）人。傳見本書卷六二。

［21］【李賢注】《廣雅》曰："遒（遒，紹興本誤作'道'），急也。"

贊曰：雄作納言，古之八元。[1]舉升以彙，越自下蕃。[2]登朝理政，竝紓灾昏。[3]瓊名夙知，累章國疵。[4]琬亦早秀，位及志差。[5]

［1］【今注】八元：古代傳説中的八個才子。《左傳》文公十八年："高辛氏有才子八人：伯奮、仲堪、叔獻、季仲、伯虎、仲熊、叔豹、季貍，忠肅共懿，宣慈惠和，天下之民謂之八元。"

［2］【李賢注】彙，類也。《易》曰："以其彙征吉。"彙音謂。

［3］【李賢注】紓，解也，音式余反。

［4］【李賢注】疵，病也。

［5］【李賢注】志意差舛，不能遂也。差音楚宜反。

後漢書　卷六二

列傳第五十二

荀淑 子爽 孫悦　韓韶　鍾皓　陳寔 子紀

荀淑字季和，潁川潁陰人也，[1]荀卿十一世孫也。[2]少有高行，博學而不好章句，[3]多爲俗儒所非，[4]而州里稱其知人。[5]安帝時，徵拜郎中，[6]後再遷當塗長。[7]去職還鄉里。當世名賢李固、李膺等皆師宗之。[8]

[1]【今注】潁川：郡名。治陽翟縣（今河南禹州市）。　潁陰：縣名。治所在今河南許昌市魏都區。

[2]【李賢注】卿名況，趙人也。爲楚蘭陵令。著書二十三篇（三，紹興本、大德本、殿本作"二"），號《荀卿子》。避宣帝諱，故改曰"孫"也。【今注】荀卿：戰國末儒家代表學者。傳見《史記》卷七四。

[3]【今注】章句：分析文字的章節與句讀，這裏指瑣碎的經學學問。可參閲楊權《論章句與章句之學》（《中山大學學報》2002年第4期）、王寶利《再論章句與章句之學》（《社會科學論

壇》2007年第8期）、唐元《章句學與兩漢儒學風向》（《勵耘學刊》2010年第1期）、駱瑞鶴《漢代經學章句發展説略》（《人文論叢》2015年第1期）、高海雲《漢代章句之學研究述評》（《社會科學動態》2020年第11期）。

［4］【今注】俗儒：淺陋的經師、學者。

［5］【今注】州里：同鄉。　知人：惠棟《後漢書補注》："《先賢行狀》曰，'淑所拔韋褐、芻牧之中，執案、刀筆之吏，皆爲英彦'。"

［6］【今注】郎中：官名。漢承秦置。西漢有車、户、騎三將，内充侍衛，外從作戰。東漢罷郎中三將，遂分隸五官、左、右中郎將三署，備宿衛，充車騎。屬光禄勳，秩比三百石。

［7］【李賢注】當塗，縣名，故城在今宣州。【今注】當塗：縣名。治所在今安徽懷遠縣南。　長：縣長。萬户以上縣設縣令，秩千石；不足萬户設縣長，秩四百石或三百石。　案，再，大德本誤作"載"。

［8］【今注】李固：字子堅，漢中南鄭（今陝西漢中市）人。傳見本書卷六三。　李膺：字元禮，潁川襄城（今河南襄城縣）人。傳見本書卷六七。周天游《八家後漢書輯注》輯司馬彪《續漢書》卷四："淑有高才，王暢、李膺皆以爲師。"（上海古籍出版社1986年版，第450頁）

及梁太后臨朝，[1]有日食地震之變，詔公卿舉賢良方正，[2]光禄勳杜喬、少府房植舉淑對策，[3]譏刺貴倖，爲大將軍梁冀所忌，出補朗陵侯相。[4]莅事明理，[5]稱爲神君。[6]

［1］【今注】梁太后：梁妠，漢順帝皇后。紀見本書卷一〇下。

［2］【今注】賢良方正：賢良爲漢代選舉科目。始於西漢文帝，常與方正、文學、能直言極諫者連稱，也稱賢良文學、賢良方正。

［3］【今注】光禄勳：秦稱郎中令，漢因之，西漢武帝時更名光禄勳，掌宮掖門户。秩中二千石，位列九卿。本書《百官志二》："光禄勳，卿一人，中二千石。本注曰：掌宿衛宮殿門户，典謁署郎更直執戟，宿衛門户，考其德行而進退之。郊祀之事，掌三獻。" 杜喬：字叔榮，河内林慮（今河南林州市）人。傳見本書卷六三。 少府：官名。漢承秦置。掌帝室財政。列位九卿，秩中二千石。本書《百官志三》："少府，卿一人，中二千石。本注曰：掌中服御諸物，衣服寶貨珍膳之屬。" 房植：字伯武，清河甘陵人，經李固舉薦出仕，歷任少府、河南尹、光禄勳、司空。爲河南尹時有名當朝。同郡周福爲尚書，二家賓客樹朋徒，相攻訐，由是甘陵有南北部，黨人之議自此始。位至司空。東漢桓帝永壽元年（155）免官。 對策：就政事、經義等設問，由應試者對答。自西漢起作爲取士考試的一種形式。

［4］【李賢注】《續漢書》曰，淑對策譏刺梁氏（紹興本、大德本、殿本無"譏"字），故出也。【今注】貴倖：位尊的寵臣。 大將軍：戰國以來掌征伐的高級武官，漢初爲臨時封號，位在三公下，事迄則罷。西漢武帝之後漸成常置，多冠以大司馬號，領尚書事，爲中朝官領袖。秩萬石。東漢多以貴戚擔任，位在三公之上。 梁冀：字伯卓，安定烏氏（今寧夏固原市東南）人。傳見本書卷三四。 朗陵：縣名。治所在今河南確山縣西南。 侯相：漢代侯國與縣同級，設侯相治民。案，本書卷七〇《荀彧傳》作"朗陵令"。曹金華《後漢書稽疑》："《廿二史考異》謂'漢制，縣爲侯國，則置侯相一人治之，其職與令長同，故亦通稱爲令也。東萊之不其亦侯國，而《董恢傳》稱除不其令'，其説或是。"（中華書局 2014 年版，第 813 頁）

［5］【今注】莅事：處理公務。

［6］【今注】案，周天游《八家後漢書輯注》輯袁山松《後漢書》卷三："荀淑與陳寔神交，及其棄朗陵而歸也，數命駕詣之。淑御，慈明從，叔慈抱孫文若而行。寔亦令元方侍側，季方作食，抱孫長文而坐，相對怡然。嘗一朝求食，食遲，季方尚少，跪曰：'高聞大人與荀君言甚善，竊聽之，甑壞飯成糜。'寔曰：'汝聽談解乎？'諶曰：'唯。'因令與二慈説之，不失一辭，二公大悦。"（第668頁）

頃之，弃官歸，閑居養志。產業每增，輒以贍宗族知友。[1]年六十七，建和三年卒。[2]李膺時爲尚書，[3]自表師喪。[4]二縣皆爲立祠。[5]

［1］【今注】贍：供給財務。　知友：知己好友。

［2］【今注】建和：東漢桓帝劉志年號（147—149）。

［3］【今注】尚書：官名。東漢尚書臺六曹，每曹設尚書一人，分别負責己曹事務。秩六百石。本書《百官志三》："尚書六人，六百石。本注曰：成帝初置尚書四人，分爲四曹：常侍曹尚書主公卿事；二千石曹尚書主郡國二千石事；民曹尚書主凡吏上書事；客曹尚書主外國夷狄事。世祖承遵，後分二千石曹，又分客曹爲南主客曹、北主客曹，凡六曹。"

［4］【李賢注】《禮記》曰"事師無犯無隱，左右就養無方，服勤至死，心喪三年"也（殿本無"也"字）。【今注】自表：自己表明。

［5］【今注】二縣：章惠康、易孟醇主編《後漢書今注今譯》以爲是當塗、朗陵（岳麓書社1998年版）。

有子八人：儉，緄，靖，燾，汪，爽，肅，專，並有名稱，時人謂之“八龍”。[1]初，荀氏舊里名西豪，[2]潁陰令勃海苑康以爲昔高陽氏有才子八人，[3]今荀氏亦有八子，故改其里曰高陽里。靖有至行，不仕，年五十而終，[4]號曰玄行先生。[5]

[1]【李賢注】緄音昆。燾音道。汪音烏光反。《説文》云：“汪，深廣也。”俗本改作“注”，非。“尃”本或作“敷”。【今注】案，陶淵明《聖賢群輔録》引《荀氏譜》云：“荀儉字伯慈（漢侍中悦之父）；儉弟緄字仲慈（濟南相漢光禄大夫彧之父，年六十六）；緄弟靖字叔慈（或問汝南許劭：‘靖、爽孰賢？’邵曰：‘二人皆玉也。慈明外朗，叔慈内潤。’靖隱身修學，動必以禮。太尉辟，不就，年五十五）；靖弟壽字慈光（舉孝廉，年七十）；壽弟汪字孟慈（昆陽令，年六十）；汪弟爽字慈明（公車徵，爲平原相，遷光禄勳、司空。出自巖藪，九十三日，遂登台司。年六十三）；爽弟肅字敬慈（守舞陽令，年五十）；肅弟旉字幼慈（司徒掾，年七十）。”（袁行霈《陶淵明集箋注》，中華書局 2003 年版，第 592 頁）錢大昕《廿二史考異》卷一二《後漢書三》：“‘尃’當作‘尃’，即‘敷’字。”

[2]【李賢注】今許州城内西南有荀淑故宅，相傳云即舊西豪里也。

[3]【李賢注】《左傳》曰：“昔高陽氏有才子八人：蒼舒，隤敳，檮戭，大臨，尨降（尨，大德本誤作‘龍’），庭堅，仲容，叔達。”【今注】勃海：郡名。亦作“渤海”，治南皮縣（今河北南皮縣北）。　苑康：字仲真，勃海重合（今山東樂陵市西北）人。傳見本書卷六七。　高陽氏：顓頊。事迹見《史記》卷一《五帝本紀》。

[4]【今注】至行：卓絶的品行。　案，惠棟《後漢書補注》：“《荀氏譜》曰年五十五。”

［5］【李賢注】皇甫謐《高士傳》曰“靖字叔慈，少有俊才，動止以禮。靖弟爽亦以才顯於當時。或問汝南許章曰：‘爽與靖孰賢（孰，紹興本作“熟”）？’章曰：‘皆玉也。慈明外朗，叔慈內潤。’及卒，學士惜之，誄靖者二十六人。潁陰令丘禎追號靖曰玄行先生”也。

淑兄子昱字伯條，[1]曇字元智。昱爲沛相，[2]曇爲廣陵太守。[3]兄弟皆正身疾惡，志除閹宦。[4]其支黨賓客有在二郡者，[5]纖罪必誅。昱後共大將軍竇武謀誅中官，[6]與李膺俱死。曇亦禁錮終身。[7]

［1］【今注】昱：惠棟《後漢書補注》：“昱《通鑑》作翊。”曹金華《後漢書稽疑》指出《北堂書鈔》卷六〇、《太平御覽》卷二一二引《謝承書》作“荀緄字伯條”，“且謂‘拜尚書，緄性明亮……內外公卿大夫，莫敢不憚’云云。故姚之駰曰：‘范《荀淑傳》：淑中子名緄，八龍之一，當即此也。又淑兄子昱亦字伯條，何命字竟相同與？又緄爲濟南相，畏憚宦官，爲子彧娶唐衡女，行事如此，公卿大夫安得憚之？豈別有一荀緄耶？’孫志祖按：‘緄字仲慈，兄弟八人，字皆以慈次。陶潛曰八目，且官濟南相，不爲尚書也。此蓋別一荀緄。’又《書鈔》卷七六引《謝承書》謂‘荀緄遷沛相，所在清嚴，舉賢治惡，以爲豫州六郡之表也’，與《荀彧傳》載緄爲‘濟南相，畏憚宦官’異，而與本傳‘沛相’昱‘正身疾惡，志除閹宦’近之，然亦未知何作‘荀緄’也。史乘淆亂，莫之能詳，録之存疑耳”（第814頁）。

［2］【今注】沛：諸侯王國名。治相縣（今安徽濉溪縣西北）。相：諸侯王相。主治民，秩二千石，職掌如太守。

［3］【今注】廣陵：郡名。治廣陵縣（今江蘇揚州市西北）。

［4］【今注】案，宦，大德本、殿本作“官”。

［5］【今注】支黨：黨羽。

［6］【今注】竇武：字游平，扶風平陵（今陝西咸陽市西北）人。傳見本書卷六九。　中官：指宦官。

［7］【今注】禁錮：指禁止官吏及其後人做官和參與政治活動。案，《東觀漢紀》卷一七："荀曇，字元智，潁川潁陰人，爲廣陵太守，正身疾惡。其兄昱爲沛相，乃相與共除閹黨。後昱與大將軍竇武謀誅中官，與李膺俱死，曇亦禁錮終身。"

爽字慈明，一名諝。[1]幼而好學，年十二，[2]能通《春秋》《論語》。太尉杜喬見而稱之，[3]曰："可爲人師。"爽遂耽思經書，[4]慶弔不行，[5]徵命不應。[6]潁川爲之語曰："荀氏八龍，慈明無雙。"延熹九年，[7]太常趙典舉爽至孝，[8]拜郎中。對策陳便宜曰：[9]

［1］【李賢注】音息汝反。【今注】諝：音 xū。案，周天游《八家後漢書輯注》輯張瑩《後漢南紀》："諝文章典籍無不涉，時人諺曰：'荀氏八龍，慈明無雙。'潛處篤志，徵聘無所就"（第616頁）。

［2］【今注】案，曹金華《後漢書稽疑》："據本傳及《獻帝紀》，荀爽初平元年（190）年六十三薨，自此推至十二歲，乃永和四年（139），而據《順帝紀》，此時太尉王龔，非杜喬也。又據《桓帝紀》《杜喬傳》，喬建和元年（147）爲太尉，是年免，此時荀爽年二十，非'十二'。故《後漢紀》卷二六'年十二，太尉杜喬師焉'，周天游《校注》曰：'"年十二"恐係"年二十"之誤。'然據《魏志·荀彧傳》注引張璠《漢紀》云'爽字慈明，幼好學，年十二，通《春秋》《論語》'，《御覽》卷六一一引《續漢書》云'太尉杜喬見而稱曰："可爲人師。"'則知此事非爲虛設。疑是杜喬後爲太尉，史家追述未以時職冠之而已。"（第815頁）

［3］【今注】太尉：官名。東漢光武帝建武二十七年（51）改大司馬置，秩萬石，爲三公之首。本書《百官志一》："太尉，公一人。本注曰：掌四方兵事功課，歲盡即奏其殿最而行賞罰。凡郊祀之事，掌亞獻；大喪則告謚南郊。凡國有大造大疑，則與司徒、司空通而論之。國有過事，則與二公通諫争之。"

［4］【今注】耽：沉溺。

［5］【今注】慶弔：指喜、喪之事。

［6］【今注】徵命：徵召、命令。

［7］【今注】延熹：東漢桓帝劉志年號（158—167）。案，曹金華《後漢書稽疑》："《後漢紀》卷二二載對策於永康元年六月，與此稍異。又據《桓帝紀》延熹九年正月'詔公、卿、校尉、郡國舉至孝'，疑是是年舉拜，次年對策陳便宜耳。"（第815頁）案，九，殿本作"元"。

［8］【今注】太常：官名。秦置奉常，漢初因之，西漢景帝中元六年（前151），改名爲太常。王莽時曾改名秩宗，東漢又復名太常。掌宗廟祭祀禮儀，兼選試博士。爲諸卿之首，秩中二千石。本書《百官志二》載："太常，卿一人，中二千石。本注曰：掌禮儀祭祀，每祭祀，先奏其禮儀；及行事，常贊天子。每選試博士，奏其能否。大射、養老、大喪，皆奏其禮儀。每月前晦，察行陵廟。"　趙典：字仲經，蜀郡成都（今四川成都市）人。傳見本書卷二七。

［9］【今注】便宜：指有利國家、合乎時宜之事。

臣聞之於師曰："漢爲火德，[1]火生於木，木盛於火，故其德爲孝，[2]其象在《周易》之《離》。"夫在地爲火，在天爲日。[3]在天者用其精，在地者用其形。夏則火王，[4]其精在天，温暖之氣，養生百木，是其孝也。冬時則廢，其形在地，酷烈之氣，焚燒山林，是其不孝也。故漢制使天下誦《孝經》，選吏舉孝廉。[5]夫喪親自盡，孝之終也。[6]

［1］【今注】火德：戰國、秦、漢的陰陽家把金、木、水、火、土五行比作五德，認爲歷代王朝各代表一德，按照五行相克或相生的順序，交互更替，周而復始。“漢德”有水、土、火等説，兩漢之際則逐漸以“火德”爲主流（參見李培健《西漢德運考：五德終始説下的政治史》，陝西人民出版社 2019 年版；李夢澤《西漢未行火德辨》，《學術研究》2011 年第 5 期；龔留柱、張信通《“漢家堯後”與兩漢之際的天命之争——兼論中國古代的政治合法性問題》，《史學月刊》2013 年第 10 期）。

［2］【李賢注】火，木之子；夏，火之位。木至夏而盛，故爲孝。

［3］【李賢注】《易·説卦》曰“離爲火，爲日”也。

［4］【今注】火王：五行與四季相對應，夏屬火，故曰“火王”。王，主。

［5］【李賢注】平帝時，王莽作《書》八篇戒子孫，令學官以教授，吏能誦者比《孝經》。《音義》云：“言用之得選舉之也。”【今注】孝廉：漢代察舉制的科目之一。西漢武帝元光元年（前 134）初令郡國舉孝、廉各一人，後合稱爲孝廉。漢代舉孝廉者多任郎官，有年齡限制，後又加考試。本書卷六《順帝紀》載順帝時期，“初令郡國舉孝廉，限年四十以上，諸生通章句，文吏能牋奏，乃得應選；其有茂才異行，若顔淵、子奇，不拘年齒”。

［6］【李賢注】盡謂盡其哀戚也。

今之公卿及二千石，[1]三年之喪，不得即去，殆非所以增崇孝道而克稱火德者也。往者孝文勞謙，行過乎儉，[2]故有遺詔以日易月。[3]此當時之宜，不可貫之萬世。古今之制雖有損益，而諒闇之禮未常改移，[4]以示天下莫遺其親。[5]

［1］【今注】二千石：即真二千石，漢代官吏秩級之一，低於中二千石，高於比二千石。月俸爲一百二十斛。由於漢代郡守、諸侯國相一般爲二千石，故史籍中的"二千石"一般指郡守和諸侯國相。《漢書·百官公卿表上》顔師古注："漢制，三公號稱萬石，其俸月各三百五十斛穀。其稱中二千石者月各百八十斛，二千石者百二十斛，比二千石者百斛，千石者九十斛，比千石者八十斛，六百石者七十斛，比六百石者六十斛，四百石者五十斛，比四百石者四十五斛，三百石者四十斛，比三百石者三十七斛，二百石者三十斛，比二百石者二十七斛，一百石者十六斛。"

［2］【李賢注】《易·謙卦》九三爻："勞謙君子，有終吉。"【今注】孝文：西漢孝文帝劉恒，公元前180年至前157年在位。紀見《史記》卷一〇、《漢書》卷四。　勞謙：有功勞而謙虚。

［3］【今注】遺詔：《漢書》卷四《文帝紀》載文帝遺詔："其令天下吏民，令到出臨三日，皆釋服。無禁取婦嫁女祠祀飲酒食肉。自當給喪事服臨者，皆無踐。經帶無過三寸。無布車及兵器。無發民哭臨宫殿中。殿中當臨者，皆以旦夕各十五舉音，禮畢罷。非旦夕臨時，禁無得擅哭。以下，服大紅十五日，小紅十四日，纖七日，釋服。它不在令中者，皆以此令比類從事。"王先謙《後漢書集解》："漢文遺詔並無'以日易月'之語，此爽誤會詔意也。"

［4］【今注】諒闇：居喪時所住的房子，這裏指守喪。《禮記·喪服四制》："《書》曰：'高宗諒闇，三年不言。'善之也。"《論語·憲問》作"諒陰"。　案，常，大德本、殿本作"嘗"。

［5］【李賢注】遺，忘也。

今公卿群寮皆政教所瞻，而父母之喪不得奔赴。夫仁義之行，自上而始；敦厚之俗，以應乎下。《傳》曰："喪祭之禮闕，則人臣之恩薄，背死忘生者衆矣。"[1]曾子曰："人未有自致者，必也親喪乎！"[2]《春秋傳》曰："上之所爲，民之歸也。"[3]夫上所不爲而民或爲之，故加刑罰；若上之所爲，民亦爲之，又何誅焉？昔丞相翟方進，[4]以自備宰相，[5]而不敢踰制。至遭母憂，三十六日而除。[6]夫失禮之源，自上而始。古者大喪三年不呼其門，[7]所以崇國厚俗篤化之道也。事失宜正。過勿憚改。[8]天下通喪，可如舊禮。[9]

[1]【今注】案，今本《韓詩外傳》卷三作"喪祭之禮廢，則臣子之恩薄。臣子之恩薄，則背死亡生者衆"。今本《禮記·經解》作"喪祭之禮廢，則臣子之恩薄，而倍死、忘生者衆矣"。

[2]【李賢注】事見《論語》。致猶盡也，極也。【今注】案，見《論語·子張》，今本"者"後有"也"字。

[3]【李賢注】《左氏傳》臧武仲之言。【今注】案，見《左傳》襄公二十一年《傳》文。

[4]【今注】案，大德本、殿本無"丞相"二字。 翟方進：字子威，汝南上蔡（今河南上蔡縣西南）人。傳見《漢書》卷八四。

[5]【今注】備：謙辭，備位。

[6]【李賢注】《前書》翟方進爲丞相，遭後母憂，行服三十六日起視事，曰："不敢踰國制也。"【今注】案，王先謙《後漢書集解》："《前書·翟方進傳》後母終既葬，三十六日除服，此所謂國制也。爽既誤以文帝遺詔爲'以日易月'，因删此'既葬'二字

以合之，斯爲巨謬。”

［7］【李賢注】《公羊傳》之文也。何休注云：“重奪孝子之恩。”【今注】案，見《公羊傳》宣公元年《傳》文。

［8］【李賢注】憚，難也。【今注】過勿憚改：有過錯不要怕改正。

［9］【李賢注】《禮記》曰：“三年之喪，天下之通喪也。”

臣聞有夫婦然後有父子，有父子然後有君臣，有君臣然後有上下，有上下然後有禮義。禮義備，則人知所厝矣。[1]夫婦人倫之始，王化之端，故文王作《易》，上經首《乾》《坤》，下經首《咸》《恒》。[2]孔子曰：“天尊地卑，乾坤定矣。”[3]夫婦之道，所謂順也。《堯典》曰：“釐降二女於嬀汭，[4]嬪于虞。”[5]降者下也，嬪者婦也。言雖帝堯之女，下嫁於虞，猶屈體降下，勤修婦道。《易》曰：“帝乙歸妹，以祉元吉。”[6]婦人謂嫁曰歸，言湯以娶禮歸其妹於諸侯也。《春秋》之義，王姬嫁齊，使魯主之，不以天子之尊加於諸侯也。[7]今漢承秦法，設尚主之儀，[8]以妻制夫，以卑臨尊，違乾坤之道，失陽唱之義。[9]孔子曰：“昔聖人之作《易》也，仰則觀象於天，俯則察法於池，覩鳥獸之文，與地之宜。近取諸身，遠取諸物，以通神明之德，以類萬物之情。”[10]

［1］【李賢注】語見《易·序卦》也。【今注】厝（cuò）：安置。今本《周易·序卦傳》作：“有上下然後禮義有所錯。”

［2］【李賢注】《易》，《乾》《坤》至《離》爲上經，《咸》《恒》至《未濟》爲下經。【今注】案，《周易·咸卦》："咸：亨，利貞，取女吉。"孔穎達疏："《乾》《坤》象天地，《咸》《恒》明夫婦。"

［3］【李賢注】《易·繫辭》也。

［4］【今注】釐：飭。命令之義。　二女：堯帝的兩個女兒，後世稱爲娥皇、女英。　嬀汭：一説爲兩水名，皆在今山西永濟市境内，源出歷山，西流入黄河。《水經注·河水》："郡南有歷山，謂之歷觀，舜所耕處也。有舜井，嬀、汭二水出焉。南曰嬀水，北曰汭水。"一説小水入大水曰"汭"。顧頡剛、劉起釪《尚書譯論校釋》："一水注入另一較大之水其相交隈曲之地即叫'汭'。'嬀汭'即嬀水注入另一水之隈曲地帶。"（中華書局 2005 年版，第 96 頁）

［5］【今注】虞：舜。

［6］【李賢注】《易·泰卦》六五爻辭也。王輔嗣注云："婦人謂嫁曰歸。泰者，陰陽交通之時，女處尊位（女，殿本作'五'），履中居順，降身應二，帝乙歸妹，誠合斯義也。"案《史記》紂父名帝乙，此文以帝乙爲湯，湯名天乙也。【今注】帝乙：殷商倒數第二位王。李道平《周易集解纂疏》："《書·多士》曰'自成湯至于帝乙'，哀九年《左傳》晉趙鞅筮得此爻，其言曰'微子，帝乙之元子也'，故知帝乙爲紂父也。又《子夏傳》曰'帝乙歸妹，湯之嫁妹也'。《世本》'湯名天乙'，故稱帝乙。京房《章句》載湯嫁妹之辭曰'無以天子之尊而乘諸侯，無以天子之貴而驕諸侯。陰之從陽，女之順夫，本天地之義也。往事爾夫，必以禮義'，其辭未必傳于上世，然亦以帝乙爲湯也。"　祉：賜福。

［7］【李賢注】《公羊傳》曰："夏單伯逆王姬。單伯者何？吾大夫之命于天子者。何以不稱使？天子召而使逆之。逆之者何？使我主之也。曷爲使我主之？天子嫁女於諸侯，必使同姓諸侯主

之。”何休注云：“不自爲主，尊卑不敵也。”

［8］【今注】尚主：娶公主。沈欽韓《後漢書疏證》：“按《班超傳》，陰城公主與嬖人處帷中，使班始伏牀下。尚主之敝如此，史傳不著其儀，蓋鄙而略之也。”

［9］【李賢注】《易緯》曰“陽唱而陰和”也。【今注】案，西漢王吉也曾批評此事，《漢書》卷七二《王吉傳》載其觀點，“又漢家列侯尚公主，諸侯則國人承翁主，使男事女，夫詘於婦，逆陰陽之位，故多女亂”。

［10］【李賢注】皆《易·繫》之文也。

今觀法於天，[1]則北極至尊，四星妃后。[2]察法於地，則崐山象夫，卑澤象妻。[3]覩鳥獸之文，鳥則雄者鳴鴝，[4]雌能順服；獸則牡爲唱導，[5]牝乃相從。近取諸身，則乾爲人首，坤爲人腹。[6]遠取諸物，則木實屬天，根荄屬地。[7]陽尊陰卑，蓋乃天性。且《詩》初篇實首《關雎》；《禮》始《冠》《婚》，先正夫婦。[8]天地《六經》，其旨一揆。[9]宜改尚主之制，以稱乾坤之性。遵法堯、湯，式是周、孔。[10]合之天地而不謬，質之鬼神而不疑。人事如此，則嘉瑞降天，吉符出地，五韙咸備，各以其敘矣。[11]

［1］【今注】案，曹金華《後漢書稽疑》：“承前文‘仰則觀象於天，俯則察法於地’，‘觀法’當作‘觀象’爲是。”（第816頁）

［2］【李賢注】北極，北辰也。軒轅四星，女主之象也。【今注】案，《漢書·天文志》：“中宫天極星，其一明者，泰一之常居也，旁三星三公，或曰子屬。後句四星，末大星正妃，餘三星後宫

之屬也。”

［3］【李賢注】崐猶高也。《易》艮下兑上爲《咸》。艮爲山，夫象也。兑爲澤，妻象也。咸，感也。山澤通氣，夫婦之相感也。

［4］【今注】鳴：雉鳴，這裏泛指鳴叫。大德本、殿本作“雊”。

［5］【今注】唱導：前導。

［6］【李賢注】《易·説卦》之文也。

［7］【李賢注】荄音該。

［8］【李賢注】《儀禮》，《士冠禮》爲始，《士婚禮》次之。

［9］【今注】揆：道理，準則。

［10］【李賢注】式，法也。

［11］【李賢注】韙，是也。《史記》曰：“休徵：曰肅，時雨若；曰乂，時陽若（陽，殿本作‘暘’）；曰哲，時燠若；曰謀，時寒若；曰聖，時風若。”五是來備，各以其叙也。

昔者聖人建天地之中而謂之禮，禮者，所以興福祥之本，而止禍亂之源也。人能枉欲從禮者，則福歸之；順情廢禮者，則禍歸之。推禍福之所應，知興廢之所由來也。衆禮之中，婚禮爲首。故天子娶十二，天之數也；諸侯以下各有等差，事之降也。[1]陽性純而能施，陰體順而能化，以禮濟樂，節宣其氣。[2]故能豐子孫之祥，致老壽之福。及三代之季，[3]淫而無節。瑶臺、傾宫，陳妾數百。[4]陽竭於上，陰隔於下。故周公之戒曰：“不知稼穡之艱難，不聞小人之勞，惟耽樂之從，時亦罔或克壽。”是其明戒。[5]後世之人，好福不務其本，惡禍不易其軌。《傳》曰：“截趾適履，孰云其愚？何與斯人，追欲喪軀？”誠可痛也。[6]

［1］【李賢注】《白武通》曰（武，殿本作“虎”）：“天子娶十二，法天，則有十二月，百物畢生也。”又曰“諸侯娶九女”也。【今注】案，黄以周《禮書通故·昏禮通故》：“天子娶十二女，《保乾圖》文。諸侯一娶九女，諸侯不再娶，《公羊傳》文。”

［2］【李賢注】《左傳》曰，昔晉侯有疾，醫和視之，曰：“疾不可爲也。是爲近女室，疾如蠱，非鬼非食，惑以喪志（惑，大德本誤作‘感’）。”公曰：“女不可近乎？”對曰：“節之。先王之樂，所以節百事也。天有六氣，過則爲災。”於是乎節宣其氣也。

［3］【今注】三代：夏、商、周。　季：末年。

［4］【李賢注】《列女傳》曰，夏桀爲琁室、瑶臺，以臨雲雨，紂爲傾宫（大德本無“爲”字）。解見《桓帝紀》也。

［5］【李賢注】事是《尚書·無逸篇》，其詞與此微有不同也。【今注】或：有。案，今本《尚書》作：“不知稼穡之艱難，不聞小人之勞，惟耽樂之從。自時厥後，亦罔或克壽。”皮錫瑞《今文尚書考證》引段玉裁曰：“‘自時厥後’四字作‘時’一字，‘或’作‘有’，三家相合，此《今文尚書》也。古或、有二字音義皆同，如‘不或亂政’《史記》作‘不有治政’，‘乃或亮陰’《史記》作‘乃有亮闇’，皆古文作‘或’今文作‘有’之證。《後漢書》作‘罔或’，恐有改之者。”

［6］【李賢注】適猶從也。言喪身之愚，甚於趾也。【今注】㦸：同“截”。

臣竊聞後宫采女五六千人，[1]從官侍使復在其外。冬夏衣服，朝夕稟糧，[2]耗費縑帛，空竭府藏，徵調增倍，十而税一，空賦不辜之民，以供無用之女，百姓窮困於外，陰陽隔塞于内。故感動和氣，災異屢臻。臣愚以爲諸非禮聘未曾幸御者，一皆遣出，使成妃合。[3]一曰通怨曠，和陰陽。二曰省財用，實府藏。[4]三曰脩禮制，綏眉壽。[5]四曰配陽施，祈螽斯。[6]五曰寬役賦，安黎民。此誠國家之弘利，天人之大福也。

[1]【今注】采女：漢代宫女選自民家，故稱。

[2]【今注】稟糧：賜予糧食。

[3]【今注】妃合：婚配。

[4]【今注】案，藏，大德本、殿本作“庫”。

[5]【今注】綏：安。

[6]【李賢注】螽斯，蚣蝑也，其性不妒，故能子孫衆多。《詩》曰：“螽斯羽，詵詵兮。宜爾子孫，振振兮。”【今注】螽斯：蝗類昆蟲，一説即蟈蟈。

夫寒熱晦明，所以爲歲；尊卑奢儉，所以爲禮：故以晦明寒暑之氣，尊卑侈約之禮爲其節也。《易》曰：“天地節而四時成。”[1]《春秋傳》曰：“唯器與名不可以假人。”[2]《孝經》曰：“安上治民，莫善於禮。”[3]禮者，尊卑之差，上下之制也。昔季氏八佾舞於庭，[4]非有傷害困於人物，而孔子猶曰“是可忍也，孰不可忍”。[5]《洪範》曰：“惟辟作威，[6]惟辟作福，惟辟玉食。”凡此三者，君所獨行而臣不得同也。今臣僭君服，下食上珍，所謂“害于而家，凶於而國”者也。[7]宜略依古禮尊卑之差，及董仲舒制度之别，[8]嚴篤有司，[9]必行其命。此則禁亂善俗足用之要。

[1]【李賢注】《節卦彖辭》文也。

[2]【李賢注】杜預注《左氏》云："器謂車服（大德本無'謂'字），名謂爵號。"【今注】案，語見《左傳》成公二年《傳》文。

[3]【今注】案，語見《孝經·廣要道》。

[4]【今注】季氏：季孫氏，名意如。春秋時魯國大夫，季孫宿孫，歷仕昭公、定公二世。專魯國之政。與郈氏、臧氏不協，臧、郈告昭公。遂伐季氏，被圍困於宅。結連叔孫、孟孫，三家共攻公，得解圍。昭公出亡，赴齊、晉求助。意如抗齊賂晉，使昭公居乾侯。後因晉調停，乃隨晉使荀躒至乾侯迎昭公。昭公不返，死於乾侯，意如葬之於魯陵墓道南，不使與祖宗並列。卒謚平。　八佾：樂舞者八行，每行八人，共六十四人，這是天子享用的規格。古時諸侯用六佾，大夫用四佾。佾，古時樂舞的行列。

[5]【今注】案，語見《論語·八佾》。

[6]【今注】洪範：《尚書》篇名。　辟：君主。

[7]【今注】而：你。案，語見《尚書·洪範》。

[8]【李賢注】《前書》董仲舒曰："王者正法度之宜，别上下之序，以防欲也。"【今注】董仲舒：廣川（今河北棗强縣東）人。西漢大儒。傳見《史記》卷一二一、《漢書》卷五六。

[9]【今注】案，篤，殿本作"督"。

奏聞，即弃官去。後遭黨錮，[1]隱於海上，[2]又南遁漢濱，[3]積十餘年，以著述爲事，遂稱爲碩儒。黨禁解，五府並辟，[4]司空袁逢舉有道，[5]不應。及逢卒，爽制服三年,[6]當世往往化以爲俗。時人多不行妻服，雖在親憂猶有弔問喪疾者，又私謚其君父及諸名士，爽皆引據大義，正之經典，雖不悉變，亦頗有改。[7]後公車徵爲大將軍何進從事中郎。[8]進恐其不至，迎薦爲侍中,[9]及進敗而詔命中絶。

[1]【今注】黨錮：東漢桓、靈二帝時期官僚士大夫因反對宦官專權而遭禁錮的政治事件。詳見本書卷六七《黨錮傳》。

[2]【今注】海上：海濱。

[3]【今注】漢：漢水。

[4]【今注】五府：東漢將太傅府、太尉府、司徒府、司空府、大將軍府合稱爲“五府”。 辟：即辟除，漢代選官制度之一，三公以下選任屬吏。

[5]【今注】司空：官名。東漢三公之一，掌工程、祭祀等。本書《百官志一》：“司空，公一人。本注曰：掌水土事。凡營城起邑、浚溝洫、修墳防之事，則議其利，建其功。凡四方水土功課，歲盡則奏其殿最而行賞罰。凡郊祀之事，掌掃除樂器，大喪則掌將校復土。凡國有大造大疑，諫争，與太尉同。世祖即位，爲大司空，建武二十七年，去‘大’。” 袁逢：事見本書卷四五《袁安傳》。 有道：漢代選舉科目之一。意爲選拔有道德、有才能的人。

[6]【今注】制服：喪服，這裏指服喪。沈欽韓《後漢書疏證》：“按慈明知禮，必不爲舉主服非禮之服，當是申心喪，如師耳。”

[7]【李賢注】《喪服》曰：“夫爲妻齋縗杖朞（齋，大德本、殿本作‘齊’；縗，殿本作‘衰’）。”《禮記》曰：“曾子問：‘三年之喪弔乎?’孔子曰：‘禮以飾情。三年之喪而弔哭，不亦虚乎!’”【今注】妻服：丈夫爲妻子服喪。 親憂：指父母親人去世。 私謚其君父：私謚，死後由親屬、朋友或門人給予的謚號。

周禮大夫以下不得請謚於上，而東漢時期私謚盛行（參見沈剛《東漢的私謚問題》，《烟臺大學學報》2014年第4期）。君父，何焯《義門讀書記》卷二三："此所謂君，指太守、令、長言之。"大德本無"其"字。

［8］【今注】公車：本爲漢代官署名，設公車令，掌管宫殿中車馬警衛等事。本書《百官志二》："公車司馬令一人，六百石。本注曰：掌宫南闕門，凡吏民上章，四方貢獻，及徵詣公車者。"何進：字遂高，南陽宛（今河南南陽市卧龍區）人。傳見本書卷六九。　從事中郎：官名。東漢大將軍、車騎將軍屬官。職參謀議。大將軍府所屬員二人，秩六百石。

［9］【今注】侍中：官名。秦始置。西漢時爲加官，無員，凡官員加此頭銜即可入禁中，親近皇帝。初掌雜務，後漸與聞朝政、贊導衆事、顧問應對，與公卿大臣論辯，平議尚書奏事，爲中朝要職。本書《百官志三》："侍中，比二千石。本注曰：無員。掌侍左右，贊導衆事，顧問應對。法駕出，則多識者一人參乘，餘皆騎在乘輿車後。本有僕射一人，中興轉爲祭酒，或置或否。"

獻帝即位，董卓輔政，[1]復徵之。爽欲遁命，吏持之急，不得去，因復就拜平原相。[2]行至宛陵，[3]復追爲光禄勳。視事三日，進拜司空。[4]爽自被徵命及登台司，[5]九十五日。因從遷都長安。爽見董卓忍暴滋甚，[6]必危社稷，其所辟舉皆取才略之士，將共圖之，亦與司徒王允及卓長史何顒等爲内謀。[7]會病薨，年六十三。著《禮》《易傳》《詩傳》《尚書正經》《春秋條例》，[8]又集漢事成敗可爲鑒戒者，謂之《漢語》。又作《公羊問》及《辯讖》，[9]并它所論叙，題爲《新書》。凡百餘篇，今多所亡缺。兄子悦、彧並知名。[10]

或自有傳。

［1］【今注】董卓：字仲穎，隴西臨洮（今甘肅岷縣）人。傳見本書卷七二。

［2］【今注】平原：諸侯王國名。治平原縣（今山東平原縣西南）。

［3］【今注】宛陵：菀陵，縣名。治所在今河南新鄭市東。錢大昕《廿二史考異》卷一二《後漢書三》："'宛'與'菀'同，此河南之菀陵，非丹陽之宛陵。"

［4］【今注】案，惠棟《後漢書補注》引《北海耆舊傳》曰："公沙孚字允慈，與爽共約出不得事貴勢，而爽當董卓時脱巾未百日位至司空，後相見，以爽違命割席而坐也。"

［5］【今注】台司：指公卿高位。東漢尚書稱中台，御史稱憲台，謁者稱外台，合稱"三台"，三公也稱"三司"。案，周天游《八家後漢書輯注》輯張璠《後漢紀》："荀爽爲三公，食不過一肉、脱粟飯，坐皮褥。"（第712頁）

［6］【今注】忍暴：殘忍暴虐。

［7］【今注】司徒：官名。秦、西漢置丞相，西漢哀帝元壽二年（前1）改丞相爲大司徒。東漢去"大"，爲三公之一。本書《百官志一》："司徒，公一人。本注曰：掌人民事。凡教民孝悌、遜順、謙儉，養生送死之事，則議其制，建其度。凡四方民事功課，歲盡則奏其殿最而行賞罰。凡郊祀之事，掌省牲視濯，大喪則掌奉安梓宫。凡國有大疑大事，與太尉同。"　王允：字子師，太原祁（今山西祁縣）人。傳見本書卷六六。　長史：官名。東漢三公、將軍幕府諸掾史之長，秩千石。　何顒：字伯求，南陽襄鄉（今湖北棗陽市東北）人。傳見本書卷六七。

［8］【今注】案，《隋書·經籍志》載"《周易》十一卷，漢司空荀爽注"，"《周易》荀爽九家注十卷"。荀爽《易》説多存於

唐李鼎祚《周易集解》，有關此方面的研究有清惠棟《易漢學》、清張惠言《周易荀氏九家義》、劉玉建《兩漢象術易學研究》（廣西教育出版社 1996 年版）、徐芹庭《漢易闡微》（中國書店 2010 年版）、王棋《荀爽易學研究》（博士學位論文，山東大學，2009 年）等。

［9］【今注】公羊問：《隋書·經籍志》："《春秋公羊傳問答》五卷，荀爽問，魏安平太守徐欽答。"　辯讖：荀悦《申鑒》："世稱緯書仲尼之作也。臣悦叔父故司空爽辨之，蓋發其僞也。有起於中興之前終張之徒之作乎？"案，辯，大德本、殿本作"辨"。

［10］【今注】彧：荀彧，字文若，潁川潁陰（今河南許昌市）人。傳見本書卷七〇。

論曰：荀爽、鄭玄、申屠蟠俱以儒行爲處士，[1]累徵並謝病不詣。及董卓當朝，復備禮召之。蟠、玄竟不屈以全其高。爽已黄髮矣，[2]獨至焉，未十旬而取卿相。意者疑其乖趣舍，[3]余竊商其情，[4]以爲出處君子之大致也，平運則弘道以求志，陵夷則濡跡以匡時。[5]荀公之急急自勵，其濡跡乎？不然，何爲違貞吉而履虎尾焉？[6]觀其遜言遷都之議，[7]以救楊、黄之禍。[8]及後潛圖董氏，[9]幾振國命，所謂"大直若屈"，道固逶迤也。[10]

［1］【今注】鄭玄：字康成，北海高密（今山東高密市西南）人。傳見本書卷三五。　申屠蟠：傳見本書卷五三。　處士：有才學而隱居者。

［2］【今注】黄髮：人老後頭髮由白而黄，此指年老。

［3］【今注】意者：表示測度。大概，或許。　趣：通"趨"。

［4］【今注】商：估量。

［5］【李賢注】濡跡，解見《崔駰傳》。【今注】陵夷：衰頽，衰落。　濡跡：沾濕了足迹。這裏指有所失節。本書卷五二《崔駰傳》："則褰裳濡足，冠挂不顧。"李賢注："褰裳，涉水也。《新序》曰：'今爲濡足之故，不救人溺，可乎？'《淮南子》曰'禹之趨時，冠挂而不顧，履遺而不取'也。"

［6］【李賢注】《易·履卦》曰："履道坦坦，幽人貞吉。"又曰："履虎尾，不咥人亨。"王輔嗣注云："履虎尾者，言其危也（危，大德本誤作'厄'）。"【今注】履：踩踏。

［7］【今注】遜言：言語謙遜恭順。　案，遷都之議，見本書卷五四《楊彪傳》："司空荀爽見卓意壯，恐害彪等，因從容言曰：'相國豈樂此邪？山東兵起，非一日可禁，故當遷以圖之，此秦、漢之埶也。'卓意小解。爽私謂彪曰：'諸君堅争不止，禍必有歸，故吾不爲也。'"

［8］【李賢注】楊彪、黄琬也（黄，大德本誤作"委"）。【今注】楊：楊彪，字文先，弘農華陰（今陝西華陰市東）人。傳見本書卷五四。　黄：黄琬，字子琰，江夏安陸（今湖北雲夢縣）人。傳見本書卷六一。

［9］【今注】案，及，大德本作"又"。

［10］【李賢注】《老子》云："大直若屈，大巧若拙。"逶迤，曲也。

悦字仲豫，儉之子也。儉早卒。悦年十二，能説《春秋》。[1]家貧無書，每之人間，所見篇牘，一覽多能誦記。[2]性沈静，美姿容，尤好著述。靈帝時閹官用權，士多退身窮處，悦乃託疾隱居，時人莫之識，唯從弟彧特稱敬焉。[3]初辟鎮東將軍曹操府，[4]遷黄門侍郎。[5]獻帝頗好文學，悦與彧及少府孔融侍講禁中，[6]

旦夕談論。累遷秘書監、侍中。[7]時政移曹氏，天子恭己而已。[8]悦志在獻替，[9]而謀無所用，乃作《申鑒》五篇。[10]其所論辯，[11]通見政體，[12]既成而奏之。其大略曰：

［1］【今注】説：講論。

［2］【今注】人間：民間。周天游《八家後漢書輯注》輯司馬彪《續漢書》卷四："荀悦十二，能讀《春秋》，貧無書，每至市間閲篇牘，一見多能誦記。"（第451頁）輯謝承《後漢書》卷四："荀悦字仲豫，家貧無書，每間行見篇牘，一覽便能誦記。"（第107頁）

［3］【今注】案，大德本、殿本無"唯"字。　特：獨。

［4］【今注】鎮東將軍：東漢末年置。本書卷九《獻帝紀》載，初平三年（192）"九月，李傕自爲車騎將軍，郭汜後將軍，樊稠右將軍，張濟鎮東將軍。濟出屯弘農"。

［5］【今注】黄門侍郎：官名。秦和西漢郎官給事於黄闥（宫門）之内者，稱黄門郎或黄門侍郎。侍從皇帝、顧問應對，出則陪乘。多以重臣、外戚子弟、公主婿爲之。東漢時成爲有具體職掌的官職，侍從皇帝左右，傳宣詔令等。秩六百石，無員。本書《百官志三》："黄門侍郎，六百石。本注曰：無員。掌侍從左右，給事中，關通中外。及諸王朝見於殿上，引王就坐。"

［6］【今注】孔融：字文舉，魯國（今山東曲阜市）人。傳見本書卷七〇。

［7］【今注】秘書監：東漢桓帝延熹二年（159）始置，屬太常寺，典司圖籍。後省。《東觀漢記》卷三《威宗孝桓皇帝紀》："（延熹二年）初置秘書監，掌典圖書，古今文字，考合異同。"

［8］【今注】恭己：恭肅己身。此爲諱言强臣專政，天子無權。

［9］【今注】獻替：獻可替否，又省作“獻可”。進獻可行者，廢去不可行者。

［10］【今注】申鑒：該書今存，《四庫全書總目提要》：“其書見於《隋·經籍志》《唐·藝文志》者，皆五卷，卷爲一篇，一曰《政體》，二曰《時事》，皆制治大要及時所當行之務，三曰《俗嫌》，皆禨祥讖緯之説，四曰《雜言上》，五曰《雜言下》，則皆泛論義理，頗似揚雄《法言》。《後漢書》取其《政體篇》‘爲政之方’一章，《時事篇》‘正當主之制’‘復内外注記’二章載入傳中，又稱悦别有《崇德正論》及諸論數十篇，今並不傳，惟所作《漢紀》及此書尚存於世。《漢紀》文約事詳，足稱良史。而此書剖析事理，亦深切著明，蓋由其原本儒術，故所言皆不詭於正也。明正德中，吴縣黄省曾爲之注，凡萬四千餘言，引據博洽，多得悦旨。”明黄省曾注，今人有孫啓治校補《申鑒注校補》（中華書局2012年版）。

［11］【今注】案，辯，大德本、殿本作“辨”。

［12］【今注】通見：通達。

夫道之本，仁義而已矣。[1]五典以經之，[2]群籍以緯之，詠之歌之，弦之舞之，前監既明，後復申之。故古之聖王，其於仁義也，申重而已。[3]

［1］【李賢注】《易》曰：“立人之道曰仁與義。”

［2］【今注】五典：五經。

［3］【今注】申重：反復强調。案，以上見今本《申鑒·政體》篇首。

致政之術，[1]先屏四患，乃崇五政。一曰僞，二曰私，三曰放，[2]四曰奢。僞亂俗，私壞法，放越軌，奢敗制。四者不除，則政末由行矣。[3]夫俗亂則道荒，雖天地不得保其性矣；法壞則世傾，雖人主不得守其度矣；軌越則禮亡，雖聖人不得全其道矣；制敗則欲肆，雖四表不得充其求矣。[4]是謂四患。興農桑以養其性，審好惡以正其俗，宣文教以章其化，立武備以秉以其威，明賞罰以統其法。是謂五政。

［1］【今注】案，致政，今本《申鑒》作"致治"。
［2］【今注】放：放肆。
［3］【今注】末由：無由。
［4］【李賢注】肆，放也。【今注】四表：四方，泛指天下。

人不畏死，[1]不可懼以罪。人不樂生，不可勸以善。雖使契布五教，皋陶作士，政不行焉。[2]故在上者先豐人財以定其志，帝耕籍田，后桑蠶宫，[3]國無遊人，[4]野無荒業，財不賈用，[5]力不妄加，以周人事。是謂養生。[6]

［1］【今注】案，人，今本《申鑒》作"民"，本段下同。

［2］【李賢注】《尚書》舜謂契曰："汝作司徒（司，大德本誤作'師'），敬敷五教在寬。"謂皋陶曰："汝作士，明于五刑。"【今注】契：商始祖，舜時爲司徒，掌管教化。事迹見《史記》卷三《殷本紀》。　五教：父義、母慈、兄友、弟恭、子孝，五種倫常教育。　皋陶：又作"咎繇"，偃姓。舜命作掌刑法之官。禹繼位，委之以政，選爲繼承者。早死。　士：刑獄之官。

［3］【李賢注】籍田事，解見《明紀》。《禮記》曰："季春之

月，后妃齋戒，親東向桑，以勸蠶事。”古者天子諸侯必有公桑蠶室，近川而爲之，宫仞有三尺也。【今注】籍田：天子春耕前親耕，以奉祀宗廟，並顯示重視農耕。漢代籍田事參見陳二峰《論漢代的籍田禮》（《南都學壇》2009年第3期）。 蠶宫：王室養蠶之室。

［4］【今注】遊人：游手好閑者。

［5］【李賢注】言自足也。【今注】賈：交易，買賣。孫啓治《申鑒注校補》以爲據李賢注，則“賈”似當讀爲假借之“假”（中華書局2012年版，第14頁）。案，今本《申鑒》作“虚”。

［6］【李賢注】周，給也。

君子之所以動天地，應神明，正萬物而成王化者，[1]必乎真定而已。[2]故在上者審定好醜焉。[3]善惡要乎功罪，[4]毁譽効於準驗。聽言責事，舉名察實，無惑詐僞以蕩衆心。[5]故事無不覈，物無不功，[6]善無不顯，惡無不章，[7]俗無姦怪，民無淫風。百姓上下覩利害之存乎己也，故肅恭其心，慎修其行，内不回惑，[8]外無異望，[9]則民志平矣。是謂正俗。

［1］【今注】案，化，今本《申鑒》作“治”。

［2］【今注】真定：真實。孫啓治《申鑒注校補》引清錢培名説以爲“定”疑“實”之譌。孫啓治指出“實”或作“寔”，遂誤爲“定”。（第15頁）案，今本《申鑒》“必”後有“本”字。

［3］【今注】案，今本《申鑒》作“故在上者審則儀道，以定好惡”。

［4］【今注】要：審核。案，乎，今本《申鑒》作“於”。

［5］【今注】案，今本《申鑒》“惑”作“或”，通。　蕩：動摇。

［6］【今注】案，功，殿本作“切”。

［7］【今注】案，章，今本《申鑒》作“彰”。

［8］【今注】回惑：惶惑。今本《申鑒》作“忒惑”。

［9］【今注】案，今本《申鑒》“異望”後“則民志平”前有“有罪惡者無徼倖，無罪過者不憂懼，請謁無所聽，財賂無所用”數句。

君子以情用，小人以刑用。榮辱者，賞罰之精華也。故禮教榮辱，以加君子，化其情也；桎梏鞭撲，[1]以加小人，化其刑也。君子不犯辱，況於刑乎！小人不忌刑，況於辱乎！若教化之廢，[2]推中人而墜於小人之域；教化之行，引中人而納於君子之塗。[3]是謂章化。[4]小人之情，緩則驕，驕則恣，[5]恣則怨，怨則叛，[6]危則謀亂，安則思欲，非威强無以懲之。故在上者必有武備，以戒不虞，以遏寇虐。[7]安居則寄之内政，有事則用之軍旅。[8]是謂秉威。

［1］【今注】桎梏：刑具。桎，脚鐐。梏，手銬。　鞭撲：鞭打的刑罰。

［2］【今注】案，今本《申鑒》“若”後“教化”前有“夫中人之倫，則刑禮兼焉”二句。

［3］【今注】塗：道路。

［4］【李賢注】章，明也。

［5］【今注】案，恣，今本《申鑒》作“急”。下“恣則怨”

亦作“急則怨”。

[6]【今注】案，叛，今本《申鑒》作“畔”，通。

[7]【今注】遏：阻止。

[8]【李賢注】《國語》齊桓公問管仲曰：“國安可乎?”管仲曰：“未可。君若正卒伍（伍，大德本誤作‘五’），脩甲兵，則大國亦將脩之，小國設備，可作内政而寄軍令焉。”注云：“正（正，殿本作‘政’），國政也。言脩國政而寄軍令，鄰國不知。”

賞罰，政之柄也。[1]明賞必罰，[2]審信慎令，[3]賞以勸善，罰以懲惡。人主不妄賞，非徒愛其財也，賞妄行則善不勸矣。不妄罰，非矜其人也，[4]罰妄行則惡不懲矣。賞不勸謂之止善，罰不懲謂之縱惡。在上者能不止下爲善，不縱下爲惡，則國法立矣。[5]是謂統法。

[1]【李賢注】《韓子》曰：“二柄者，刑、德也。殺戮之謂刑，慶賞之謂德。”

[2]【今注】案，必，大德本作“心”。

[3]【今注】審：慎。

[4]【今注】案，今本《申鑒》“矜”前有“徒”字。曹金華《後漢書稽疑》：“‘非’後當有‘徒’字，與前‘不妄賞，非徒愛其財也’爲偶。《後漢紀》卷二九引即有‘徒’字。”（第818頁）

[5]【今注】案，法立，今本《申鑒》作“治”。

四患既蠲，[1]五政又立，[2]行之以誠，守之以固，簡而不怠，疏而不失，無爲爲之，使自施之，無事事之，使自交之。[3]不肅而成，不嚴而化，[4]

垂拱揖讓，而海内平矣。是謂爲政之方。[5]

［1］【今注】蠲（juān）：除。

［2］【今注】案，又，今本《申鑒》作“既”。

［3］【李賢注】《老子》曰：“爲無爲，事無事。”又曰“故得交歸”也（得，紹興本、大德本、殿本作“德”，是）。

［4］【今注】案，化，今本《申鑒》作“治”。

［5］【今注】案，以上見今本《申鑒·政體》篇。

又言：“尚主之制非古。[1]釐降二女，陶唐之典。歸妹元吉，帝乙之訓。王姬歸齊，宗周之禮。以陰乘陽，[2]違天；以婦陵夫，違人。違天不祥，違人不義。”又，“古者天子、諸侯有事，必告于廟。[3]朝有二史，左史記言，右史書事。[4]事爲《春秋》，言爲《尚書》。君舉必記，善惡成敗，[5]無不存焉。下及士庶，苟有茂異，[6]咸在載籍。或欲顯而不得，或欲隱而名章。得失一朝，而榮辱千載。善人勸焉，淫人懼焉。[7]宜於今者備置史官，掌其典文，紀其行事。每於歲盡，舉之尚書。以助賞罰，以弘法教”。

［1］【今注】案，主，大德本作“古”；大德本、殿本句末有“也”字。

［2］【今注】乘：勝。

［3］【今注】廟：宗廟。

［4］【李賢注】《禮記》曰“天子朝日于東門之外，聽朔于南門之外，閏月則闔門左扉，立于其中，動則左史書之（動，殿本作‘言’），言則右史書之”也（言，殿本作“動”）。【今注】

案，書事，今本《申鑒》作“記動”。

［5］【今注】案，善惡，今本《申鑒》作“臧否”。

［6］【今注】茂異：才德出衆。

［7］【李賢注】淫，過也。《左氏傳》曰“或求名而不得（大德本、殿本無‘曰’字），或欲蓋而名章，書齊豹盜三叛人名，以懲不義”也。【今注】案，今本《申鑒·時事》“淫人懼焉”以下作“故先王重之，以副賞罰，以輔法教。宜於今者官以其方，各書其事，歲盡則集之於尚書。各備史官，使掌其典。不書詭常，爲善惡則書，言行足以爲法式則書，立功事則書，兵戎動衆則書，四夷朝獻則書，皇后、貴人、太子拜立則書，公主、大臣拜免則書，福淫禍亂則書，祥瑞災異則書。先帝故事，有起居注，日用動静之節必書焉，宜復其式。内史掌之，以紀内事”。

帝覽而善之。帝好典籍，常以班固《漢書》文繁難省，[1]乃令悦依《左氏傳》體以爲《漢紀》三十篇，[2]詔尚書給筆札。辭約事詳，論辨多美。其序之曰：“昔在上聖，惟建皇極，[3]經緯天地，觀象立法，乃作書契，以通宇宙，揚于王庭，厥用大焉。先王光演大業，[4]肆于時夏。[5]亦惟厥後，[6]永世作典。夫立典有五志焉：一曰達道義，二曰章法式，[7]三曰通古今，四曰著功勳，五曰表賢能。於是天人之際、事物之宜，粲然顯著，罔不備矣。世濟其軌，不隕其業。[8]損益盈虚，與時消息。[9]臧否不同，[10]其揆一也。漢四百有六載，撥亂反正，統武興文，永惟祖宗之洪業，思光啓乎萬嗣。[11]聖上穆然，[12]惟文之恤，[13]瞻前顧後，是紹是繼，[14]闡崇大猷，[15]命立國典。於是綴叙舊書，[16]以述《漢紀》。中興以前，[17]明主賢臣得失之軌，亦足以觀矣。"[18]又著《崇德》《正論》及諸論數十篇。[19]年六十二，建安十四年卒。[20]

［1］【今注】省：明白。

［2］【今注】漢紀：該書今存，爲編年體史書。《四庫全書總目提要》："張璠《漢紀》亦稱其'因事以明臧否，致有典要，大行於世'。唐劉知幾《史通·六家篇》，以悦書爲《左傳》家之首。其《二體篇》又稱其'歷代寶之，有逾本傳'。班、荀二體，角力争先。其推之甚至，故唐人試士，以悦《紀》與《史》《漢》爲一科。《文獻通考》載宋李燾跋曰：'悦爲此《紀》，固不出班書，亦時有所刪潤。而諫大夫王仁、侍中王閎諫疏，班書皆無之。'又稱'司馬光編《資治通鑑》，書太上皇事及五鳳郊泰畤之月，要皆舍班而從荀。蓋以悦修《紀》時，固《書》猶未舛譌'。又稱'其君蘭君簡端瑞興譽寬竟諸字與《漢書》互異者，先儒皆兩存之'。王銍作《兩漢紀後序》，亦稱'荀、袁二紀，於朝廷紀綱，禮樂刑政，治亂成敗，忠邪是非之際，指陳論著，每致意焉。反復辨達，明白條暢。啓告當代，而垂訓無窮。'是宋人亦甚重其書也。其中若壺關三老茂，《漢書》無姓，悦書云'姓令狐'。朱雲請上方劍，《漢書》作斬馬，悦書乃作斷馬。證以唐張渭詩'願得上方斷馬劍，斬取朱門公子頭'句，知《漢書》字誤。資考證者亦不一。近時顧炎武《日知録》乃惟取其'宣帝賜陳遂璽書'一條，及'元康三年封海昏侯詔'一條，能改正《漢書》三四字。其餘則病其叙事索然無意味。間或首尾不備。其小有不同，皆以班書爲長，未免抑揚過當。又曰：'紀王莽事自始建國元年以後，則云其二年，其三年，以至其十五年，以别於正統而盡没其天鳳、地皇之號'云云，其語不置可否。然不曰盡削而曰盡没，似反病其疏略者，不知班書莽自爲傳，自可載其僞號。荀書以漢系編年，豈可以莽紀元哉？是亦非確論，不足爲悦病也。是書考李燾所跋，自天聖中已無

善本。明黄姬水所刊亦間有舛譌。康熙中襄平蔣國祥、蔣國祚與袁宏《後漢紀》合刻，後附《兩漢紀字句異同考》一卷。今用以參校，較舊本稍完善焉。”今較好版本爲張烈點校《漢紀》（中華書局 2002 年版）。

［3］【今注】皇極：亦作“王極”。《尚書·洪範》九疇之五爲“皇極”，漢儒通常訓爲“大中”，即治國的大中之道。

［4］【今注】光演：廣大延續。案，今本《漢紀》“先王”後有“以”字。

［5］【李賢注】《詩·周頌》曰：“我求懿德，肆於時夏。”鄭玄注曰：“懿，美也。肆，陳也。我，武王也。求美德之士而任用之，故陳於是夏而歌之也。”【今注】時：此。 夏：華夏。馬瑞辰《毛詩傳箋通釋》：“毛《傳》但訓夏爲大，不言大爲何指，與《左傳》引《詩》義合。吕叔玉言指大位，孔《疏》言功業大者，皆非也。《説文》：‘夏，中國之人也。’《周官·大司樂》鄭注：‘《大夏》，禹樂也。禹治水傅土，言其德能大中國也。’襄二十九年《左傳》：‘爲之歌秦，曰：此之謂夏聲。又曰：能夏則大。’服虔注：‘與諸夏同風，故曰夏聲。’是樂之名夏，本取中夏之義。《詩》言‘肆于時夏’承上‘我求懿德’言，宜從朱子《集傳》謂布德于中國。而後人因有‘肆于時夏’一語，遂名其樂爲《肆夏》耳。傳止訓夏爲大，箋始以夏爲樂歌之大，《正義》合傳、箋爲一，失之。”（中華書局 1989 年版，第 1056—1057 頁）

［6］【今注】案，亦惟厥後，今本《漢紀》作“亦惟翼翼，以監厥後”。

［7］【今注】案，章，今本《漢紀》作“彰”。

［8］【李賢注】濟，成也。【今注】案，隕，今本《漢紀》作“殞”。

［9］【今注】消息：消長。

［10］【今注】案，今本《漢紀》“臧”前有“雖”字。

［11］【今注】光啓：擴大。案，今本《漢紀》無“漢四百”至“萬嗣”數句。

［12］【今注】案，今本《漢紀》“聖上”前有“是以”二字。穆然：和敬貌。

［13］【今注】恤：憂。今本《漢紀》作“卹”，義同。

［14］【今注】紹：繼承。案，今本《漢紀》本句以下作“臣悦職監秘書，攝官承乏，祇奉明詔，竊惟其宜。謹約撰舊書，通而叙之，總爲帝紀，列其年月，比其時事，撮要舉凡，存其大體，旨少所缺，務從省約，以副本書，以爲要紀。未克厥中，亦各其志；如其得失，以俟君子焉”。嚴可均《全後漢文》按語：“《後漢·荀悦傳》引《漢紀序》，校之本書，頗有删改，並移易其次第。録此一篇，足見史家所載，不盡合本書也。”

［15］【今注】闡：顯明。　大猷：大道。

［16］【今注】綴：綴字聯句，指寫作。

［17］【今注】中興：指光武帝中興漢室。

［18］【今注】案，嚴可均《全後漢文》按語指出：“此《漢紀》正文。范史稱之爲《序》。今從之。”今本《序》録以備考：“凡《漢紀》十二世，十一帝，通王莽二百四十二年。一祖三宗。高祖定天下，孝惠、高后值國家無事，百姓安集。太宗昇平，世宗建功，中宗治平，昭、景稱治。元、成、哀、平歷世陵遲，莽遂篡國也。凡祥瑞：黄龍見，鳳凰集，麒麟臻，神馬出，神鳥翔，神雀集，白虎仁獸獲，寶鼎昇，寶磬神光見，山稱萬歲，甘露降，芝草生，嘉禾茂，玄稷降，醴泉涌，木連理。凡災異大者：日蝕五十六，地震十六，天開地裂、五星集于東井各一，太白再經天，星孛二十四，山崩三十四，隕石十一，星隕如雨二，星晝見三，火災二十四，河、漢水大汎溢爲人害十，河汎一，冬雷五，夏雪三，冬無冰二，天雨血，雨草，雨魚，死人復生，男子化爲女子嫁爲人婦生子，枯木更生，大石自立。建安元年，上巡省幸許昌，以鎮萬國。外命元輔征討不庭，内齊七政允亮聖業，綜練典籍，兼覽傳記。其

三年，詔給事中祕書監荀悦抄撰《漢書》，略舉其要，假以不直，尚書給紙筆，虎賁給書吏。悦于是約集舊書，撮序《表》《志》總爲《帝紀》，通比其事，列繫年月。其祖宗功勳、先帝事業、國家綱紀、天地災異、功臣名賢、奇策善言、殊德異行、法式之典，凡在《漢書》者，本末體殊，大略粗舉；其經傳所遺闕者差少而求志，勢有所不能盡繁重之語，凡所行之事，出入省要，删略其文。凡爲三十卷，數十餘萬言，作爲《帝紀》，省約易習，無妨本書，有便於用，其旨云爾。會悦遷爲侍中，其五年書成乃奏，記云四百有一十六載，謂書奏之歲，歲在庚辰。昔晉之《乘》，楚之《檮杌》，魯之《春秋》，虞、夏、商、周之《書》，其揆一也。皆古之令典，立之則成其法，棄之則墜於地，瞻之則存，忽焉則廢，故君子重之，《漢書紀》其義同矣。凡《漢紀》有法式焉，有監戒焉；有廢亂焉，有持平焉；有兵略焉，有政化焉；有休祥焉，有災異焉；有華夏之事焉，有四夷之事焉；有常道焉，有權變焉；有策謀焉，有詭説焉；有術藝焉，有文章焉：斯皆明主賢臣，命世立業，群后之盛勳，髦俊之遺事。是故質之事實而不誣，通之萬方而不泥。可以興，可以治；可以動，可以静；可以言，可以行。懲惡而勸善，奬成而懼敗。兹亦有國之常訓，典籍之淵林。雖云撰之者陋淺，而本末存焉爾，故君子可觀之矣。"

［19］【今注】案，大德本無"諸"字。

［20］【今注】建安：東漢獻帝劉協年號（196—220）。

韓韶字仲黄，潁川舞陽人也。[1]少仕郡，辟司徒府。時太山賊公孫舉僞號歷年，[2]守令不能破散，多爲坐法。尚書選三府掾能理劇者，[3]乃以韶爲嬴長。[4]賊聞其賢，相戒不入嬴境。餘縣多被寇盜，廢耕桑，其流入縣界求索衣糧者甚衆。韶愍其飢困，乃開倉賑之，所稟贍萬餘户。主者争謂不可。[5]韶曰："長活溝壑之人，[6]而以此伏罪，含笑入地矣。”太守素知韶名德，竟無所坐。以病卒官。同郡李膺、陳寔、杜密、荀淑等爲立碑頌焉。[7]子融，字元長。少能辯理而不爲章句學。[8]聲名甚盛，五府並辟。獻帝初，至太僕。[9]年七十卒。

［1］【今注】舞陽：縣名。治所在今河南舞陽縣西。案，舞陽，大德本作“長社”。

［2］【今注】太山：泰山郡，治奉高縣（今山東泰安市東南）。

［3］【今注】三府：太尉、司徒、司空府。　理劇：治理繁難事務。

［4］【李賢注】嬴，縣，故城在今兖州博城縣東北（在今，殿本作“今在”）。【今注】嬴：縣名。治所在今山東萊蕪市西北。

［5］【今注】主者：管理糧倉者。

［6］【今注】長活：使生存。　溝壑：填溝壑，諱指將餓死之民。

［7］【今注】李膺：字元禮，潁川襄城（今河南襄城縣）人。傳見本書卷六七。　杜密：字周甫，潁川陽城（今河南登封市東南）人。傳見本書卷六七。

［8］【今注】案，辯，大德本、殿本作“辨”。

［9］【今注】太僕：官名。周置，秦、漢沿置。掌皇帝專用車馬，兼管官府畜牧業。列位九卿，秩中二千石。本書《百官志二》：“太僕，卿一人，中二千石。本注曰：掌車馬。天子每出，奏駕上鹵簿用；大駕則執馭。丞一人，比千石。”

鍾皓字季明，潁川長社人也。[1]爲郡著姓，[2]世善刑律。皓少以篤行稱，公府連辟，爲二兄未仕，避隱密山，[3]以《詩》律教授門徒千餘人。同郡陳寔，年不及皓，皓引與爲友。皓爲郡功曹，[4]會辟司徒府，臨辭，太守問："誰可代卿者？"皓曰："明府欲必得其人，西門亭長陳寔可。"[5]寔聞之，曰："鍾君似不察人，不知何獨識我？"皓頃之自劾去。[6]前後九辟公府，徵爲廷尉正、博士、林慮長，[7]皆不就。時皓及荀淑並爲士大夫所歸慕。李膺常歎曰："荀君清識難尚，鍾君至德可師。"

[1]【今注】長社：縣名。治所在今河南長葛市東北。

[2]【今注】著姓：有聲望的族姓。

[3]【李賢注】密縣山也。【今注】密：縣名。治所在今山東高密市西南。

[4]【今注】郡功曹：郡守屬吏，爲郡守自選之屬吏中地位較高者，主選署功勞，議論賞罰。秩百石。

[5]【今注】亭長：秦漢之制，每十里一亭，亭有長，掌理捕劾盜賊。本書《百官志五》："亭有亭長，以禁盜賊。本注曰：亭長，主求捕盜賊，承望都尉。"

[6]【今注】自劾：檢舉自己過失。案，《三國志》卷一三《魏書·鍾繇傳》裴松之注引《先賢行狀》曰："皓爲司徒掾，公出，道路泥濘，導從惡其相灑，去公車絶遠。公椎軾言：'司徒今日爲獨行耳！'還府向閤，鈴下不扶，令揖掾屬，公奮手不顧。時舉府掾屬皆投劾出，皓爲西曹掾，即開府門分布曉語已出者，曰：'臣下不能得自直於君，若司隸舉繩墨，以公失宰相之禮，又不勝任，諸君終身何所任邪？'掾屬以故皆止。"據此，沈欽韓《後漢書疏證》指出，"范史言自劾去，然皓勸止劾者，未嘗自劾去也"。

[7]【今注】廷尉正：秦置，漢沿置。廷尉屬官。秩千石，東

漢減爲六百石。本書《百官志二》:“正、左監各一人。左平一人,六百石。本注曰:掌平決詔獄。” 博士:五經博士。西漢武帝始置。參與議政、制禮、顧問應對等,掌策試官吏,在太學中教授五經之學,各置弟子員。初秩比四百石,後升比六百石。本書《百官志二》:“博士十四人,比六百石。本注曰:《易》四,施、孟、梁丘、京氏。《尚書》三,歐陽、大小夏侯氏。《詩》三,魯、齊、韓氏。《禮》二,大小戴氏。《春秋》二,《公羊》嚴、顔氏。掌教弟子。國有疑事,掌承問對。本四百石,宣帝增秩。” 林慮:縣名。治所在今河南林州市。

皓兄子瑾母,膺之姑也。瑾好學慕古,有退讓風,與膺同年,俱有聲名。膺祖太尉脩,[1]常言:“瑾似我家性,[2]邦有道不廢,邦無道免於刑戮。”復以膺妹妻之。瑾辟州府,未常屈志。[3]膺謂之曰:“孟子以爲‘人無是非之心,非人也’。[4]弟何期不與孟軻同邪?”瑾常以膺言白皓。皓曰:“昔國武子好昭人過,以致怨本。[5]卒保身全家,爾道爲貴。”[6]其體訓所安,[7]多此類也。年六十九,終於家。諸儒頌之曰:“林慮懿德,非禮不處。悦此《詩》《書》,弦琴樂古。五就州招,九應台輔。[8]逡巡王命,[9]卒歲容與。”[10]皓孫繇,建安中爲司隸校尉。[11]

[1]【今注】祖:曹金華《後漢書稽疑》:“‘祖’後疑脱‘父’字,《黨錮·李膺傳》、《翰苑新書》卷四六引《東觀記》作‘祖父修’。”(第820頁) 脩:李脩。本書卷五《安帝紀》載永初五年(111)正月“甲申,光禄勳李脩爲太尉”,李賢注引《漢官儀》曰:“脩字伯游,豫州襄城人也。”樊鯈弟子。

［2］【今注】性：惠棟《後漢書補注》以爲“性”與“姓”通，“言似我家子姓也”。

［3］【今注】案，常，大德本、殿本作“嘗”。

［4］【李賢注】孟子曰：“人無惻隱之心，非人也。無羞惡之心，非人也。無辭讓之心，非人也。無是非之心，非人也。”【今注】案，語見《孟子·公孫丑上》。

［5］【李賢注】國武子，齊大夫。齊慶克通於齊君之母，國武子知之而責慶克，夫人遂譖武子而逐之。事見《左傳》。【今注】怨本：怨恨的根源。案，國武子事見《左傳》成公十七年《傳》文。

［6］【今注】爾：通“邇”。

［7］【今注】體訓：體察古訓。

［8］【今注】台輔：三公宰輔。

［9］【今注】逡巡：後退，這裏指隱退。

［10］【今注】容與：安閑自得。

［11］【李賢注】《海内先賢傳》曰：“繇字元常，郡主簿迪之子也。”《魏志》曰：“舉孝廉爲尚書郎，辟三府爲廷尉正、黄門侍郎。”【今注】繇：鍾繇，元常，潁川長社（今河南長葛市東）人。傳見《三國志》卷一三。　司隸校尉：官名。西漢武帝時置，掌察舉京師及京師近郡犯法者，並領京師所在之州。秩二千石。東漢時，主掌監察皇親國戚、京城百官，兼有領兵、檢敕、捕殺罪犯之權。同時爲司隸州行政長官，轄有京兆、左馮翊、右扶風、河東、河内、河南及弘農七郡，治所在今河南洛陽市。秩比二千石。本書《百官志四》：“司隸校尉一人，比二千石。本注曰：孝武帝初置，持節，掌察舉百官以下，及京師近郡犯法者。元帝去節，成帝省，建武中復置，并領一州。從事史十二人。本注曰：都官從事，主察舉百官犯法者。功曹從事，主州選署及衆事。别駕從事，校尉行部則奉引，録衆事。簿曹從事，主財穀簿書。其有軍事，則置兵曹從

事，主兵事。其餘部郡國從事，每郡國各一人，主督促文書，察舉非法，皆州自辟除，故通爲百石云。假佐二十五人。本注曰：主簿録閤下事，省文書。門亭長主州正。門功曹書佐主選用。孝經師主監試經。月令師主時節祠祀。律令師主平法律。簿曹書佐主簿書。其餘都官書佐及每郡國，各有典郡書佐一人，各主一郡文書，以郡吏補，歲滿一更。司隸所部郡七。”

陳寔字仲弓，[1]潁川許人也。[2]出於單微。[3]自爲兒童，雖在戲弄，[4]爲等類所歸。[5]少作縣吏，常給事厮役，[6]後爲都亭刺佐。[7]而有志好學，坐立誦讀。縣令鄧邵試與語，奇之，聽受業太學。[8]後令復召爲吏，乃避隱陽城山中。[9]時有殺人者，同縣楊吏以疑寔，縣遂逮繫，考掠無實，而後得出。及爲督郵，[10]乃密託許令，禮召楊吏。遠近聞者，咸歎服之。

［1］【今注】仲弓：錢大昕《廿二史考異》卷一二《後漢書三》引洪适《隸續》載《陳寔碑》云“字仲躬”。

［2］【今注】許：縣名。治所在今河南許昌市建安區東。

［3］【今注】單微：微賤。

［4］【今注】戲弄：玩耍。

［5］【今注】等類：同齡人。

［6］【今注】厮役：供使役的人。

［7］【今注】都亭：一般指國都、郡縣治所及封國治所所在都會或城市里的亭（參見高敏《秦漢“都亭”考略》，《學術研究》1985年第5期）。案，大德本、殿本“刺”後有“史”字。

［8］【今注】聽：許可。　太學：古代大學。西漢武帝始置。東漢規模愈盛，生員衆多（參見史錫平《漢代的太學制度》，《史

學月刊》1988 年第 3 期)。案，周天游《八家後漢書輯注》輯謝承《後漢書》卷四:“陳寔字仲弓，詣太學，郭林宗、陳仲舉爲親友。歸家，立精舍，講授諸生數百人。”(第 109 頁)

［9］【今注】陽城山：山名。在今河南登封市東北。

［10］【今注】督郵：漢置。掌監屬縣、督送郵書，兼及案繫盜賊、點録囚徒、催繳租賦等。郡府屬吏，秩六百石。漢代每郡依據所轄縣多少，分東、西、南、北、中等爲五部（或二部、三部），分部循行。督郵位卑權重,“分明善惡于外”，遂爲郡守之“耳目”。

家貧，復爲郡西門亭長，尋轉功曹。時中常侍侯覽託太守高倫用吏,［1］倫教署爲文學掾。［2］寔知非其人，懷檄請見。［3］言曰：“此人不宜用，而侯常侍不可違。寔乞從外署，不足以塵明德。”倫從之。［4］於是鄉論怪其非舉,［5］寔終無所言。倫後被徵爲尚書，郡中士大夫送至輪氏傳舍。［6］倫謂衆人言曰：“吾前爲侯常侍用吏，陳君密持教還，而於外白署。比聞議者以此少之,［7］此咎由故人畏憚强禦,［8］陳君可謂善則稱君，過則稱己者也。”寔固自引愆,［9］聞者方歎息，由是天下服其德。

［1］【今注】中常侍：官名。秦始置，西漢沿置，出入宫廷，侍從皇帝，通常爲列侯至郎中的加官。東漢以宦者爲之，屬少府，秩千石，員額不限。侍從皇帝，備顧問應對，傳達詔命和掌理文書。本書《百官志三》載:“中常侍，千石。本注曰：宦者，無員。後增秩比二千石。掌侍左右，從入内宫，贊導内衆事，顧問應對給事。” 侯覽：山陽防東（今山東單縣東北）人。宦官。傳見本書卷七八。

［2］【今注】文學掾：郡文學掾。兩漢於州郡及王國皆置文學官，掌學校教育。其組織今可考者，有文學師、文學孝掾、文學掾、文學主事掾等（參見陳直《武威漢簡文學弟子題字的解釋》，《考古》1961年第10期）。

［3］【李賢注】檄，板書。謂以高倫之教書之於檄而懷之者，懼洩事也。【今注】檄：用以徵召的文書。

［4］【李賢注】請從外署之舉，不欲陷倫於請託也。【今注】外署：指非由高倫親自任命，而由陳寔推舉任命。　塵：污染。

［5］【今注】鄉論：鄉里評論。　非舉：舉薦不得其人。

［6］【李賢注】輪氏，縣名，屬潁川郡，今故嵩陽縣是（嵩，紹興本作"高"）。【今注】輪氏：縣名。治所在今河南登封市西。　傳舍：驛站。古時供出行官吏休息住宿之處所。一般三十里一置，也有以一縣爲間距的。

［7］【今注】少：輕視。

［8］【今注】故人：高倫自稱。　强禦：有權勢者。

［9］【今注】愆：罪過。

司空黄瓊辟選理劇，[1]補聞喜長，[2]旬月，[3]以朞喪去官。[4]復再遷除太丘長。[5]修德清静，百姓以安。鄰縣人户歸附者，寔輒訓導譬解，[6]發遣各令還本司官行部。[7]吏慮有訟者，白欲禁之。寔曰："訟以求直，禁之理將何申？其勿有所拘。"[8]司官聞而歎息曰："陳君所言若是，豈有怨於人乎？"亦竟無訟者。以沛相賦斂違法，及解印綬去，吏人追思之。及後逮捕黨人，事亦連寔。餘人多逃避求免，寔曰："吾不就獄，衆無所恃。"乃請囚焉。遇赦得出。靈帝初，大將軍竇武辟以爲掾屬。時中常侍張讓權傾天下。[9]讓父死，歸葬潁川，雖一郡畢至，而名士無往者，讓甚恥之，寔乃獨弔焉。乃後復誅黨人，讓感寔，故多所全宥。[10]

[1]【今注】黃瓊：字世英，江夏安陸（今湖北雲夢縣）人。傳見本書卷六一。

[2]【今注】聞喜：縣名。治所在今山西聞喜縣東北。

[3]【今注】旬月：一個月或十個月，或泛指短時間內。

[4]【今注】朞喪：期服。爲期一年的喪服。

[5]【李賢注】太丘，縣，屬沛國，故城在今亳州永城縣西北也。【今注】太丘：縣名。治所在今河南永城市太丘鎮。案，周天游《八家後漢書輯注》輯司馬彪《續漢書》卷四："陳寔字仲躬，舉灼然，爲司徒屬，遷太丘長。"（第451頁）

[6]【今注】譬解：開導；勸解。

[7]【李賢注】司官謂主司之官也。【今注】行部：行政管理區域。宋文民《後漢書考釋》："謂令還所從來縣之主司之官行部也。"（上海古籍出版社1995年版，第257頁）

[8]【今注】拘：制止。

[9]【今注】張讓：潁川（今河南禹州市）人。宦官。傳見本書卷七八。

[10]【今注】全宥：寬赦過錯，保全其生命。

寔在鄉閭，[1]平心率物。[2]其有争訟，輒求判正，曉譬曲直，退無怨者。至乃歎曰："寧爲刑罰所加，不爲陳君所短。"時歲荒民儉，有盜夜入其室，止於梁上。寔陰見，乃起自整拂，[3]呼命子孫，正色訓之曰："夫人不可不自勉。不善之人未必本惡，習以性成，遂至於此。梁上君子者是矣！"盜大驚，自投於地，稽顙歸罪。[4]寔徐譬之曰："視君狀貌，不似惡人，宜深剋己反善。然此當由貧困。"令遺絹二匹。自是一縣無復盜竊。[5]太尉楊賜、司徒陳耽，[6]每拜公卿，群僚畢賀，賜等常歎寔大位未登，愧於先之。及黨禁始解，大將軍何進、司徒袁隗遣人敦寔，[7]欲特表以不次之位。[8]寔乃謝使者曰："寔久絶人事，飾巾待終而已。"[9]時三公每缺，議者歸之，累見徵命，遂不起，閉門懸車，[10]棲遲養老。[11]中平四年，[12]年八十四，卒于家。[13]何進遣使弔祭，海内赴者三萬餘人，制衰麻者以百數。[14]共刊石立碑，[15]謚爲文範先生。[16]有六子，紀、諶最賢。

［1］【今注】鄉閭：古以二十五家爲閭，一萬二千五百家爲鄉。這裏泛指鄉里。

［2］【今注】率物：爲衆人榜樣。

［3］【今注】整拂：整理拂拭。

［4］【今注】稽顙：以額觸地。

［5］【今注】案，《東觀漢記》卷一七："陳寔在鄉閭，平心率物。有盜夜入其室，止於梁上。寔命子孫訓之曰：'不善之人未必本不慈，習與性成，如梁上君子是也。'盜驚，自投地。寔徐譬之曰：'視君狀貌，不似惡人，宜深克己反善，然當由貧，今遺絹二疋。'自是一縣無復盜竊。"案，二匹，大德本作"一匹"。

［6］【今注】陳耽：字漢公，東海人。以忠正稱，歷位三司。靈帝光和五年（182），詔公卿舉刺史、二千石爲民蠹害者。時太尉許、司空張濟受取貨賂，於宦者子弟賓客雖貪濁而不問，耽直言上陳，爲宦官誣陷，死獄中。

［7］【李賢注】敦，勸也。【今注】袁隗：字次陽。袁安曾孫，

袁京孫，袁湯子。少歷顯官。東漢少帝光熹元年（189），從後將軍遷爲太傅。獻帝初平元年（190），袁隗長兄袁成子袁紹、次兄袁逢子袁術等起兵討伐董卓，董卓忿而誅殺隗及袁術兄袁基等男女二十餘人。事迹見本書卷四五《袁安傳》。

［8］【今注】不次：不按次第，指越級提拔。

［9］【今注】飾巾：謂不冠帶，隱居賦閑。案，周天游《八家後漢書輯注》輯華嶠《漢後書》卷三："何進、袁隗欲特表陳寔以不次之位，寔謝曰：'久絶人事，飾巾待終而已。'"（第580頁）

［10］【今注】懸車：廢車不用，以示隱居不仕。

［11］【今注】棲遲：栖身，這裏指隱居。

［12］【今注】中平：東漢靈帝劉宏年號（184—189）。

［13］【今注】案，錢大昕《廿二史考異》卷一二《後漢書三》引洪适《隸續》載《陳寔碑》云："春秋八十三，中平三年卒。"

［14］【今注】衰麻：喪服。

［15］【今注】案，《文選》卷五八載蔡邕《陳太丘碑文》，又《蔡邕集》載另一《陳太丘碑》。參見鄧安生《蔡邕集編年校注》（河北教育出版社2002年版）。

［16］【李賢注】《先賢行狀》曰："將軍何進遣官屬弔祠爲謚。"

紀字元方，亦以至德稱。兄弟孝養，閨門廱和，[1]後進之士皆推慕其風。及遭黨錮，發憤著書數萬言，號曰《陳子》。黨禁解，四府並命，[2]無所屈就。遭父憂，每哀至，輒歐血絶氣，[3]雖衰服已除，而積毁消瘠，殆將滅性。[4]豫州刺史嘉其至行，[5]表上尚書，圖象百城，以厲風俗。

［1］【今注】廱和：和睦。

［2］【今注】四府：在東漢指太尉、司徒、司空、大將軍府。本書卷二七《趙典傳》“建和初，四府表薦”，李賢注云：“四府，太尉、司徒、司空、大將軍府也。”

［3］【今注】歐血：吐血。

［4］【今注】滅性：過分哀傷，而毁滅性命。

［5］【今注】豫州：西漢武帝時所置十三刺史部之一，下轄潁川、汝南二郡及梁、沛、陳、魯四諸侯國。　刺史：官名。西漢武帝時始置，分全國爲十三部州，州置刺史一人。奉詔巡行諸郡，以六條問事，省察治政，黜陟能否，斷理冤獄。無治所，秩六百石。成帝時改刺史爲州牧，秩二千石。哀帝中復爲刺史，旋復爲牧。東漢光武帝建武十八年（42），罷州牧，復置刺史。東漢刺史，秩亦六百石。靈帝中平元年（184），黄巾起義爆發，復改刺史爲州牧，成爲郡以上的一級行政組織。

董卓入洛陽，乃使就家拜五官中郎將，[1]不得已，到京師，遷侍中。出爲平原相，往謁卓，時欲徙都長安。乃謂紀曰：“三輔平敞，[2]四面險固，土地肥美，號爲陸海。[3]今關東兵起，[4]恐洛陽不可久居。長安猶有宫室，今欲西遷何如？”紀曰：“天下有道，守在四夷。[5]宜脩德政，以懷不附。[6]遷移至尊，誠計之末者。愚以公宜事委公卿，專精外任。其有違命，則威之以武。今關東兵起，民不堪命。若謙遠朝政，[7]率師討伐，則塗炭之民，庶幾可全。若欲徙萬乘以自安，將有累卵之危，峥嶸之險也。”[8]卓意甚忤，而敬紀名行，無所復言。時議欲以爲司徒，紀見禍亂方作，不復辨嚴，[9]即時之郡。璽書追拜太僕，[10]又徵爲尚書令。[11]建安初，袁紹爲太尉，[12]讓於紀；紀不受，拜大鴻臚。[13]年七十一，卒於官。

［1］【今注】五官中郎將：官名。漢承秦置。職掌宿衛殿門，出充車騎。光禄勳屬官，秩比二千石。本書《百官志二》："五官中郎將一人，比二千石。本注曰：主五官郎。"

［2］【今注】三輔：西漢京畿地區分設京兆尹、左馮翊、右扶風進行管轄，合稱"三輔"。治所皆在長安城中，轄境相當於今陝西中部地區。東漢雖以洛陽爲都，但仍沿用三輔的行政區劃。

［3］【李賢注】《前書》曰，東方朔曰（大德本無"曰"字）："三輔之地，南有江、淮，北有河、渭，汧、隴以東，商、洛以西，厥壤肥饒，此所謂天府陸海之地（地，大德本作'也'）。"

［4］【今注】關東：秦漢時指崤山、函谷關以東地區。

［5］【李賢注】《左傳》曰，楚沈尹戍曰"古者天子守在四夷。天子卑，守在諸侯"也。【今注】守在四夷：夷狄爲之守禦四方。

［6］【今注】懷：使歸附。

［7］【今注】謙遠：謙退而遠離。

［8］【李賢注】累卵，解見《皇后紀》。峥音士耕反（峥，大德本誤作"浄"）。【今注】峥嶸：山勢高峻突出貌。

［9］【李賢注】嚴讀曰裝也。【今注】辦嚴：辦裝，收拾行裝。辨，通辦。嚴，避漢明帝劉莊諱改。

［10］【今注】璽書：敕令詔書。

［11］【今注】尚書令：官名。漢承秦置。初爲尚書署長官，掌收發文書，隸少府。秩六百石。西漢武帝以後，職權漸重，爲宫廷機要官員，掌傳達記録詔命章奏，秩千石。東漢爲尚書臺長官，掌決策出令、綜理政務，秩位低而總領朝政，名義上仍隸少府。本

書《百官志三》："尚書令一人，千石。本注曰：承秦所置，武帝用宦者，更爲中書謁者令，成帝用士人，復故。掌凡選署及奏下尚書曹文書衆事。"《通典》卷二二《職官四》："至秦，置尚書令。尚，主也。漢因之，銅印青綬。武帝用宦者，更爲中書謁者令。成帝去中書謁者令官，更以士人爲尚書令。後漢衆務，悉歸尚書，三公但受成事而已。尚書令主贊奏事，總領紀綱，無所不統。與司隸校尉、御史中丞朝會皆專席而坐，京師號曰'三獨坐'。故公爲令、僕射者，朝會不陛奏事。天子封禪，則尚書令奉玉牒檢兼藏封之禮。"

[12]【今注】袁紹：字本初，汝南汝陽（今河南商水縣西北）人。傳見本書卷七四上。

[13]【今注】大鴻臚：官名。秦置典客，掌諸歸義蠻夷。西漢景帝中更名大行令，武帝太初元年（前104）更名大鴻臚。成帝河平元年（前28）罷典屬國併大鴻臚。王莽時改稱典樂。東漢復稱大鴻臚。九卿之一，秩中二千石。本書《百官志一》："大鴻臚，卿一人，中二千石。本注曰：掌諸侯及四方歸義蠻夷。其郊廟行禮，贊導，請行事，既可，以命群司。諸王入朝，當郊迎，典其禮儀。及郡國上計，匡四方來，亦屬焉。皇子拜王，贊授印綬。及拜諸侯、諸侯嗣子及四方夷狄封者，臺下鴻臚召拜之。王薨則使弔之，及拜王嗣。"

子群，爲魏司空。[1]天下以爲公慙卿，卿慙長。[2]弟諶，字季方。與紀齊德同行，父子並著高名，時號三君。每宰府辟召，常同時旍命，[3]羔鴈成群，[4]當世者靡不榮之。諶早終。[5]

[1]【李賢注】群字長文。《魏志》曰"魯國孔融才高倨傲，年在群、紀之間，先與群交（殿本'群'前有'紀友後與'四

字），更爲紀拜，由是顯名”也（殿本無“也”字）。【今注】群：陳群。傳見《三國志》卷二二。

［2］【今注】案，袁宏《後漢紀》卷二三《孝靈皇帝紀上》：“文帝嘗問群：‘卿何如父祖？’群對曰：‘臣祖寔不言而治，臣父紀言而行之，至於臣群有其言而必行。’”

［3］【今注】旌命：表彰徵召。

［4］【李賢注】古者諸侯朝天子，卿執羔，大夫執鴈，士執雉。成群言衆多也。【今注】羔鴈成群：指來拜訪的士大夫很多。《儀禮·士相見禮》：“下大夫相見，以鴈，飾之以布，維之以索，如執雉。上大夫相見，以羔，飾之以布，四維之，結于面，左頭，如麛執之。”

［5］【李賢注】《先賢行狀》曰：“豫州百城，皆圖畫寔、紀、諶形像焉。”

論曰：漢自中世以下，閹豎擅恣，故俗遂以遁身矯絜放言爲高。[1]士有不談此者，則芸夫牧豎已叫呼之矣。[2]故時政彌惛，[3]而其風愈往。唯陳先生進退之節，必可度也。[4]據於德故物不犯，安於仁故不離群，行成乎身而道訓天下，故凶邪不能以權奪，[5]王公不能以貴驕，所以聲教廢於上，而風俗清乎下也。

［1］【李賢注】放肆其言，不拘節制也。《論語》曰：“隱居放言。”【今注】矯絜：高潔。

［2］【李賢注】叫呼，譏笑之也。芸，除草也。

［3］【今注】惛：同“昏”。

［4］【今注】度：合乎法度。

［5］【今注】權：秉持。這裏指搶奪。

贊曰：二李師淑，陳君友皓。韓韶就吏，嬴寇懷道。大丘奥廣，[1]模我彝倫。[2]曾是淵軌，薄夫以淳。[3]慶基既啓，[4]有蔚潁濱，[5]二方承則，八慈繼塵。[6]

[1]【今注】案，大，大德本、殿本作“太”。　奥廣：深奥廣博。

[2]【今注】模：楷模。　彝倫：常道；倫常。

[3]【李賢注】曾之言則也。【今注】薄夫：刻薄之人。

[4]【今注】慶基：善基。

[5]【今注】蔚：興盛貌。

[6]【李賢注】二方，元方、季方也。荀淑八子，皆以慈爲字，見《荀氏家傳》也。【今注】繼塵：步後塵。

後漢書　卷六三

列傳第五十三

李固 子燮　杜喬

李固字子堅，漢中南鄭人，[1]司徒郃之子也。[2]郃在《數術傳》。固貌狀有奇表，鼎角匿犀，足履龜文。[3]少好學，常步行尋師，不遠千里。[4]遂究覽墳籍，[5]結交英賢。四方有志之士，多慕其風而來學。京師咸歎曰："是復爲李公矣。"[6]司隸、益州並命郡舉孝廉，辟司空掾，皆不就。[7]陽嘉二年，[8]有地動、山崩、火灾之異，[9]公卿舉固對策，[10]詔又特問當世之敝，爲政所宜。固對曰：

[1]【今注】漢中：郡名。治南鄭縣（今陝西漢中市）。

[2]【今注】司徒：官名。西漢哀帝罷丞相置大司徒。東漢光武建武二十七年（51），去"大"，稱司徒。掌民政，凡教民孝悌、遜順、謙儉，養生送死之事，則議其制，建其度，與太尉、司空並列"三公"。本書《百官志一》："司徒，公一人。本注：掌人民

事。”　郃：李郃，字孟節，漢中南鄭人。傳見本書卷八二上。

［3］【李賢注】鼎角者，頂有骨如鼎足也。匿犀，伏犀也。謂骨當額上入髮際隱起也。足履龜文者二千石，見相書。

［4］【李賢注】《謝承書》曰：“固改易姓名，杖策驅驢，負笈追師三輔，學《五經》，積十餘年。博覽古今，明於風角、星筭、河圖、讖緯，仰察俯占，窮神知變。每到太學，密入公府，定省父母，不令同業諸生知是郃子。”【今注】案，周天游《八家後漢書輯注》輯司馬彪《續漢書》卷四：“李固少有俊才，雅志好學。爲三公子，常躬步行，驅驢負書從師。”（上海古籍出版社1986年版，第452頁）

［5］【今注】墳籍：經典。

［6］【李賢注】言復繼其父爲公也。

［7］【李賢注】《謝承書》曰：“五察孝廉，益州再舉茂才，不應。五府連辟，皆辭以疾。”【今注】司隸：司隸校尉部。西漢武帝征和四年（前89）置，掌京畿七郡捕督奸猾，察舉百官以下犯法者。無固定治所。轄境相當於今陝西秦嶺以北，隴縣、彬縣、黄陵、洛川、宜川以南，山西永和、汾西以南，霍州、沁水、陽城以西和河南安陽、新鄉、中牟以西，新鄭、汝陽、西峽以北地區。東漢建武十一年，降司隸校尉部爲十三部之一，成爲一級行政區，治所在雒陽縣（今河南洛陽市東北）。　益州：西漢武帝時所置十三刺史部之一，下轄漢中、巴郡、廣漢、蜀郡、犍爲、牂牁、越巂、益州、永昌九郡。　孝廉：漢代察舉制科目之一。西漢武帝元光元年（前134）初令郡國舉孝、廉各一人，後合稱爲孝廉。漢代舉孝廉者多任郎官，有年齡限制，後又加考試，順帝時期，“初令郡國舉孝廉，限年四十以上，諸生通章句，文吏能牋奏，乃得應選；其有茂才異行，若顔淵、子奇，不拘年齒”（本書卷六《順帝紀》）。　司空：官名。西漢成帝更名御史大夫爲大司空。東漢光武建武二十七年，去“大”字，稱司空。掌水土事。與太尉、司徒

合稱三公。本書《百官志一》："司空，公一人。本注曰：掌水土事。凡營城起邑、浚溝洫、修墳防之事，則議其利，建其功。凡四方水土功課，歲盡則奏其殿最而行賞罰。凡郊祀之事，掌掃除樂器，大喪則掌將校復土。凡國有大造大疑，諫争，與太尉同。"掾：公府諸曹的正長官稱掾，副長官稱屬。

［8］【今注】陽嘉：東漢順帝劉保年號（132—135）。

［9］【今注】案，曹金華《後漢書稽疑》指出，"火灾之異"在陽嘉元年，非二年。本書《五行志二》載："陽嘉元年，恭陵廡災，及東西莫府火。太尉李固以爲奢僭所致。"本書卷六《順帝紀》及《後漢紀》卷一八同。（中華書局2014年版，第825頁）

［10］【李賢注】《續漢書》曰"陽嘉二年，詔公卿舉敦樸之士，衛尉賈建舉固"也。【今注】對策：就政事、經義等設問，由應試者對答。自西漢起作爲取士考試的一種形式。

臣聞王者父天母地，[1]寶有山川。[2]王道得則陰陽和穆，政化乖則崩震爲灾。斯皆關之天心，效於成事者也。[3]夫化以職成，官由能理。古之進者，有德有命；[4]今之進者，[5]唯財與力。伏聞詔書務求寬博，疾惡嚴暴。而今長吏多殺伐致聲名者，必加遷賞；其存寬和無黨援者，輒見斥逐。是以淳厚之風不宣，彫薄之俗未革。[6]雖繁刑重禁，何能有益？

［1］【李賢注】《春秋感精符》曰："人主日月同明，四時合信，故父天母地，兄日姊月。"宋均注曰："父天於圜丘之祀也，母地於方澤之祭也，兄日於東郊，姊月於西郊。"

［2］【李賢注】《史記》曰："魏武侯浮西河而下，中河顧而

謂吴起曰：‘美哉乎河山之固，此魏之寶也。’吴起對曰：‘在德不在險。’”【今注】案，曹金華《後漢書稽疑》指出，《後漢紀》卷一八引作“體其山川”，周天游《校注》據嚴可均《全後漢文》卷四八校作“體具山川”。（第825頁）

［3］【今注】成事：前事。

［4］【李賢注】命，爵命也。言有德者乃可加爵命也。

［5］【今注】案，大德本“進”後有“德”字。

［6］【今注】彫薄：衰頽，澆薄。

前孝安皇帝變亂舊典，封爵阿母，[1]因造妖孽，[2]使樊豐之徒乘權放恣，[3]侵奪主威，改亂嫡嗣，[4]至令聖躬狼狽，[5]親遇其艱。既拔自困殆，[6]龍興即位，天下喁喁，[7]屬望風政。[8]積敝之後，易致中興，誠當沛然思惟善道；[9]而論者猶云，方今之事，復同於前。

［1］【李賢注】阿母王聖。【今注】阿母：王聖。東漢安帝乳母，封野王君。與其女伯榮勾結宦官，恣肆暴虐。曾暗殺太子乳母王男、厨監邴吉。又與帝舅耿寶、大鴻臚閻顯相勾結，殺太尉楊震，譏廢太子劉保爲濟陰王。安帝死後，聖母女徙雁門。

［2］【今注】孽：同“孽”。

［3］【今注】樊豐：東漢安帝時任中常侍，與耿寶等譖廢皇太子劉保爲濟陰王，殺太尉楊震。順帝即位，閻太后以豐與耿寶等互相阿黨，下獄處死。

［4］【李賢注】謂順帝爲太子時，廢爲濟陰王。

［5］【今注】案，令，大德本作“今”。

［6］【李賢注】殆，危也。

[7]【今注】喁喁：低聲語。惠棟《後漢書補注》引胡三省曰："喁喁，衆口向上貌。"

[8]【今注】屬：通"矚"。

[9]【李賢注】沛然，寬廣之意。

臣伏從山草，[1]痛心傷臆。[2]實以漢興以來，三百餘年，賢聖相繼，十有八主。豈無阿乳之恩？豈忘貴爵之寵？[3]然上畏天威，俯案經典，知義不可，故不封也。今宋阿母，[4]雖有大功勤謹之德，但加賞賜，足以酬其勞苦；至於裂土開國，[5]實乖舊典。聞阿母體性謙虛，[6]必有遜讓，陛下宜許其辭國之高，使成萬安之福。

[1]【今注】山草：山野草莽，指未入仕。

[2]【今注】臆：胸。案，曹金華《後漢書稽疑》指出，《後漢紀》卷一八引作"臣伏在草澤，痛心疾首"（第825頁）。

[3]【今注】案，貴爵，大德本、殿本作"爵賞"。

[4]【李賢注】謂宋娥也。【今注】宋阿母：東漢順帝乳母。順帝即位，以其參與擁立，封山陽君。後因與宦官交相貨賂，求高官，增封邑，而被奪爵歸田舍。

[5]【今注】開國：建立諸侯國。

[6]【今注】體性：本性。

夫妃后之家所以少完全者，豈天性當然？但以爵位尊顯，[1]專總權柄，天道惡盈，不知自損，故至顛仆。[2]先帝寵遇閻氏，[3]位號太疾，故其受禍，曾不旋時。老子曰："其進鋭，其退速也。"[4]

今梁氏戚爲椒房，禮所不臣，[5]尊以高爵，尚可然也。而子弟群從，榮顯兼加，永平、建初故事，[6]殆不如此。宜令步兵校尉冀及諸侍中還居黄門之官，[7]使權去外戚，政歸國家，豈不休乎！

[1]【今注】案，位，殿本作“禄”。

[2]【今注】顛仆：跌倒，這裏指滅亡。

[3]【今注】閻氏：閻姬，東漢安帝皇后。紀見本書卷一〇下。

[4]【李賢注】案，《孟子》有此文。《謝承書》亦云“孟子”，而《續漢書》復云“老子”。

[5]【李賢注】《公羊傳》曰：“宋殺其大夫，何以不名（名，大德本作‘各’）？宋三世無大夫，三世内娶也。”何休注云：“内娶，娶大夫女也。言無大夫者三世，禮不臣妻之父母，國内皆臣，無娶道，故絶去大夫名，正其義也。”椒房者，皇后所居，以椒泥塗也。【今注】梁氏戚：指東漢順帝皇后梁妠族人。　椒房：椒，即花椒。漢代后妃所住的宫殿，用花椒和泥塗抹墻，取其温暖有香氣，兼有多子之意。

[6]【今注】永平：東漢明帝劉莊年號（58—75）。　建初：東漢章帝劉炟年號（76—84）。

[7]【今注】步兵校尉：官名。西漢武帝時始置，掌上林苑門屯兵。東漢沿置，屬北軍中候，掌宿衛京師。本書《百官志四》：“步兵校尉一人，比二千石。本注曰：掌宿衛兵。”　冀：梁冀，字伯卓，安定烏氏（今寧夏固原市東南）人。傳見本書卷三四。　侍中：官名。秦始置。西漢時爲加官，無員，凡官員加此頭銜即可入禁中，親近皇帝。初掌雜務，後漸與聞朝政、贊導衆事、顧問應對，與公卿大臣論辯，平議尚書奏事，爲中朝要職。本書《百官志三》：“侍中，比二千石。本注曰：無員。掌侍左右，贊導衆事，顧問應對。法駕出，則多識者一人參乘，餘皆騎在乘輿車後。本有僕

射一人，中興轉爲祭酒，或置或否。”　黄門：這裏指“給事黄門”一類的低級官吏。

又詔書所以禁侍中尚書中臣子弟不得爲吏察孝廉者，[1]以其秉威權，容請託故也。而中常侍在日月之側，[2]聲埶振天下，[3]子弟禄任，曾無限極。雖外託謙默，不干州郡，而諂僞之徒，望風進舉。今可爲設常禁，同之中臣。

［1］【今注】尚書：官名。東漢尚書臺六曹，每曹設尚書一人，分别負責己曹事務。秩六百石。本書《百官志三》：“尚書六人，六百石。本注曰：成帝初置尚書四人，分爲四曹：常侍曹尚書主公卿事；二千石曹尚書主郡國二千石事；民曹尚書主凡吏上書事；客曹尚書主外國夷狄事。世祖承遵，後分二千石曹，又分客曹爲南主客曹、北主客曹，凡六曹。”　中臣：惠棟《後漢書補注》引胡三省曰：“此中謂中朝臣也。”

［2］【今注】中常侍：官名。初稱常侍，東漢武帝以後参與朝議，成爲中朝官。無定員。元帝以後稱中常侍。凡列侯、將軍、卿大夫、將、都尉、尚書以至郎中，加此得出入禁中，常侍皇帝左右。《資治通鑑》卷二八《漢紀》孝元皇帝初元元年胡三省注根據《百官公卿表》指出，侍中、中常侍皆爲加官，西漢時參用士人，東漢時乃以宦者爲中常侍。本書《百官志三》載：“中常侍，千石。本注曰：宦者，無員。後增秩比二千石。掌侍左右，從入内宫，贊導内衆事，顧問應對給事。”

［3］【今注】埶：通“勢”。

昔館陶公主爲子求郎，[1]明帝不許，賜錢千萬。所以輕厚賜，重薄位者，爲官人失才，害及百姓也。竊聞長水司馬武宣、[2]開陽城門候羊迪等，[3]無它功德，[4]初拜便真。[5]此雖小失，而漸壞舊章。[6]先聖法度，所宜堅守，政教一跌，百年不復。《詩》云："上帝板板，下民卒癉。"刺周王變祖法度，故使下民將盡病也。[7]

[1]【李賢注】館陶公主，光武第三女也。【今注】館陶公主：劉紅夫。

[2]【李賢注】《續漢志》"長水校尉一人，比二千石（千，大德本作'平'），司馬一人，千石，掌宿衛"也。

[3]【李賢注】《續漢志》曰："城門每門候一人，六百石。"【今注】開陽：縣名。治所在今山東臨沂市北。

[4]【今注】案，它，大德本、殿本作"他"。

[5]【今注】真：真二千石。漢代官吏秩級之一，低於中二千石，高於比二千石。月俸爲一百二十斛。由於漢代郡守、諸侯國相一般爲二千石，故史籍中的"二千石"一般指郡守和諸侯國相。《漢書・百官公卿表上》顔師古注："漢制，三公號稱萬石，其俸月各三百五十斛穀。其稱中二千石者月各百八十斛，二千石者百二十斛，比二千石者百斛，千石者九十斛，比千石者八十斛，六百石者七十斛，比六百石者六十斛，四百石者五十斛，比四百石者四十五斛，三百石者四十斛，比三百石者三十七斛，二百石者三十斛，比二百石者二十七斛，一百石者十六斛。"

[6]【李賢注】《續漢書》曰："中都官，千石、六百石，故事先守一歲（守，大德本誤作'中'），然後補真。"

[7]【李賢注】板，反也。卒，盡也。癉，病也。《詩・大雅》，凡伯刺周厲王反先王之道，下人盡病也。【今注】案，語見今本《毛詩・大雅・板》。

今陛下之有尚書，猶天之有北斗也。斗爲天喉舌，尚書亦爲陛下喉舌。[1]斗斟酌元氣，運平四時。[2]尚書出納王命，賦政四海，[3]權尊埶重，責之所歸。若不平心，灾眚必至。誠宜審擇其人，以毗聖政。[4]

[1]【李賢注】《春秋合誠圖》曰："天理在斗中，司三公，如人喉在咽，以理舌語。"宋均注曰："斗爲天之舌口，主出政教（主，大德本誤作'王'）。三公主導宣君命，喻於人，則宜如人喉在咽（在，大德本作'存'），以理舌口，使言有條理。"

[2]【李賢注】《春秋保乾圖》曰："天皇於是斟元陳樞（大德本、殿本'元'後有'氣'字），以五易威。"宋均注曰："威，則也，法也。天皇斟元氣，陳列樞機，受行次之當得也。"

[3]【李賢注】賦，布也。

[4]【今注】毗：輔助。

今與陛下共理天下者，外則公卿、尚書，内則常侍、黄門，譬猶一門之内，一家之事，安則共其福慶，危則通其禍敗。[1]刺史、二千石，[2]外統職事，内受法則。夫表曲者景必邪，源清者流必絜，猶叩樹本，百枝皆動也。《周頌》曰："薄言振之，莫不震疊。"[3]此言動之於内，而應於外者也。猶此言之，[4]本朝號令，豈可蹉跌？[5]閒隙一開，則邪人動心；利競暫啓，則仁義道塞。刑罰不能復禁，化導以之寑壞。[6]此天下之紀綱，當今之急務。

［1］【今注】通：曹金華《後漢書稽疑》指出，《後漢紀》卷一八引作"同"，以"共"言之，作"同"義長。

［2］【今注】刺史：官名。西漢武帝時始置，分全國爲十三部州，州置刺史一人。奉詔巡行諸郡，以六條問事，省察治政，黜陟能否，斷理冤獄。無治所，秩六百石。成帝時改刺史爲州牧，秩二千石。漢哀帝中復爲刺史，旋復爲牧。東漢光武帝建武十八年（42），罷州牧，復置刺史。東漢刺史，秩亦六百石。漢靈帝中平元年（184），黄巾起義爆發，復改刺史爲州牧，成爲郡以上的一級行政組織。

［3］【李賢注】《韓詩薛君傳》曰："薄，辭也。振，奮也。莫，無也。震，動也。疊，應也。美成王能奮舒文武之道而行之（大德本'美'後有'也'字），則天下無不動而應其政教。"【今注】案，語見今本《毛詩·周頌·時邁》。

［4］【今注】案，猶，大德本、殿本作"由"。

［5］【今注】蹉跌：跌倒，這裏指失誤。

［6］【今注】寖：通"寖"，逐漸。

陛下宜開石室，陳圖書，[1]招會群儒，引問失得，[2]指擿變象，以求天意。其言有中理，即時施行，顯拔其人，以表能者。則聖聽日有所聞，忠臣盡其所知。又宜罷退宦官，去其權重，裁置常侍二人，方直有德者，省事左右；[3]小黄門五人，[4]才智閑雅者，[5]給事殿中。如此，則論者厭塞，升平可致也。臣所以敢陳愚瞽，[6]冒昧自聞者，儻或皇天欲令微臣覺悟陛下。陛下宜熟察臣言，憐赦臣死。[7]

［1］【李賢注】《前書》曰："司馬遷爲太史令，紬史記石室金匱之書。"紬音抽。【今注】圖書：這裏指讖書。惠棟《後漢書補注》："圖書，即《河》《洛》也。《黄瓊傳》曰，'陛下宜開石室，案《河》《洛》'。《河》《洛》即讖也，讖書幽祕，藏之石室，故蘇竟曰'元包幽室，文隱事明'是也。下云'引問得失，指摘變化，以求天意'，則圖書指讖書明矣。"

［2］【今注】案，失得，大德本、殿本作"得失"。

［3］【今注】省事：處理政務。

［4］【今注】小黄門：東漢始置。宦官，位次中常侍，高於中黄門。侍從皇帝左右，收受尚書奏事，傳宣帝命，掌宫廷内外、皇帝與後宫之間的聯絡。名義上隸屬少府，秩六百石。明帝、章帝之世，員額十人，和帝後增至二十人。以後權勢漸重，用事於中，甚至總典禁兵。諸中常侍多由此遷任。本書《百官志三》："小黄門，六百石。本注曰：宦者，無員。掌侍左右，受尚書事。上在内宫，關通中外及中宫已下衆事。諸公主及王太妃等有疾苦，則使問之。"

［5］【今注】閑雅：形容舉止嫻静文雅。

［6］【今注】瞽（gǔ）：盲，這裏指不達事理。

［7］【今注】案，曹金華《後漢書稽疑》指出："本傳以此爲李固對策之結尾，而《後漢紀》卷十八則以'臣父故司徒臣郃，受先帝厚恩，子孫不敢自比於餘隸，故敢圖書，悉心以對，不敢虚造'了結，又全文增删、倒置、改纂者，莫之能辨。《集解》引沈欽韓説，謂'惜袁、范各以意刊削，二書相校，同者纔十之三，遂不見元本'。復審范書所引詔書、奏疏等，多與他書文字不同，知范氏皆據文義增删，蓋非檔案原文，凡治史者須知此矣。"（第826頁）

順帝覽其對，多所納用，即時出阿母還弟舍，諸常侍悉叩頭謝罪，朝廷肅然。以固爲議郎。[1]而阿母宦者疾固言直，因詐飛章以陷其罪，[2]事從中下。大司農黄尚等請之於大將軍梁商，[3]又僕射黄瓊救明固事，[4]久乃得拜議郎。[5]出爲廣漢雒令，[6]至白水關，解印綬，還漢中，[7]杜門不交人事。歲中，梁商請爲從事中郎。[8]商以后父輔政，而柔和自守，不能有所整裁，[9]灾異數見，下權日重。固欲令商先正風化，退辭高滿，[10]乃奏記曰：

[1]【今注】議郎：官名。秦置漢承。掌顧問應對，参與議政。不入直宿衛。漢九卿之一光禄勳（郎中令）屬官，秩比六百石。

[2]【今注】飛章：報告急變或急事的奏章。

[3]【今注】大司農：官名。秦置治粟内史，西漢景帝時更名大農令，武帝時更名大司農，王莽改大司農曰羲和，後更爲納言。職掌全國租賦收入和國家財政開支。九卿之一，秩中二千石。本書《百官志三》載："大司農，卿一人，中二千石。本注曰：掌諸錢穀金帛諸貨幣。郡國四時上月旦見錢穀簿，其逋未畢，各具别之。邊郡諸官請調度者，皆爲報給，損多益寡，取相給足。"　黄尚：惠棟《後漢書補注》："《謝承書》有豫章黄向，字文章。案《順帝紀》陽嘉三年大司農黄尚爲司徒，'向'疑作'尚'，注云'尚字伯，河南郡即人'。"大德本、殿本作"黄向"。　大將軍：官名。戰國時設，兩漢因之。地位因人而異，與三公相上下，與丞相相當。自西漢武帝時起領録尚書事，外主征戰，内秉國政，權勢超過丞相。東漢多以貴戚擔任，位在三公之上。　梁商：字伯夏，安定烏氏（今寧夏固原市東南）人。東漢外戚、大臣，女爲順帝皇后。傳見本書卷三四。

[4]【今注】僕射：官名。秦置，漢因之。爲尚書令之貳，掌拆閲封緘章奏文書，令不在，則代理其職。東漢獻帝建安四年

(199）分置尚書左、右僕射，若尚書令缺，則以左僕射爲尚書省長官。本書《百官志三》載："尚書僕射一人，六百石。本注曰：署尚書事，令不在則奏下衆事。" 黄瓊：字世英，江夏安陸（今湖北雲夢縣）人。傳見本書卷六一。

［5］【今注】案，曹金華《後漢書稽疑》指出，本傳"以固爲議郎，而阿母宦者疾固言直，因詐飛章以陷其罪，事從中下。大司農黄尚等請之於大將軍梁商，又僕射黄瓊救明固事，久乃得拜議郎"中"以固爲議郎"與"久乃得拜議郎"文義不明。故王先謙《後漢書集解》引《刊誤》説，以爲"固前已云爲議郎，又云得拜議郎，史之叙事理無如此，蓋當云'久乃得已，復拜議郎'，少'已復'二字也"。而周壽昌謂"漢官制，故事先守一歲，然後即真，或固始爲議郎尚是守官，此方真拜。且本傳明云以固爲議郎，疾固者飛章陷罪，事從中下，是先雖爲議郎而未得拜，至是始拜也，不必如劉説"。然據《華陽國志》卷一〇"以對策忠亢，拜議郎"，《後漢紀》卷一八"拜固爲議郎，權臣皆切齒於固，將加之罪，朝中名臣黄瓊等救解之"，參以本傳阿母等"飛章以陷其罪"，黄瓊"救明固事"，周氏等説似亦未得，作"久乃得解"義長。

［6］【今注】廣漢：郡名。西漢治梓潼縣（今四川梓潼縣）。東漢安帝永初二年（108）移治涪縣（今四川綿陽市東），又徙治雒縣（今四川廣漢市）。

［7］【李賢注】《梁州記》曰："關城西南百八十里有白水關，昔李固解印綬處也。"故關城今在梁州金牛縣西。【今注】白水關：一説在廣元市朝天鎮，一説在廣元市白水鎮，一説在青川縣白水五里。（詳見陶張《白水關故地考》，《四川地方誌通訊》1984年第4期；李龍《陰平道考略》，《成都大學學報》2017年第1期）

［8］【今注】從事中郎：官名。東漢大將軍、車騎將軍屬官。職參謀議、大將軍府所屬員二人，秩六百石。

［9］【今注】整裁：治理決斷。

[10]【今注】高滿：過度。

《春秋》褒儀父以開義路，[1]貶無駭以閉利門。[2]夫義路閉則利門開，利門開則義路閉也。前孝安皇帝内任伯榮、樊豐之屬，[3]外委周廣、謝惲之徒，[4]開門受賂，署用非次，天下紛然，怨聲滿道。朝廷初立，頗存清静，未能數年，稍復墮損。左右黨進者，日有遷拜，守死善道者，滯涸窮路，[5]而未有改敝立德之方。

[1]【李賢注】隱公元年三月，"公及邾儀父盟于眛"。《公羊傳》曰："儀父者何？邾婁之君也。何以稱字？褒之也。曷爲褒之？爲其與公盟也。"何休注云："《春秋》王魯，託隱公爲受命王，因儀父先與隱公盟，假以見褒賞義。"

[2]【李賢注】《春秋》隱公二年，經書"無駭帥師入極"。《公羊傳》曰："無駭者何？展無駭也。何以不氏？貶（大德本、殿本'貶'後有'之也'二字）。曷爲貶（大德本、殿本無'爲'字）？疾始滅也。"

[3]【李賢注】伯榮，王聖女也。

[4]【今注】周廣：東漢安帝時爲侍中。延光四年（125）安帝崩，北鄉侯立，坐與耿寶、樊豐、謝惲、王聖阿黨，下獄死。謝惲：字伯周。安帝時任虎賁中郎將，安帝崩後坐與耿寶等阿黨，下獄死。

[5]【李賢注】守死善道，《論語》文。滯涸窮路，以魚爲諭也（諭，大德本、殿本作"喻"）。

又即位以來，十有餘年，聖嗣未立，群下繼

望。可令中宫博簡嬪媵，[1]兼採微賤宜子之人，進御至尊，順助天意。若有皇子，母自乳養，無委保妾醫巫，[2]以致飛燕之禍。[3]明將軍望尊位顯，當以天下爲憂，崇尚謙省，垂則萬方。而新營祠堂，費功億計，非以昭明令德，崇示清儉。自數年以來，灾怪屢見，比無雨潤，而沈陰鬱決。[4]宫省之内，容有陰謀。孔子曰："智者見變思刑，愚者覩怪諱名。"天道無親，可爲祗畏。[5]

[1]【今注】簡：通"柬"。選擇。　嬪媵：嬪妾。

[2]【今注】保妾：保姆。

[3]【李賢注】趙飛燕，成帝皇后。妹爲昭儀，專寵。成帝貴人曹偉能等生皇子，皆殺之。【今注】飛燕：傳見《漢書》卷九七下。

[4]【李賢注】雲起貌。【今注】案，決，大德本、殿本作"泱"，是。

[5]【李賢注】祇，敬也。言天無親疏，惟善是與，可敬威也（威，殿本作"畏"）。《書》曰："皇天無親。"

加近者月食既於端門之側。[1]月者，大臣之體也。[2]夫窮高則危，大滿則溢，月盈則缺，日中則移。[3]凡此四者，自然之數也。天地之心，福謙忌盛，[4]是以賢達功遂身退，[5]全名養壽，無有怵迫之憂。[6]誠令王綱一整，道行忠立，明公踵伯成之高，全不朽之譽，[7]豈與此外戚凡輩耽榮好位者同日而論哉！固狂夫下愚，不達大體，竊感古人一飯之報,[8]況受顧遇而容不盡乎!

[1]【李賢注】既，盡也。端門，太微宫南門也。【今注】案，加，殿本作“如”。

[2]【李賢注】《前書》李尋上疏曰：“月者衆陰之長，妃后、大臣、諸侯之象也。”

[3]【李賢注】《易·豐卦》曰：“日中則昃，月盈則食，天地盈虚，與時消息。”《史記》蔡澤謂范雎曰“日中則移，月滿則虧”也。

[4]【李賢注】《易》曰：“鬼神害盈而福謙，人道惡盈而好謙。”又曰：“見天地之心。”

[5]【李賢注】《老子》曰：“功成名遂身退，天之道也。”

[6]【李賢注】爲利所誘，怵迫於憂勤也。怵音息律反，或音黜。【今注】怵迫：爲利所誘惑、威迫。

[7]【李賢注】《莊子》曰：“伯成子高，唐虞時爲諸侯，至禹，去而耕。禹往見之，則耕在野。禹問曰：‘昔堯化天下，吾子立爲諸侯，堯授舜，舜授予，子去而耕，其故何也?’子高曰：‘昔堯化天下，至公無私，不賞而人自勸，不罰而人自畏。今子賞而不勸，罰而不威，德自此衰，刑自此作（大德本、殿本“刑”前有“而”字）。夫子盍行，無留吾事。’俋俋然（俋俋，大德本作‘悒悒’），耕不顧。”亦見《吕氏春秋》。

[8]【李賢注】謂靈輒也。【今注】古人一飯之報：指靈輒事。靈輒爲春秋時晉國人。趙盾獵於首山，曾施食之。晉靈公十四年，靈公伏甲攻盾，其掩護盾得脱。

商不能用。永和中,[1]荆州盜賊起,[2]彌年不定，乃以固爲荆州刺史。固到，遣吏勞問境内，赦寇盜前釁,[3]與之更始。於是賊帥夏密等斂其魁黨六百餘人,自縛歸首。固皆原之，遣還，使自相招集，開示威法。半歲閒，餘類悉降，州内清平。上奏南陽太守高賜等臧穢。[4]賜等懼罪，遂共重賂大將軍梁冀，冀爲千里移檄，[5]而固持之愈急。冀遂令徙固爲太山太守。[6]時太山盜賊屯聚歷年，郡兵常千人，追討不能制。固到，悉罷遣歸農，但選留任戰者百餘人，以恩信招誘之。未滿歲，賊皆弭散。遷將作大匠。[7]上疏陳事曰：

[1]【今注】永和：東漢順帝劉保年號（136—141）。

[2]【今注】荆州：西漢武帝時所置十三刺史部之一。東漢治所在漢壽縣（今湖南常德市東北）。轄境約當今湖北、湖南二省及河南、貴州、廣西、廣東等省部分地區。

[3]【今注】釁：罪。

[4]【今注】南陽：郡名。治宛縣（今河南南陽市卧龍區）。

[5]【李賢注】言移一日行千里，救之急也。【今注】移檄：移和檄皆爲官方文書名。多用於徵召、曉諭和聲討。

[6]【今注】太山：泰山郡，治奉高縣（今山東泰安市東）。

[7]【今注】將作大匠：官名。秦稱將作少府，掌治宫室。西漢景帝中六年（前144）改稱將作大匠。東漢沿置，秩二千石，掌修作宗廟、路寢、宫室、陵園土木工程等。本書《百官志四》："將作大匠一人，二千石。本注曰：承秦，曰將作少府，景帝改爲將作大匠。掌修作宗廟、路寢、宫室、陵園木土之功，并樹桐梓之類列于道側。"

臣聞氣之清者爲神，人之清者爲賢。養身者以練神爲寶，[1]安國者以積賢爲道。昔秦欲謀楚，王孫圉設壇西門，陳列名臣，秦使懼然，遂爲寢兵。[2]魏文侯師卜子夏，友田子方，軾段干木，故群俊競至，名過齊桓，秦人不敢闚兵於西河，斯蓋積賢人之符也。[3]陛下撥亂龍飛，初登大位，聘南陽樊英、江夏黄瓊、廣漢楊厚、會稽賀純，[4]策書嗟歎，待以大夫之位。是以巖穴幽人，智術之士，彈冠振衣，樂欲爲用，四海欣然，歸服聖德。[5]厚等在職，雖無奇卓，然夕惕孳孳，[6]志在憂國。臣前在荆州，聞厚、純等以病免歸，誠以悵然，爲時惜之。一日朝會，[7]見諸侍中並皆年少，無一宿儒大人可顧問者，誠可歎息。宜徵還厚等，以副群望。瓊久處議郎，已且十年，[8]衆人皆怪始隆崇，今更滯也。[9]光禄大夫周舉，[10]才謨高正，宜在常伯，[11]訪以言議。侍中杜喬，學深行直，當世良臣，久託疾病，可勑令起。[12]

［1］【今注】練神：修煉精神情志。

［2］【李賢注】秦欲伐楚，使使者往觀楚之寶器。昭奚恤乃爲壇，使客東面，自居西面之壇，稱曰："理百姓，實倉廩，子西在此；奉珪璋，使諸侯，子方在此；守封疆（疆，殿本誤作'彊'），謹境界，葉公子高在此；理師旅，正兵戎，司馬子反在此；懷霸王之餘義，獵治亂之遺風，昭奚恤在此（奚，大德本誤作'累'）：惟大國所觀。"使反，言於秦君曰："楚多賢臣，未可謀也。"事見《新序》。《國語》曰，楚王孫圉聘於晉，趙簡子鳴玉以相，問圉曰："楚之白珩猶在乎，其爲寶也幾何？"對曰："未嘗爲寶也。楚人有觀射父，能作訓辭以行諸侯，有左史倚相，道訓典以序百物，此楚國之寶也。若夫古玉、白珩，先王之所玩也，何寶焉！"與此所引不同也。【今注】王孫圉：春秋時楚昭王

大夫。

[3]【李賢注】魏文侯受經於子夏，過段干木閭，未嘗不軾也（軾，大德本作“恜”）。李克曰：“文侯東得卜子夏、田子方、段干木，此三人者，君皆師之。”又秦欲伐魏，或曰：“魏君賢人是禮，國人稱仁，上下和合，未可圖也。”事見《史記》也（殿本無“也”字）。【今注】魏文侯：戰國時魏國第一位君主，名斯。執政期間師於李悝，進行變法，造《法經》，盡地力之教；用吴起、樂羊爲將，西伐秦，北伐中山；任西門豹守鄴，河内稱治。推行變法與改革，使魏國富强。　卜子夏：卜商，春秋戰國時衛（今河南北部與河北南部一帶）人。孔子弟子。事迹見《史記》卷六七《仲尼弟子列傳》。　田子方：名無擇，魏國賢者。　段干木：戰國時魏國人。師子夏，高尚不仕。魏文侯欲見之，造其門，干木避之。請以爲相，不受。遂以客禮待之，出過其閭必憑軾致敬。秦興兵欲攻魏，聞段干木賢，而魏侯能以禮待之，乃不入侵而還。

[4]【李賢注】《謝承書》曰：“純字仲真，會稽山陰人。少爲諸生，博極群蓺。十辟公府，三舉賢良方正，五徵博士，四公車徵，皆不就。後徵拜議郎，數陳灾異，上便宜數百事，多見省納。遷江夏太守。”【今注】樊英：字季齊，南陽魯陽（今河南魯山縣）人。傳見本書卷八二上。　江夏：郡名。治西陵縣（今湖北武漢市新洲區西）。　楊厚：字仲桓，廣漢新都（今四川成都市新都區）人。傳見本書卷三〇上。　會稽：郡名。治山陰縣（今浙江紹興市越城區）。

[5]【今注】案，曹金華《後漢書稽疑》指出，《後漢紀》卷一九引作“是以岩穴幽人，肥遯之士，莫不彈冠振衣，樂爲時用，四海歡然，歸服聖德”（第828頁）。

[6]【今注】夕惕：日夜謹慎不懈怠。

[7]【今注】一日：惠棟《後漢書補注》以爲即昨日。

[8]【今注】案，曹金華《後漢書稽疑》指出，本書卷六一

《黄瓊傳》載“永建中，公卿多薦瓊者……瓊至，即拜議郎，稍遷尚書僕射……（永建）三年，大旱，瓊復上疏曰：……頃之，遷尚書令”，據此不當云“久處議郎，已且十年”。《後漢紀》卷一九載此上疏作“瓊等久處郎署，已且十年”，是瓊久處尚書署。“議郎”當作“郎署”。（第828、829頁）

［9］【李賢注】隆，高也。崇，重也。

［10］【今注】光禄大夫：官名。西漢武帝時改中大夫置，掌論議。屬光禄勳，秩比二千石。西漢晚期，多作爲貴戚重臣的加官。無員限。東漢時，因權臣不復冠此號，漸成閑散之職，雖仍掌顧問應對，但多用以拜假賵贈之使，及監護諸國嗣喪事。本書《百官志二》載：“光禄大夫，比二千石。本注曰：無員。凡大夫、議郎皆掌顧問應對，無常事，唯詔令所使。凡諸國嗣之喪，則光禄大夫掌弔。”　周舉：字宣光，汝南汝陽（今河南商水縣西北）人。傳見本書卷六一。

［11］【今注】常伯：左右近臣，或指三公。《尚書·立政》：“王左右常伯、常任。”孔穎達疏：“王之親近左右，常所長事，謂三公也。”

［12］【今注】案，曹金華《後漢書稽疑》指出，此處李固由太山太守遷將作大匠，上書陳事，下文云是日“遷瓊、舉，以固爲大司農”，不及杜喬。而《杜喬傳》載喬“入拜侍中。漢安元年，以喬守光禄大夫，使徇察兖州。表奏太山太守李固政爲天下第一……還，拜太子太傅，遷大司農”，是喬表奏固時已守光禄大夫，而固由此遷爲將作大匠，不知何謂侍中杜喬“久託疾病，可敕令起”？又據《後漢紀》卷一九引此上疏作“光禄大夫周舉、侍中杜喬深沈正直，當世名臣，宜登常伯，豫聞國政者也”，不言“久託疾病”，故疑范書删改致誤。（第829頁）

又薦陳留楊倫、[1]河南尹存、東平王惲、陳國何臨、[2]清河房植等。[3]是日有詔徵用倫、厚等，而遷瓊、舉，以固爲大司農。[4]

[1]【李賢注】倫見《儒林傳》。【今注】陳留：郡名。治陳留縣（今河南開封市東南陳留鎮）。 楊倫：字仲理，陳留東昏（今河南蘭考縣北）人。傳見本書卷七九上。

[2]【李賢注】臨字子陵，熙之子，爲平原太守，見《百家譜》也。【今注】河南：郡名。治洛陽縣（今河南洛陽市東北漢魏故城）。 東平：諸侯王國名。都無鹽縣（今山東東平縣）。 陳國：諸侯王國名。治陳縣（今河南淮陽縣）。

[3]【李賢注】植見《黨人篇》也。【今注】清河：郡名。治青陽縣（今河北清河縣東南）。 房植：字伯武，清河甘陵人，經李固舉薦出仕，歷任少府、河南尹、光禄勳、司空。爲河南尹時有名當朝。同郡周福爲尚書，二家賓客樹朋徒，相攻訐，由是甘陵有南北部，黨人之議自此始。位至司空。東漢桓帝永壽元年（155）免官。

[4]【今注】大司農：案，周天游《八家後漢書輯注》輯司馬彪《續漢書》卷四："李固爲大司農。時上信閹宦，天下牧守多其宗親舊故，及受貨賂，有詔特拜，不由選試，亂生彌甚。固乃上表，具陳盜賊所以興，由官非其人也。"（第453、454頁）

先是周舉等八使案察天下，[1]多所劾奏，其中並是宦者親屬，輒爲請乞，詔遂令勿考。又舊任三府選令史，[2]光禄試尚書郎，[3]時皆特拜，不復選試。固乃與廷尉吴雄上疏，[4]以爲八使所糾，宜急誅罰，選舉署置，可歸有司。帝感其言，乃更下免八使所舉刺史、二千石，自是稀復特拜，[5]切責三公，明加考察，朝廷稱善。乃復與光禄勳劉宣上言："自頃選舉牧守，多非其人，至行無道，侵害百姓。又宜止槃遊，[6]專心庶政。"帝納其言，於是下詔諸州劾奏守令以下，政有乖枉，遇人無惠者，免所居官；其姦穢重罪，收付詔獄。

［1］【今注】案，本書卷六一《周舉傳》："時詔遣八使巡行風俗，皆選素有威名者，乃拜舉爲侍中，舉侍中杜喬、守光禄大夫周栩、前青州刺史馮羨、尚書欒巴、侍御史張綱、兖州刺史郭遵、太尉長史劉班並守光禄大夫，分行天下。其刺史、二千石有臧罪顯明者，驛馬上之；墨綬以下，便輒收舉。其有清忠惠利，爲百姓所安，宜表異者，皆以狀上。"

［2］【今注】三府：太尉、司徒、司空府。　令史：戰國秦置。爲縣府屬吏，一般低級官吏亦泛稱令史。兩漢三公府、尚書臺及大將軍等府皆置，位在諸曹掾下。

［3］【今注】光禄：光禄勳。官名。秦稱郎中令，漢因之，西漢武帝時更名光禄勳，掌宫掖門户。秩中二千石，位列九卿。本書《百官志二》："光禄勳，卿一人，中二千石。本注曰：掌宿衛宫殿門户，典謁署郎更直執戟，宿衛門户，考其德行而進退之。郊祀之事，掌三獻。"　尚書郎：官名。漢置。西漢武帝時常以郎官供尚書署差遣，掌收發文書章奏庶務，後漸成中朝常設官職，員四人，分隸諸曹尚書。東漢尚書分曹辦事，置三十六員（或説置三十四員、三十五員），百官章奏由八座收納後，由尚書郎啓封面奏皇帝，並爲皇帝答疑。皇帝成命經八座傳達後，由尚書郎代擬詔令下達。其官缺，從三署郎中選年不滿五十之孝廉，詣尚書臺考試，每缺一郎試五人。初上尚書臺任職稱守尚書郎中，滿一年稱尚書郎（一説初上臺稱守尚書郎，滿歲稱尚書郎中），三年稱侍郎，統稱尚書郎。秩四百石，秩輕而職顯權重。其出任外官，初補縣長，章帝後得補千石縣令，更有賜遷二千石刺史者。

［4］【今注】廷尉：官名。秦置漢承，西漢景帝時更名爲大理，武帝時復爲廷尉，哀帝復更名爲大理，王莽時更名爲作士。掌管刑獄，九卿之一，秩中二千石。本書《百官志二》："廷尉，卿一人，中二千石。本注曰：掌平獄，奏當所應。凡郡國讞疑罪，皆處當以報。"　吴雄：字季高，河南人。東漢順帝時爲廷尉，斷獄平允。桓帝元嘉初拜爲司徒。子訢、孫恭，三世廷尉。

［5］【今注】案，稀，殿本作"希"。

［6］【今注】槃遊：游樂。

及沖帝即位，以固爲太尉，[1]與梁冀参録尚書事。[2]明年帝崩，梁太后以楊、徐盜賊盛强，[3]恐驚擾致亂，使中常侍詔固等，欲須所徵諸王侯到乃發喪。固對曰："帝雖幼少，猶天下之父。今日崩亡，人神感動，豈有臣子反共掩匿乎？昔秦皇亡於沙丘，[4]胡亥、趙高隱而不發，卒害扶蘇，以至亡國。[5]近北鄉侯薨，[6]閻后兄弟及江京等亦共掩祕，遂有孫程手刃之事。[7]此天下大忌，不可之甚者也。"太后從之，即暮發喪。

［1］【今注】太尉：官名。東漢光武帝建武二十七年（51）改大司馬置，秩萬石，爲三公之首。本書《百官志一》："太尉，公一人。本注曰：掌四方兵事功課，歲盡即奏其殿最而行賞罰。凡郊祀之事，掌亞獻；大喪則告謚南郊。凡國有大造大疑，則與司徒、司空通而論之。國有過事，則與二公通諫争之。"案，周天游《八家後漢書輯注》輯謝承《後漢書》卷四："李固爲太尉，常食麥飯。"

［2］【今注】録尚書事：初稱"領尚書事"，即以他官兼職總領尚書事，主持尚書臺的工作。西漢昭帝初立，大將軍霍光柄政，

與金日磾、上官桀共領尚書事，爲此官之始。東漢永平十八年(75)，漢章帝初即位，以太傅趙熹、太尉牟融並録尚書事，用“録”代“領”始此。後東漢每帝即位，常以三公、大將軍、太傅録尚書事。太傅、太尉、大將軍等加此名義始得參與樞密，總知國事，綜理政務。

[3]【今注】楊：揚州。西漢武帝時所置十三刺史部之一。東漢治壽春縣（今安徽壽縣），順帝中移治歷陽縣（今安徽和縣）。徐：徐州。西漢武帝時所置十三刺史部之一。東漢時治郯縣（今山東郯城縣）。

[4]【李賢注】《史記》曰，始皇東巡道病，崩於沙丘。徐廣曰，趙有沙丘宫，在鉅鹿也。【今注】沙丘：在今河北廣宗縣西北。

[5]【李賢注】丞相李斯爲始皇崩在外，恐諸公子及天下有變，乃祕之不發喪。獨胡亥、趙高等知陰謀，破去始皇所封書，賜公子扶蘇死，而立胡亥爲太子。胡亥元年，楚、漢並起。

[6]【今注】北鄉侯：濟北惠王劉壽子，東漢章帝孫。安帝永寧元年（120），封爲北鄉侯，别食泰山郡邑。延光四年（125），安帝卒，閻太后與兄車騎將軍定策禁中立爲皇帝，三月乙酉即位，十月辛亥薨，謚少帝。

[7]【李賢注】江京、劉安等坐省門下，孫程與王康等就斬京、安等，立順帝也。

固以清河王蒜年長有德，[1]欲立之，謂梁冀曰：“今當立帝，宜擇長年高明有德，任親政事者，願將軍審詳大計，察周、霍之立文、宣，[2]戒鄧、閻之利幼弱。”[3]冀不從，乃立樂安王子纘，年八歲，是爲質帝。時沖帝將北卜山陵，固乃議曰：“今處處寇賊，軍興用費加倍，新創憲陵，[4]賦發非一。帝尚幼小，可起陵於憲陵塋内，[5]依康陵制度，[6]其於役費三分減一。”乃從固議。時太后以比遭不造，[7]委任宰輔，固所匡正，每輒從用，其黄門宦者一皆斥遣，天下咸望遂平，[8]而梁冀猜專，每相忌疾。初，順帝時諸所除官，多不以次，及固在事，奏免百餘人。此等既怨，又希望冀旨，遂共作飛章虛誣固罪曰：

[1]【今注】清河王蒜：傳見本書卷五五。

[2]【李賢注】周勃立文帝，霍光立宣帝也。【今注】周：周勃，沛（今江蘇沛縣）人。世家見《史記》卷五七，傳見《漢書》卷四〇。　霍：霍光，字子孟，河東平陽（今山西臨汾市西南）人。傳見《漢書》卷六八。

[3]【李賢注】謂鄧太后立殤帝，帝時誕育百餘日，二歲而崩（二，大德本、殿本作“三”）；又立安帝，時年十餘歲（大德本、殿本無“年”字）。閻太后立北鄉侯，其年薨，又徵諸王子，擬擇立之也（殿本無“也”字）。

[4]【今注】憲陵：東漢順帝劉保的陵墓。在今河南洛陽市東北漢魏故城西北三十里鋪一帶。

[5]【今注】塋（yíng）：墳墓。

[6]【李賢注】康陵，殤帝陵也。【今注】康陵：東漢殤帝劉隆陵。在今河南洛陽市東北漢魏故城南。

[7]【今注】不造：不幸。

[8]【今注】遂平：太平。

臣聞君不稽古，無以承天；[1]臣不述舊，無以奉君。昔堯殂之後，[2]舜仰慕三年，坐則見堯於牆，食則覩堯於羹。[3]斯所謂聿追來孝，不失臣子之節者。[4]太尉李固，因公假私，依正行邪，離閒近戚，自隆支黨。至於表舉薦達，例皆門徒；及所辟召，靡非先舊。或富室財賂，或子壻婚屬，其列在官牒者凡四十九人。[5]

［1］【李賢注】《書》曰："粤若稽古帝堯。"鄭玄注曰："稽，同也。古，天也。言能同天而行者帝堯。"

［2］【今注】殂：死。

［3］【李賢注】《太公兵法》曰："帝堯王天下之時，金銀珠玉弗服也，錦繡文綺弗衣也，奇怪異物弗視也，玩好之器弗寶也，淫佚之樂弗聽也，宫垣室屋弗堊色也，榱桷柱楹弗藻飾也，茅茨之蓋弗翦齊也，滋味重累弗食也，温飯煖羹酸餧不易也。"

［4］【李賢注】聿，述也。《詩·大雅》曰："文王烝哉，遹追來孝。"言文王能述追王季勤孝之行也（王季，紹興本誤作"工季"）。

［5］【今注】官牒：記載官爵的名録。

又廣選賈豎，[1]以補令史；募求好馬，[2]臨窗呈試。[3]出入踰侈，輜軿曜日。[4]大行在殯，[5]路人掩涕，固獨胡粉飾貌，[6]搔頭弄姿，[7]槃旋偃仰，[8]從容冶步，[9]曾無慘怛傷悴之心。山陵未成，違矯舊政，善則稱己，過則歸君，斥逐近臣，不得侍送，作威作福，莫固之甚。

［1］【今注】賈豎：對商人的貶稱。

［2］【今注】案，募，大德本作"慕"。

［3］【今注】呈試：舉薦考試。

[4]【今注】輜（zī）軿（píng）：四面都有帷蓬屏蔽的車。

[5]【今注】大行：皇帝初崩未有謚號時的稱呼。

[6]【今注】胡粉：用來搽臉的鉛粉。惠棟《後漢書補注》："高誘注《吕覽》曰，紂作胡粉，今人業之。曹子建搔頭傅粉，蓋漢末有是飾也。"

[7]【李賢注】《西京雜記》曰："武帝遇李夫人，就取玉簪搔頭，自此宫人搔頭皆用玉。"【今注】搔頭：髮簪。

[8]【今注】槃旋：盤旋。　偃仰：俯仰。

[9]【今注】冶步：步態妖冶嫵媚。

臣聞台輔之位，[1]實和陰陽，琁機不平，寇賊姦軌，[2]則責在太尉。[3]固受任之後，東南跋扈，兩州數郡，[4]千里蕭條，兆人傷損，大化陵遲，[5]而詆疵先主，苟肆狂狷。[6]存無廷争之忠，没有誹謗之説。夫子罪莫大於累父，臣惡莫深於毁君。固之過釁，事合誅辟。[7]

[1]【今注】台輔：三公宰輔之位。

[2]【李賢注】《書》曰："琁機玉衡以齊七政（機，殿本作'璣'）。"孔安國注曰："琁，美玉也。機（機，殿本作'璣'），衡也。王者正天文之器（王，大德本、紹興本作'玉'），可運轉者也。"又曰："寇賊姦軌。"注曰："群行攻劫曰寇，殺人曰賊，在外曰姦，在内曰軌。"【今注】琁機：古代觀測天象的儀器中能運轉的部分。亦指整個測天儀器。亦作"琁璣""璿璣"。機，殿本作"璣"。　姦軌：犯法作亂的人。

[3]【李賢注】《續漢志》曰"太尉掌四方兵事功課，歲盡則奏殿最而行賞罰"也。

［4］【李賢注】謂九江賊徐鳳、馬免等攻燒城邑，廣陵賊張嬰等攻殺江都長。九江、廣陵是荊、楊之地，故云兩州也。【今注】兩州：九江、廣陵。九江，郡名。治壽春縣（今安徽壽縣）。廣陵，郡國名。治廣陵縣（今江蘇揚州市西北）。

［5］【今注】陵遲：衰頹，衰落。猶“陵夷”。

［6］【今注】狂狷：這裏指放縱而不遵禮法。

［7］【李賢注】據《吴祐傳》，此章馬融之詞。【今注】辟：大辟之刑，即死刑。案，曹金華《後漢書稽疑》指出，王先謙《後漢書集解》引沈欽韓説，謂史不指融名，又其事爲梁太后所寢得已。袁宏《後漢紀》於桓帝初元劉文謀立清河王，李固等下獄，乃云融爲冀作表，吴祐謂融曰“李公之罪成於卿手”。范於《祐傳》亦載其事。則融所奏即固被誅事，不在質帝時。沈説是。（第832頁）

書奏，冀以白太后，使下其事。太后不聽，得免。冀忌帝聰慧，恐爲後患，遂令左右進鴆。[1]帝苦煩甚，使促召固。固入，前問：“陛下得患所由？”帝尚能言，曰：“食煑餅，[2]今腹中悶，[3]得水尚可活。”時冀亦在側，曰：“恐吐，不可飲水。”語未絶而崩。固伏尸號哭，推舉侍醫。冀慮其事泄，大惡之。因議立嗣，固引司徒胡廣、司空趙戒，[4]先與冀書曰：“天下不幸，仍遭大憂。皇太后聖德當朝，攝統萬機，明將軍體履忠孝，憂存社稷，而頻年之閒，國祚三絶。[5]今當立帝，天下重器，誠知太后垂心，將軍勞慮，詳擇其人，務存聖明。然愚情眷眷，竊獨有懷。遠尋先世廢立舊儀，近見國家踐祚前事，未嘗不詢訪公卿，廣求群議，令上應天心，下合衆望。且永初以來，[6]政事多謬，地震宫廟，彗星竟天，誠是將軍用情之日。傳曰：‘以天下與人易，爲天下得人難。’[7]昔昌邑之立，昏亂日滋，霍光憂愧發憤，悔之折骨。[8]自非博陸忠勇，[9]延年奮發，大漢之祀，幾將傾矣。[10]至憂至重，可不熟慮！悠悠萬事，唯此爲大。國之興衰，在此一舉。”冀得書，乃召三公、中二千石、列侯大議所立。固、廣、戒及大鴻臚杜喬皆以爲清河王蒜明德著聞，[11]又屬最尊親，宜立爲嗣。

[1]【今注】鴆：傳説中的一種毒鳥。把它的羽毛放在酒裏，可以毒殺人。這裏指毒藥。

[2]【今注】煑餅：湯煮的麵食。

[3]【今注】案，今，大德本、殿本作“令”。

[4]【李賢注】《謝承書》，“戒字志伯，蜀郡成都人也。戒博學明經講授，舉孝廉，累遷荆州刺史。梁商弟讓爲南陽太守，恃椒房之寵，不奉法，戒到州，劾奏之。遷戒河間相（大德本、殿本無‘戒’字）。以冀部難理，整厲威嚴。遷南陽太守（大德本、殿本‘遷’後有‘戒’字）。糾豪傑，恤吏人，奏免中官貴戚子弟爲令長貪濁者。徵拜爲尚書令，出爲河南尹，轉拜太常。永和六年特拜司空”也。【今注】胡廣：字伯始，南郡華容（今湖北潛江市西南）人。傳見本書卷四四。　趙戒：字志伯，蜀郡成都（今四川成都市）人。博學明經，舉孝廉，遷荆州刺史。梁商弟梁讓爲南陽太守，恃皇后之寵，不奉法，爲戒劾奏。東漢順帝時累官至太尉。質帝卒，懾於梁冀權勢，定策立桓帝，封厨亭侯。

[5]【李賢注】順帝崩，沖帝立一年崩，質帝一年崩。

[6]【今注】永初：東漢安帝劉祜年號（107—113）。

[7]【今注】案，語見《孟子·滕文公上》。

［8］【李賢注】昌邑王賀，武帝孫昌邑哀王子也（大德本、殿本無“孫”字）。昭帝崩，霍光立之（大德本無“之”字）。【今注】昌邑：昌邑王劉賀。傳見《漢書》卷六三。

［9］【李賢注】霍光封博陸侯。《前書音義》曰：“博，大。陸，平。取其嘉名，無此縣也。食邑北海、河東也。”

［10］【李賢注】霍光召丞相已下議曰：“昌邑王行昏亂，恐危社稷，如何？”群臣皆驚愕失色。大司農田延年前離席案劍曰：“今日之議，不得旋踵，群臣後應者，臣請劍斬之！”於是廢立遂定。【今注】延年：田延年。傳見《漢書》卷九〇。

［11］【今注】大鴻臚：官名。秦置典客，掌諸歸義蠻夷。西漢景帝中更名大行令，武帝太初元年（前104）更名大鴻臚。成帝河平元年（前28）罷典屬國併大鴻臚。王莽時改稱典樂。東漢復稱大鴻臚。九卿之一，秩中二千石。本書《百官志二》：“大鴻臚，卿一人，中二千石。本注曰：掌諸侯及四方歸義蠻夷。其郊廟行禮，贊導，請行事，既可，以命群司。諸王入朝，當郊迎，典其禮儀。及郡國上計，匡四方來，亦屬焉。皇子拜王，贊授印綬。及拜諸侯、諸侯嗣子及四方夷狄封者，臺下鴻臚召拜之。王薨則使弔之，及拜王嗣。”

先是蠡吾侯志當取冀妹，[1]時在京師，冀欲立之。衆論既異，憤憤不得意，而未有以相奪。[2]中常侍曹騰等聞而夜往説冀曰：[3]“將軍累世有椒房之親，秉攝萬機，賓客縱横，多有過差。清河王嚴明，若果立，則將軍受禍不久矣。不如立蠡吾侯，富貴可長保也。”冀然其言。明日重會公卿，冀意氣凶凶，而言辭激切。自胡廣、趙戒以下，莫不懾憚之。皆曰：“惟大將軍令。”而固獨與杜喬堅守本議。冀厲聲曰：“罷會。”固意既不從，猶望衆心可立，復以書勸冀。冀愈激怒，[4]乃説太后先策免固，竟立蠡吾侯，是爲桓帝。後歲餘，甘陵劉文、魏郡劉鮪各謀立蒜爲天子，[5]梁冀因此誣固與文、鮪共爲妖言，[6]下獄。門生勃海王調貫械上書，[7]證固之枉，[8]河内趙承等數十人亦要鈇鑕詣闕通訴，[9]太后明之，乃赦焉。及出獄，京師市里皆稱萬歲。冀聞之大驚，畏固名德終爲己害，乃更據奏前事，遂誅之，時年五十四。[10]

[1]【今注】案，當，殿本誤作“常”。

[2]【李賢注】未有别理而易奪之。

[3]【今注】曹騰：字季興，沛國譙（今安徽亳州市）人。傳見本書卷七八。

[4]【今注】案，大德本、殿本無“冀”字。

[5]【今注】甘陵：縣名。治所在今山東臨清市東。曹金華《後漢書稽疑》以爲當作“清河”。　魏郡：治鄴縣（今河北臨漳縣西南）。

[6]【今注】妖言：又作“訞言”“祅言”，罪名。古代重罪之一，指利用災異、鬼神等散播危害政治統治的言論。《史記》卷一〇《孝文本紀》：“今法有誹謗妖言之罪，是使衆臣不敢盡情，而上無由聞過失也。”（參見吕宗力《漢代“妖言”探討》，《中國史研究》2006 年第 4 期）

[7]【今注】勃海：郡名。治南皮縣（今河北南皮縣北）。　貫械：戴着刑具。

[8]【今注】枉：指冤屈。

[9]【李賢注】《字林》曰：“鈇鑕，椹也。”鑕音質。椹音竹心反。【今注】河内：郡名。治懷縣（今河南武陟縣西南）。　要：

繫在腰間。　鈇鑕：古代斬人的刑具。鑕，墊在下面的砧板。　詣闕：到達宫闕之下。意謂入宫面聖。

［10］【李賢注】固臨終，勑子孫素棺三寸，幅巾，殯殮於本郡墝埆之地，不得還墓塋，污先公兆域。見《謝承書》也。【今注】案，曹金華《後漢書稽疑》指出，《水經注·江水》載李固《與弟圄書》曰"固今年五十七，鬢髮已白，所謂容身而遊，滿腹而去，周觀天下，獨未見益州耳"，二者必有一誤（第833頁）。

臨命，[1]與胡廣、趙戒書曰："固受國厚恩，是以竭其股肱，不顧死亡，志欲扶持王室，比隆文、宣。[2]何圖一朝梁氏迷謬，公等曲從，以吉爲凶，成事爲敗乎？漢家衰微，從此始矣。公等受主厚禄，顛而不扶，傾覆大事，後之良史，豈有所私？固身已矣，於義得矣，夫復何言！"廣、戒得書悲慙，皆長歎流涕。州郡收固二子基、兹於郾城，皆死獄中。[3]小子燮得脱亡命。冀乃封廣、戒而露固尸於四衢，[4]令有敢臨者加其罪。

［1］【今注】案，命，大德本、殿本作"終"。

［2］【李賢注】文帝、宣帝皆群臣迎立，能興漢祚。

［3］【李賢注】《續漢書》曰，基，偃師長。袁宏《紀》曰（宏，大德本作"公"），基字憲公，兹字季公，並爲長史，聞固策免，並弃官亡歸巴漢（弃，大德本作"去"）。南鄭趙子賤爲郡功曹，詔下郡殺固二子（殺，紹興本作"卲"）。太守知其枉，遇之甚寬，二子託服藥死（死，紹興本作"夭"），具棺器，欲因出逃。子賤畏法，勑吏驗實，就殺之。【今注】案，兹，大德本作"滋"。　郾城：郾縣。治所在今河南漯河市郾城區南。曹金華

《後漢書稽疑》以爲，“郾城”或因基爲偃師長而誤。本傳注引《續漢書》：“基，偃師長。”然據注引《後漢紀》曰“基字憲公，兹字季公，並爲長史，聞固策免，並棄官亡歸巴漢，南鄭趙子賤爲郡功曹，詔下郡殺固二子”，則固二子必不收於郾城獄。本傳下文“固既策罷，知不免禍，乃遣三子歸鄉里”，《華陽國志》卷一〇下載“父爲梁冀所免，兄憲公、季公罷官歸”可證。故王先謙《後漢書集解》引沈欽韓説，謂“‘郾’監本作‘偃’。按《傳》云遣三子歸鄉里，又云下郡收固三子，則基、兹之死當在漢中本郡，云郾城誤”。(第 833 頁）郾，大德本、殿本作“偃”。

[4]【李賢注】《爾雅》曰：“四達謂之衢。”郭璞注曰：“交通四出者也。”

固弟子汝南郭亮，[1]年始成童，[2]遊學洛陽，乃左提章鉞，[3]右秉鈇鑕，詣闕上書，乞收固屍。不許，因往臨哭，陳辭於前，遂守喪不去。夏門亭長呵之曰：[4]“李、杜二公爲大臣，不能安上納忠，而興造無端。卿曹何等腐生，公犯詔書，干試有司乎？”[5]亮曰：“亮含陰陽以生，戴乾履坤。義之所動，豈知性命，何爲以死相懼？”亮長歎曰：[6]“居非命之世，[7]天高不敢不跼，地厚不敢不蹐。[8]耳目適宜視聽，口不可以妄言也。”太后聞而不誅。南陽人董班亦往哭固，而殉尸不肯去。[9]太后憐之，乃聽得襚斂歸葬。[10]二人由此顯名，三公並辟。班遂隱身，莫知所歸。固所著章、表、奏、議、教令、對策、記、銘凡十一篇。[11]弟子趙承等悲歎不已，乃共論固言迹，以爲《德行》一篇。[12]

[1]【李賢注】《謝承書》曰：“亮字恒直，朗陵人也。”【今

注】汝南：郡名。治平輿縣（今河南平輿縣北）。案，曹金華《後漢書稽疑》指出，王先謙《後漢書集解》引沈欽韓説，謂據《汝南先賢傳》“郭亮童幼之年，則有尚義之心，年十四始欲出學，聞潁川杜周甫開精黌於長社，亮造門而師學焉”，則亮非李固弟子，大概是博士弟子慕義者。又《藝文類聚》卷九七引《謝承書》謂“郭涼師事杜喬，李固之誅，詣闕上書”，與本傳亮“詣闕上書，乞收固屍”類同，疑“涼”乃“亮”之訛。（第833頁）

［2］【李賢注】成童，年十五也。《禮記》曰“十五成童，舞象”也。

［3］【李賢注】章謂所上章也。《蒼頡篇》曰（蒼，大德本作“倉”）：“鉞，斧也。”

［4］【李賢注】洛陽北面西頭門，門外有萬壽亭。【今注】案，王先謙《後漢書集解》引杭世駿曰：“夏門亭長即杜喬故掾陳留楊匡也。見下《喬傳》。”王補曰：“案《杜喬傳》喬故掾陳留楊匡著故赤幘，託爲夏門亭吏。夫既曰託爲亭吏，則《李固傳》所謂夏門亭長者非即楊匡明矣，特此亭長亦非常人耳。味其所以呵止郭亮者，殆故謬爲是語以顯斥之。若誠守露尸禁臨之令不少寬假焉者，庶亮與董班得相踵守喪、殉尸而不去耳，意將如杵臼之詬程嬰乎？而史軼其名氏，惜哉！”

［5］【李賢注】腐生者，猶言腐儒也。

［6］【今注】案，亮，殿本作“亭”。

［7］【李賢注】非命謂衰亂之時，人多不得其死也。

［8］【李賢注】跼，曲也。蹐，累足也。言天高而有雷霆，地厚而有淪陷，上下皆可畏懼也。《詩》云“謂天蓋高，不敢不跼，謂地蓋厚，不敢不蹐”也。【今注】跼：音jú。　蹐：後脚緊跟着前脚走路。

［9］【李賢注】殉，巡也。《楚國先賢傳》曰：“班字季，宛人也。少遊太學，宗事李固，才高行美，不交非類。常耦耕澤畔

（常，紹興本、殿本作‘嘗’），惡衣蔬食。聞固死，乃星行奔赴，哭泣盡哀。司隸案狀奏聞，天子釋而不罪。班遂守尸積十日不去。桓帝嘉其義烈，聽許送喪到漢中，赴葬畢而還也。”

［10］【今注】襚斂：給死者穿衣入棺。

［11］【今注】教令：公文文體。教化與命令。《文心雕龍·詔策篇》：“教，效也，出言而民效也。”《文心雕龍·書記篇》：“令者，命也，出命申禁，有若自天；管仲下命如流水，使民從也。”銘：文體。始於三代金石銘刻，後逐漸演變爲頌揚、鑒戒的文體。

［12］【李賢注】《謝承書》曰：“固所授弟子，潁川杜訪、汝南鄭遂、河内趙承七十二人（紹興本、大德本、殿本‘承’後有‘等’字），相與哀歎悲憤，以爲眼不復瞻固形容，耳不復聞固嘉訓，乃共論集《德行》一篇。”

燮字德公。初，固既策罷，知不免禍，乃遣三子歸鄉里。時燮年十三，姊文姬爲同郡趙伯英妻，賢而有智，見二兄歸，具知事本，默然獨悲曰：“李氏滅矣！自太公已來，積德累仁，何以遇此？”[1]密與二兄謀豫藏匿燮，託言還京師，人咸信之。有頃難作，下郡收固三子。二兄受害，文姬乃告父門生王成曰：“君執義先公，[2]有古人之節。今委君以六尺之孤，[3]李氏存滅，其在君矣。”成感其義，乃將燮乘江東下，入徐州界内，令變名姓爲酒家傭，[4]而成賣卜於市。各爲異人，陰相往來。燮從受學，[5]酒家異之，意非恒人，以女妻燮。燮專精經學。

［1］【李賢注】太公謂祖父郃也。【今注】案，已，殿本作

“以”。

［2］【今注】執義：堅持符合道義之事。

［3］【李賢注】六尺謂年十五以下。

［4］【李賢注】《謝承書》曰：“燮遠遁身於北海劇，託命滕咨家以得免。”與此不同。【今注】案，曹金華《後漢書稽疑》指出，《後漢紀》卷二一、《太平御覽》卷四二〇引《續漢書》、《華陽國志》卷一〇上同本傳，而《李固别傳》作“臨淄界内”，與《謝承書》近之（第834頁）。

［5］【今注】案，從受，大德本作“往從”。

十餘年閒，梁冀既誅而災眚屢見。明年，史官上言宜有赦令，又當存録大臣冤死者子孫，於是大赦天下，并求固後嗣。燮乃以本末告酒家，酒家具車重厚遣之，皆不受，遂還鄉里，追服。[1]姊弟相見，悲感傍人。既而戒燮曰：“先公正直，爲漢忠臣，而遇朝廷傾亂，梁冀肆虐，令吾宗祀血食將絶。[2]今弟幸而得濟，豈非天邪！宜杜絶衆人，勿妄往來，慎無一言加於梁氏。加梁氏則連主上，禍重至矣。唯引咎而已。”燮謹從其誨。後王成卒，燮以禮葬之，感傷舊恩，每四節爲設上賓之位而祠焉。[3]州郡禮命，四府並辟，[4]皆無所就，後徵拜議郎。及其在位，廉方自守，所交皆舍短取長，好成人之美。時潁川荀爽、賈彪，[5]雖俱知名而不相能，燮並交二子，情無適莫，世稱其平正。[6]

［1］【今注】追服：追加服喪。

［2］【今注】血食：謂鬼神享受牲牢的祭祀。古代殺牲取血以祭，故稱。

［3］【今注】四節：四季。案，曹金華《後漢書稽疑》："本傳謂爕赦後回歸鄉里，後王成卒云云，《御覽》卷四二〇引《續漢書》同，而《後漢紀》卷二一作'會赦得免，而成病卒，爕厚葬之'，然後方述歸鄉里事，與二書異。"（第834頁）

［4］【今注】四府：指太尉、司徒、司空、大將軍府。

［5］【今注】潁川：郡名。治陽翟縣（今河南禹州市）。案，潁，大德本誤作"穎"。下文同。　荀爽：字慈明，潁川潁陰（今河南許昌市）人。傳見本書卷六二。　賈彪：字偉節，潁川定陵（今河南舞陽縣東北）人。傳見本書卷六七。

［6］【李賢注】《論語》曰："君子之於天下也，無適也，無莫也，義之與比。"【今注】適莫：偏頗厚薄。適，厚；莫，薄。

靈帝時拜安平相。[1]先是安平王續爲張角賊所略，[2]國家贖王得還，朝廷議復其國。爕上奏曰："續在國無政，爲妖賊所虜，守藩不稱，損辱聖朝，不宜復國。"時議者不同，而續竟歸藩。爕以謗毁宗室，輸作左校。[3]未滿歲，王果坐不道被誅，乃拜爕爲議郎。京師語曰："父不肯立帝，子不肯立王。"擢遷河南尹。[4]時既以貨賂爲官，詔書復横發錢三億，以實西園。[5]爕上書陳諫，辭義深切，帝乃止。[6]先是潁川甄邵諂附梁冀，爲鄴令。[7]有同歲生得罪於冀，亡奔邵，邵僞納而陰以告冀，冀即捕殺之。邵當遷爲郡守，會母亡，邵且埋屍於馬屋，[8]先受封，然後發喪。邵還至洛陽，爕行塗遇之，使卒投車於溝中，笞捶亂下，[9]大署帛於其背曰"諂貴賣友，[10]貪官埋母"。乃具表其狀。邵遂廢錮終身。爕在職二年卒，時人感其世忠正，咸傷惜焉。

［1］【今注】安平：諸侯王國名。都信都縣（今河北衡水市冀州區）。

［2］【今注】張角：鉅鹿郡（今河北寧晉縣）人。以符咒治病聚衆，號太平道。東漢靈帝時，自稱黄天，揭竿起義。徒衆皆著黄巾，時稱黄巾賊，起義不久就病逝。

［3］【今注】輸作：罰作勞役。　左校：官署名。屬將作大匠，長官爲左校令，本書《百官志四》："左校令一人，六百石。本注曰：掌左工徒。丞一人。"

［4］【今注】河南尹：東漢光武帝建武十五年（39）置。爲京都雒陽所在河南郡長官。主掌京都事務，春行屬縣，勸農桑，振乏絶；秋冬案訊囚徒，平其罪法；歲終遣吏上計；並舉孝廉，典禁兵。秩二千石。案，曹金華《後漢書稽疑》指出，"河南尹"疑作"京兆尹"。《後漢紀》卷二一、《藝文類聚》卷一九、《太平御覽》卷四六五引《續漢書》、《華陽國志》卷一〇下《先賢士女總贊》皆作"京兆尹"。（第834頁）京兆尹，西漢京畿地方行政長官之一。西漢武帝太初元年（前104）改右内史置，職掌如郡太守。其地屬京畿，爲"三輔"之一，故不稱郡。因治京師，又得參與朝政，故又有中央官性質。秩中二千石（一説秩二千石），地位高於郡守，位列九卿。東漢遷都雒陽，以三輔陵廟所在，故不改其號，唯改其秩爲二千石。

［5］【李賢注】事見《宦者傳》。【今注】案，本書卷八《靈帝紀》："初開西邸賣官，自關内侯、虎賁、羽林，入錢各有差。"李賢注引《山陽公載記》曰："時賣官，二千石二千萬，四百石四百萬，其以德次應選者半之，或三分之一，於西園立庫以貯之。"

［6］【今注】案，周天游《八家後漢書輯注》輯司馬彪《續漢書》卷四："李燮拜京兆尹，詔發西園錢，燮上封事，遂止不發。吏民愛敬，乃謡曰：'我府君，道教舉，恩如春，威如虎，剛不吐，弱不茹，愛如母，訓如父。'"（第455頁）

［7］【今注】鄴：縣名。治所在今河北臨漳縣西南。

［8］【今注】馬屋：馬厩。

［9］【今注】笞捶：以竹木之類的棍條抽打。

［10］【今注】案，惠棟《後漢書補注》引惠士奇："《周官》注曰，明刑書其罪惡於大方版，著其背。賈山云，衣赭衣書其背。漢之罪人如此。"署，大德本作"著"。

杜喬字叔榮，河內林慮人也。[1]少爲諸生，舉孝廉，辟司徒楊震府。[2]稍遷爲南郡太守，[3]轉東海相，[4]入拜侍中。漢安元年，[5]以喬守光禄大夫，[6]使徇察兖州。[7]表奏太山太守李固政爲天下第一；陳留太守梁讓、濟陰太守汜宫、濟北相崔瑗等臧罪千萬以上。[8]讓即大將軍梁冀季父，宫、瑗皆冀所善。還，拜太子太傅，[9]遷大司農。

［1］【李賢注】《續漢書》曰："累祖吏二千石（祖，大德本作'世'）。喬少好學，治《韓詩》《京氏易》《歐陽尚書》，以孝稱。雖二千石子，常步擔求師。"林慮，今相州縣也。【今注】林慮：縣名。治所在今河南林州市。

［2］【今注】楊震：字伯起，弘農華陰（今陝西華陰市東）人。傳見本書卷五四。

［3］【今注】南郡：治江陵縣（今湖北荆州市荆州城西北）。

［4］【今注】東海：諸侯王國名。治郯縣（今山東郯城縣西北）。

［5］【今注】漢安：東漢順帝劉保年號（142—144）。

［6］【今注】光禄大夫：官名。西漢武帝時改中大夫置，掌論議。屬光禄勳，秩比二千石。西漢晚期，多作爲貴戚重臣的加官。無員限。東漢時，因權臣不復冠此號，漸成閑散之職，雖仍掌顧問

應對，但多用以拜假賵贈之使，及監護諸國嗣喪事。本書《百官志二》："光禄大夫，比二千石。本注曰：無員。凡大夫、議郎皆掌顧問應對，無常事，唯詔令所使。凡諸國嗣之喪，則光禄大夫掌弔。"

［7］【今注】徇察：巡行察訪。　兖州：西漢武帝時所置十三刺史部之一。下轄陳留、東郡、東平、任城、泰山、濟北、山陽、濟陰八郡。治所在昌邑縣（今山東巨野縣東南昌邑故城）。

［8］【今注】濟陰：郡名。治定陶縣（今山東菏澤市定陶區西北）。　濟北：諸侯王國名。治盧縣（今山東濟南市長清區西南）。　崔瑗：字子玉，涿郡安平（今河北安平縣）人。傳見本書卷五二。

［9］【今注】太子太傅：官名。漢置。職掌保養、輔翼、教育、監護太子。秩二千石，位次太常。東漢秩中二千石。太傅，紹興本作"大傅"。

時梁冀子弟五人及中常侍等以無功並封，喬上書諫曰："陛下越從藩臣，龍飛即位，天人屬心，萬邦攸賴。不急忠賢之禮，而先左右之封，傷善害德，興長佞諛。臣聞古之明君，褒罰必以功過；末世闇主，[1]誅賞各緣其私。今梁氏一門，宦者微孽，[2]並帶無功之紱，[3]裂勞臣之土，其爲乖濫，胡可勝言！夫有功不賞，[4]爲善失其望；姦回不詰，[5]爲惡肆其凶。故陳資斧而人靡畏，班爵位而物無勸。[6]苟遂斯道，豈伊傷政，[7]爲亂而已，喪身亡國，可不慎哉！"書奏不省。益州刺史种暠舉劾永昌太守劉君世以金蛇遺梁冀，[8]事發覺，以蛇輸司農。冀從喬借觀之，喬不肯與，冀始爲恨。累遷大鴻臚。時冀小女死，令公卿會喪，喬獨不往，冀又銜之。[9]遷光禄勳。建和元年，[10]代胡廣爲太尉。

[1]【今注】闇：愚昧，糊塗。

[2]【李賢注】孽音魚列反。《公羊傳》曰："臣僕庶孽之事。"何休注云："孽，賤子也，猶樹之有孽生也。"

[3]【李賢注】《蒼頡篇》："綅，綬也。"

[4]【今注】案，夫，紹興本作"天"。

[5]【今注】姦回：奸惡邪僻的人。　詰：追查，查辦。

[6]【李賢注】《易·旅卦》九四曰："旅于處，得其資斧。"《前書音義》曰："資，利也。"【今注】物：人。　勸：勉勵。

[7]【今注】伊：語氣助詞。

[8]【今注】益州：西漢武帝時所置十三刺史部之一。下轄漢中、巴郡、廣漢、蜀郡、犍爲、牂牁、越巂、益州、永昌九郡。治雒縣（今四川廣漢市北）。　种暠：字景伯，河南洛陽（今河南洛陽市東北）人。傳見本書卷五六。　永昌：郡名。治不韋縣（今雲南保山市隆陽區）。

[9]【今注】銜：懷恨。

[10]【今注】建和：東漢桓帝劉志年號（147—149）。

桓帝將納梁冀妹，冀欲令以厚禮迎之，喬據執舊典，不聽。[1]又冀屬喬舉氾宫爲尚書，喬以宫臧罪明著，遂不肯用，因此日忤於冀。先是李固見廢，内外喪氣，群臣側足而立，唯喬正色無所回橈。[2]由是海内歎息，朝野瞻望焉。在位數月，以地震免。宦者唐衡、左悺等因共譖於帝曰：[3]"陛下前當即位，喬與李固抗議言上不堪奉漢宗祀。"[4]帝亦怨之。及清河王蒜事起，梁冀遂諷有司劾喬及李固與劉鮪等交通，請逮案罪。而梁太后素知喬忠，但策免而已。[5]冀愈怒，使人脅喬曰："早從宜，妻子可得全。"[6]喬不肯。明日冀遣騎至其門，不聞哭者，遂白執繫之，死獄中。妻子歸故郡。與李固俱暴尸於城北，家屬故人莫敢視者。

［1］【李賢注】時有司奏曰："《春秋》迎王后于紀，在塗則稱后。今大將軍冀女弟宜備禮章，時進徵幣。"奏可。於是悉依孝惠帝納后故事，聘黄金二萬斤（二，大德本、殿本作"一"），納采鴈璧乘馬，一依舊典（殿本"典"後有"也"字）。

［2］【李賢注】回，邪也。橈，曲也。

［3］【今注】唐衡：東漢宦官。潁川郾（今河南漯河市郾城區南）人。因誅殺外戚梁冀有功，封汝陽侯。　左悺：河南尹平陰縣（今河南孟津縣東北）人，因參與誅殺外戚梁冀，封上蔡侯。爲人專横，有"左回天"之稱，生活奢靡，宗族子弟爲禍一方，後被司隸校尉韓演彈劾，自殺。

［4］【李賢注】抗，舉也。

［5］【李賢注】《續漢書》曰："喬諸生耿伯嘗與鮪同止，冀諷吏執鮪爲喬門生。"

［6］【李賢注】從宜，令其自盡也。

喬故掾陳留楊匡聞之，號泣星行到洛陽，[1]乃著故赤幘，[2]託爲夏門亭吏，守衛尸喪，驅護蠅蟲，積十二日，都官從事執之以聞。梁太后義而不罪。[3]匡於是帶鈇鑕詣闕上書，并乞李、杜二公骸骨。太后許之。成禮殯斂，送喬喪還家，葬送行服，隱匿不仕。匡初好學，常在外黄大澤教授門徒。[4]補蘄長，[5]政有異績，遷平原令。[6]時國相徐曾，中常侍璜之兄也，[7]匡恥與接事，託疾牧豕云。[8]

［1］【今注】星行：連夜急行。

［2］【今注】幘：束髮的頭巾。

［3］【今注】案，大德本、殿本無"梁"字。

［4］【今注】外黄：縣名。治所在今河南蘭考縣東南。

［5］【李賢注】蘄，今徐州縣也，音機。【今注】蘄：縣名。治所在今安徽宿州市南四十里蘄縣鎮。蘄，大德本誤作"靳"。

［6］【今注】平原：縣名。治所在今山東平原縣南。

［7］【今注】璜：徐璜。東漢宦官。下邳良城（今江蘇邳州市東）人，因參與誅殺外戚梁冀，封武原侯。爲人專横，有"徐卧虎"之稱，生活奢靡，宗族子弟爲禍一方。

［8］【李賢注】《袁山松書》，匡一名章，字叔康也。【今注】案，託，大德本誤作"記"。

論曰：夫稱仁人者，[1]其道弘矣！[2]立言踐行，[3]豈徒徇名安己而已哉，[4]將以定去就之概，正天下之風，使生以理全，死與義合也。[5]夫專爲義則傷生，[6]專爲生則騫義，[7]專爲物則害智，[8]專爲己則損仁。若義重於生，舍生可也；生重於義，全生可也。[9]上以殘闇失君道，下以篤固盡臣節。臣節盡而死之，則爲殺身以成仁，去之不爲求生以害仁也。[10]順、桓之閒，國統三絶，太后稱制，賊臣虎視。李固據位持重，以争大義，確乎而不可奪。[11]豈不知守節之觸禍，恥夫覆折之傷任也。[12]觀其發正辭，及所遺梁冀書，雖機失謀乖，猶戀戀而不能已。至矣哉，社稷之心乎！其顧視胡廣、趙戒，猶糞土也。

［1］【今注】案，大德本、殿本無“人”字。

［2］【李賢注】弘，大也。言非一塗也。

［3］【李賢注】立其言，必踐而行之。

［4］【李賢注】徇，求也。

［5］【李賢注】概，節也。立身之道，唯孝與忠，全生死之義（生死，大德本、殿本作“死生”），須得其所。

［6］【李賢注】貴義則賤生也。

［7］【李賢注】騫，違也。【今注】騫：王先謙《後漢書集解》曰：“騫，虧也。”

［8］【李賢注】爲物則役智，故爲害。

［9］【李賢注】孟子曰：“魚我所欲，熊掌我所欲也。二者不可得兼，舍魚而取熊掌者也。生亦我所欲也，義亦我所欲也。二者不可得兼，舍生而取義者也。”

［10］【李賢注】《論語》：“無求生以害仁，有殺身以成仁。”

［11］【李賢注】確，堅貌也。《易》曰：“確乎其不可拔。”《論語》曰：“臨大節而不可奪。”

［12］【李賢注】《易》曰：“鼎折足，覆公餗。”言不勝其任（殿本“任”後有“也”字）。

贊曰：李、杜司職，朋心合力。[1]致主文、宣，抗情伊、稷。[2]道亡時晦，終離罔極。[3]爕同趙孤，[4]世載弦直。[5]

［1］【李賢注】朋猶同也。

［2］【李賢注】伊尹、后稷也。【今注】抗情：堅持高尚的情操。　伊：伊尹。名阿衡，一説名摯。相傳爲奴隸，有莘氏女嫁商湯，他作爲陪嫁媵臣事湯。後被任以國政，助湯攻滅夏桀，建立商朝。湯卒，立子外丙、中壬，後又佐湯孫太甲即位。太甲淫暴，他

放逐太甲，後太甲悔改，接回復位。沃丁時病卒。一説太甲潛歸，殺伊尹。　稷：后稷。周之始祖。名弃。其母有邰氏女，曰姜原。姜原爲帝嚳元妃。姜原在郊外，見巨人足迹，踐之而有孕，生弃。舜封弃於邰，號曰后稷，擅長播種百穀。别姓姬氏。

［3］【李賢注】離，被也。《毛詩》曰："讒人罔極。"【今注】罔極：無窮。借指讒言。

［4］【李賢注】趙朔之子趙武。《史記》曰，晋景公三年，大夫屠岸賈殺趙朔，朔客程嬰、公孫杵臼匿朔遺腹子於中山。居十五年，後景公與韓厥立趙孤，而攻滅屠岸賈也。

［5］【李賢注】載，行也。

後漢書　卷六四

列傳第五十四

吳祐　延篤　史弼　盧植　趙岐

吳祐字季英，[1]陳留長垣人也。[2]父恢，爲南海太守。[3]祐年十二，隨從到官。恢欲殺青簡以寫經書，[4]祐諫曰："今大人踰越五領，[5]遠在海濱，其俗誠陋，然舊多珍怪，上爲國家所疑，下爲權戚所望。[6]此書若成，則載之兼兩。[7]昔馬援以薏苡興謗，王陽以衣囊徼名。[8]嫌疑之閒，誠先賢所慎也。"恢乃止，撫其首曰："吳氏世不乏季子矣。"[9]及年二十，喪父，居無檐石，[10]而不受贍遺。常牧豕於長垣澤中，[11]行吟經書。遇父故人，謂曰："卿二千石子而自業賤事，縱子無恥，奈先君何？"祐辭謝而已，守志如初。

[1]【李賢注】祐音又。《續漢書》作"佑"。

[2]【今注】陳留：郡名。治陳留縣（今河南開封市東南陳留鎮）。　長垣：縣名。治所在今河南長垣縣東北。

［3］【李賢注】“恢”或作“惔”，音徒濫反。【今注】南海：郡名。治番禺縣（今廣東廣州市）。

［4］【李賢注】殺青者，以火炙簡令汗，取其青易書，復不蠹，謂之殺青，亦謂汗簡。義見劉向《别録》也。【今注】案，惠棟《後漢書補注》云：“《續漢書》曰：‘恢欲殺青簡，寫《尚書章句》。’”

［5］【李賢注】領者，西自衡山之南，東至于海，一山之限耳，别標名則有五焉（標，紹興本作“摽”）。裴氏《廣州記》云：“大庾、始安、臨賀、桂陽、揭陽，是爲五領。”鄧德明《南康記》曰：“大庾，一也；桂陽甲騎（桂，紹興本作‘桂’），二也；九真都龐，三也；臨賀萌渚，四也；始安越城，五也（五，大德本作‘伍’）。”裴氏之説則爲審矣。【今注】五領：通“五嶺”。此指五處山間通道。即汀梅循道、大庾嶺道、騎田嶺道、萌渚嶺道、越城嶺道。在今湖南、江西、廣東、廣西等省邊界地區（參見趙炳林《秦代“五嶺之戍”述考——兼與林崗等先生商榷》，《中國邊疆史地研究》2018年第2期）。也有學者認爲是大庾、騎田、萌渚、都龐和越城等五座山嶺，劉新光以五嶺爲大庾嶺（位於今江西大余縣、廣東南雄市交界處）、騎田嶺（位於今湖南宜章縣、郴州市交界處）、都龐嶺（位於今湖南道縣、江永縣交界處）、萌渚嶺（位於今湖南江華縣、廣西賀州市交界處）及越城嶺（位於今湖南新寧縣、東安縣與廣西全州縣交界處）（參見劉新光《“五嶺”考辨》，《國學學刊》2009年第4期）。案，《説文》釋“嶺”，指山道。《淮南子·人間》載“使尉屠睢發卒五十萬，爲五軍，一軍塞鐔城之領，一軍守九疑之塞，一軍處番禺之都，一軍守南野之界，一軍結餘干之水”。宋人周去非《嶺外代答》卷一《五嶺》亦説，五嶺乃山道。其一自福建之汀，入廣東之循、梅；其二自江西之南安，踰大庾入南雄；其三自湖南之郴入連；其四自道入廣西之賀；其五自全入静江。又案，《史記》卷六《秦始皇本紀》云，始

皇三十四年（前213），築長城及南越地。又案，有學者認爲，五嶺本當爲古越語的漢字記音地名，泛指大山。秦漢時期的“五嶺”或即“梅嶺”，即後來的大庾嶺（參見周宏偉《“五嶺”新解》，《湘南學院學報》2014年第4期）。

［6］【李賢注】希望其贈遺也。

［7］【李賢注】車有兩輪，故稱“兩”也。

［8］【李賢注】儌，要也，音工堯反（工，大德本、殿本作“江”）。《前書》曰，王陽好車馬，衣服鮮明，而遷徙轉移，所載不過囊橐。時人怪其奢，伏其儉，故俗傳王陽能作黄金。【今注】馬援：字文淵，扶風茂陵（今陝西興平市東北）人。傳見本書卷二四。　王陽：王吉，字子陽，西漢琅邪皋虞（今山東青島市即墨區東北）人。傳見《漢書》卷七二。

［9］【李賢注】季子謂季扎也（大德本、殿本“謂”後無“季”字；扎，大德本、殿本作“札”，是）。【今注】季子：即季札，春秋吴王壽夢第四子，稱“公子札”。傳爲避王位“弃其室而耕”，人稱“延陵季子”。

［10］【今注】案，檐，殿本作“擔”。

［11］【李賢注】《續漢書》曰“年四十餘，乃爲郡吏”也。

後舉孝廉，[1]將行，郡中爲祖道，祐越壇共小史雍丘黄真歡語移時，與結友而别。[2]功曹以祐倨，[3]請黜之。太守曰：“吴季英有知人之明，卿且勿言。”真後亦舉孝廉，除新蔡長，世稱其清節。[4]時公沙穆來遊太學，[5]無資糧，乃變服客傭，[6]爲祐賃舂。祐與語大驚，遂共定交於杵臼之間。

［1］【李賢注】《陳留耆舊傳》曰：“太守冷宏召補文學，宏

見異之，擢舉孝廉。”【今注】孝廉：漢代選官科目之一。由郡、國舉孝、廉各一人。孝指善事父母，廉指廉潔正直。

［2］【李賢注】祖道之禮，封土爲軷壇也。《五經要義》曰："祖道者，行祭爲道路祈也。"《周禮·太馭》（太，大德本、殿本作"大"）："掌王玉路以祀，及祀軷（祀，大德本、殿本作'犯'）。"注云："軷祀者（軷祀，大德本作'犯之'，殿本作'犯軷'），封土象山於路側，以芻棘栢爲神主祭之，以車轢軷而去。喻無險難。"【今注】雍丘：縣名。治所在今河南杞縣。　移時：時間良久。

［3］【今注】功曹：官署名。漢始設，爲地方官府職事機構。職掌選舉，兼參諸曹事務。其主者，司隸校尉府稱功曹從事，州府稱治中從事，郡稱功曹，縣稱功曹掾。

［4］【李賢注】《謝承書》曰："真字夏甫。"【今注】新蔡：縣名。治所在今河南新蔡縣。

［5］【今注】公沙穆：字文乂，北海膠東（今山東平度市）人。傳見本書卷八二下。　太學：古代學校名稱。亦作"大學"。虞時的庠、夏的序、殷商的瞽宗、西周的辟雍，均爲古代大學。亦稱國學、國子學。

［6］【今注】變服客傭：改做佣工。

祐以光禄四行遷膠東侯相。[1]時濟北戴宏父爲縣丞，[2]宏年十六，從在丞舍。祐每行園，常聞諷誦之音，奇而厚之，亦與爲友，卒成儒宗，知名東夏，[3]官至酒泉太守。[4]祐政唯仁簡，以身率物。民有争訴者，輒閉閤自責，然後斷其訟，[5]以道譬之。或身到閭里，[6]重相和解。自是之後，争隙省息，吏人懷而不欺。嗇夫孫性私賦民錢，[7]市衣以進其父，父得而怒曰："有君如是，何忍欺之！"促歸伏罪。性慙懼，詣閤持衣自首。[8]祐屏左右問其故，性具談父言。祐曰："掾以親故，受污穢之名，所謂'觀過斯知仁矣'。"[9]使歸謝其父，還以衣遺之。又安丘男子毋丘長與母俱行市，[10]道遇醉客辱其母，長殺之而亡，安丘追蹤於膠東得之。祐呼長謂曰："子母見辱，人情所恥。然孝子忿必慮難，動不累親。[11]今若背親逞怒，[12]白日殺人，赦若非義，刑若不忍，將如之何？"長以械自繫，[13]曰："國家制法，囚身犯之。明府雖加哀矜，恩無所施。"[14]祐問長有妻子乎？對曰："有妻未有子也。"即移安丘逮長妻，妻到，解其桎梏，[15]使同宿獄中，妻遂懷孕。至冬盡行刑，長泣謂母曰："負母應死，當何以報吳君乎？"乃齧指而吞之，[16]含血言曰："妻若生子，名之'吳生'，言我臨死吞指爲誓，屬兒以報吳君。"因投繯而死。[17]

[1]【李賢注】《漢官儀》曰"四行，敦厚、質樸、遜讓、節儉"也。【今注】光禄四行：漢代選舉科目，即光禄勳舉有敦厚、質樸、遜讓、節儉等四種品行的人爲官。　膠東：封國名。都即墨縣（今山東平度市東南）。

[2]【今注】濟北：郡名。治博陽縣（今山東泰安市東南）。　戴宏：字元襄，東漢中後期名儒，官至酒泉太守。　縣丞：官名。戰國始置，爲縣令之副，助掌縣政。秦漢沿置，通常爲一員，秩四百石至二百石，由朝廷任命，主掌文書及倉獄諸事。

[3]【李賢注】東夏，東方也。《尚書》曰"尹茲東夏"也。【今注】案，宋文民《後漢書考釋》指出，成儒家者非謂祐。《藝

文類聚》卷六五、《太平御覽》卷八二四引謝承《後漢書》“卒”上有“宏”字。是當於“友”下“卒”上補“宏”字。（上海古籍出版社 1995 年版，第 263 頁）

［4］【李賢注】《濟北先賢傳》曰“宏字元襄，剛縣人也。年二十二（二十二，殿本作‘三十二’），爲郡督郵，曾以職事見詰，府君欲撻之。宏曰：‘今鄙郡遭明府，咸以爲仲尼之君，國小人少，以宏爲顏回，豈聞仲尼有撻顏回之義？’府君異其對，即日教署主簿”也。【今注】酒泉：郡名。治禄福縣（今甘肅酒泉市肅州區）。

［5］【今注】案，惠棟《後漢書補注》云：“《東觀記》‘斷’作‘科’。《釋名》曰：‘科，課也。課其不如法者罪責之也。’”

［6］【今注】閭里：里巷。平民聚居之處。

［7］【李賢注】《續漢書》曰：“賦錢三百（三，紹興本、大德本、殿本作‘五’），爲父市單衣。”【今注】嗇夫：鄉官名。掌管訴訟、賦税。王先謙《漢書補注》指出，據《漢書·百官公卿表》，鄉有嗇夫之官，“職聽訟，收賦税”。里耶秦簡、尹灣漢墓簡牘等出土文獻亦 多見“鄉嗇夫”。

［8］【今注】詣閤：到官署求見。

［9］【李賢注】《論語》載孔子之言也。【今注】掾：本義爲輔佐，後被用以統稱副官、佐吏等官署吏員。　案，仁，紹興本、大德本誤作“人”。

［10］【今注】安丘：縣名。治所在今山東安丘市西南。

［11］【李賢注】《論語》孔子曰：“忿思難。”又曰：“一朝之忿，忘其身以及其親，非惑與？”

［12］【李賢注】若，汝也。逞，快也。

［13］【李賢注】在手曰械（械，殿本作“戒”）。

［14］【今注】明府：漢魏以來，對太守、牧尹等地方行政長官稱府君或明府君，省稱爲明府。案，王先謙《後漢書集解》云：

“沈欽韓曰：‘縣令爲明府，始見於此。’……明府亦稱明廷，見《張儉傳》。侯相稱明府，見《史弼傳》。太守稱明府見《劉寵》及《杜密傳》等。”

［15］【今注】桎梏：刑具，即手鐐脚銬。

［16］【今注】齧指：咬斷手指。

［17］【李賢注】謂以繩爲繯，投之而縊也。繯音胡大反（大，紹興本、大德本、殿本作“犬”，是）。

祐在膠東九年，[1]遷齊相，[2]大將軍梁冀表爲長史。[3]及冀誣奏太尉李固，[4]祐聞而請見，與冀争之，不聽。時扶風馬融在坐，[5]爲冀章草，祐因謂融曰：“李公之罪，成於卿手。李公即誅，卿何面目見天下之人乎？”冀怒而起入室，祐亦徑去。冀遂出祐爲河間相，[6]因自免歸家，不復仕，躬灌園蔬，以經書教授。年九十八卒。

［1］【李賢注】《陳留耆舊傳》曰：“祐處同僚，無私書之問，上司無牋檄之敬。在膠東，書不入京師也。”

［2］【今注】齊：封國名。都臨淄縣（今山東淄博市東北）。

［3］【今注】梁冀：字伯卓，安定烏氏（今寧夏固原市東南）人。傳見本書卷三四。　長史：官名。漢代三公、將軍府皆設，爲諸掾史之長，秩千石。

［4］【今注】太尉：官名。秦置，金印紫綬，西漢武帝元狩四年（前119）改名大司馬，東漢光武帝建武二十七年（51）復稱太尉，與司徒、司空合稱三公。　李固：字子堅，漢中南鄭（今陝西漢中市）人。傳見本書卷六三。

［5］【今注】扶風：右扶風。漢置，掌治内史右地。秦及漢初

稱主爵中尉，西漢武帝時改名右扶風。掌治内史右地。與左馮翊、京兆尹合稱三輔。　馬融：字季長，扶風茂陵（今陝西興平市東北）人。傳見本書卷六〇上。

［6］【今注】河間：郡名。治樂成縣（今河北獻縣東南）。

長子鳳，官至樂浪太守，[1]少子愷，新息令；[2]鳳子馮，鮦陽侯相：[3]皆有名於世。[4]

［1］【今注】樂浪：郡名。治所一般認爲在朝鮮縣（今朝鮮平壤市土城里土城遺址）。

［2］【今注】新息：縣名。治所在今河南息縣。

［3］【李賢注】鮦陽，縣，屬汝南郡。音紂。【今注】鮦陽：縣名。治所在今安徽臨泉縣西。

［4］【李賢注】《陳留耆舊傳》曰："鳳字君雅，馮字子高。"

延篤字叔堅，[1]南陽犨人也。[2]少從潁川唐溪典受《左氏傳》，[3]旬日能諷之，[4]典深敬焉。[5]又從馬融受業，博通經傳及百家之言，能著文章，有名京師。

［1］【今注】案，宋文民《後漢書考釋》指出，《北堂書鈔》卷五八引謝承《後漢書》"堅"亦作"固"，涉隋文帝諱改（第264頁）。

［2］【李賢注】犨音昌猶反，故城在汝州魯山縣東南也。【今注】南陽：郡名。治宛縣（今河南南陽市卧龍區）。　犨：縣名。治所在今河南魯山縣東南。

［3］【李賢注】《先賢行狀》曰："典字季度，爲西鄂長。"《風俗通》曰："吴夫槩王奔楚，封堂谿，因以爲氏。"典爲五官中

郎將。“唐”與“堂”同也。【今注】潁川：郡名。治陽翟縣（今河南禹州市）。　唐溪典：字季度，東漢時曾爲五官中郎將。

［4］【今注】案，諷，殿本作“諷誦”。

［5］【李賢注】《先賢行狀》曰：“篤欲寫《左氏傳》，無紙，唐溪典以廢牋記與之。篤以牋記紙不可寫傳，乃借本諷之，粮盡辭歸。典曰：‘卿欲寫傳，何故辭歸？’篤曰：‘已諷之矣。’典聞之歎曰：‘嗟乎延生（乎，紹興本、大德本作“呼”）！雖復端木聞一知二，未足爲喻。若使尼父更起於洙、泗，君當編名七十，與游、夏爭匹也。’”

舉孝廉，爲平陽侯相。[1]到官，表龔遂之墓，立銘祭祠，擢用其後於畎畝之閒。[2]以師喪弃官奔赴，五府並辟不就。[3]

［1］【今注】平陽：縣名。治所在今山東鄒城市。

［2］【李賢注】《前書》龔遂，山陽南平陽人，爲勃海太守（太，大德本作“本”）。南平陽故城今兖州鄒縣（大德本、殿本“今”前有“在”字）。【今注】立銘祭祠：立碑刻文、祭祀祠堂。

［3］【今注】五府：東漢時稱大將軍、太傅、太尉、司徒、司空爲五府。

桓帝以博士徵，[1]拜議郎，[2]與朱穆、邊韶共著作東觀。[3]稍遷侍中。[4]帝數問政事，篤詭辭密對，[5]動依典義。[6]遷左馮翊，[7]又徙京兆尹。[8]其政用寬仁，憂恤民黎，擢用長者，與參政事，郡中歡愛，三輔咨嗟焉。[9]先是陳留邊鳳爲京兆尹，[10]亦有能名，郡人爲之語曰：“前有趙張三王，[11]後有邊延二君。”

［1］【今注】桓帝：東漢桓帝劉志，公元146年至167年在位。紀見本書卷七。　博士：學官名。始見於戰國，秦因之。漢代以徵拜、薦舉或考試入選。掌圖書、通古今，以備顧問。

［2］【今注】議郎：官名。郎官的一種。屬九卿之一的光禄勳，秩比六百石。

［3］【今注】朱穆：字公叔，南陽宛（今河南南陽市卧龍區）人。傳見本書卷四三。　邊韶：字孝先，陳留浚儀（今河南開封市）人。傳見本書卷八〇上。　東觀：東漢洛陽南宫内觀名。明帝詔班固等修撰《漢記》於此，書成名爲《東觀漢記》。章、和二帝時爲皇宫藏書之府。後因以稱國史修撰之所。

［4］【今注】侍中：秦朝始置，即原丞相史，往來殿中奏事，故名。西漢爲加官，凡列侯、將軍、卿大夫、將、都尉、尚書以至郎中，加此即可入侍宫禁，親近皇帝。

［5］【李賢注】《穀梁傳》曰："故士造辟而言，詭辭而出。"范甯注云："辟，君也。詭辭而出，不以實告人也。"

［6］【今注】動依典義：每每依據典籍之義行事。案，惠棟《後漢書補注》云："《謝承書》曰：'篤爲侍中，自在機密，常見進納。上殿問政事得失，以經義古典諫，帷幄之言不宣外也。'"

［7］【今注】左馮翊：西漢武帝時改左内史置。職掌相當於郡太守，轄區相當於一郡。因地屬畿輔，故不稱郡，爲三輔之一。治所在長安城。轄境範圍相當於今陝西渭河以北、涇河以東洛河中下游地區。《漢書・百官公卿表上》顏師古注云："馮，輔也。翊，佐也。"

［8］【今注】京兆尹：官名。西漢武帝時以右内史東半部之地置京兆尹政區，與郡同級，爲三輔之一。長官稱京兆尹，職如郡太守，又因所治地區爲京畿所在，故兼有中央官員性質，地位高於郡太守。秩中二千石。

［9］【今注】三輔：政區名。西漢武帝太初元年（前104）分

右内史東半部置京兆尹，改右内史西半部置右扶風，改左内史爲左馮翊，合稱三輔。

[10]【今注】邊鳳：陳留（今河南開封市東南）人。爲京兆尹，有能名，時人稱賢。

[11]【李賢注】《前書》，趙廣漢、張敞、王尊（尊，紹興本、大德本、殿本作"遵"）、王章、王駿俱爲京兆尹也。【今注】案，《漢書》卷七六《趙尹韓張兩王傳贊》："自孝武置左馮翊、右扶風、京兆尹，而吏民爲之語曰：'前有趙、張，後有三王。'"

時皇子有疾，下郡縣出珍藥，而大將軍梁冀遣客齎書諸京兆，[1]并貨牛黄。[2]篤發書收客，曰："大將軍椒房外家，[3]而皇子有疾，必應陳進醫方，豈當使客千里求利乎？"遂殺之。冀慚而不得言，有司承旨欲求其事。篤以病免歸，教授家巷。

[1]【今注】案，諸，紹興本、殿本作"詣"。

[2]【李賢注】吴普《本草》曰："牛黄味苦，無毒，牛出入呻者有之（呻，大德本作'神'）。夜有光走角中。牛死，入膽中，如雞子黄。"《神農本草》曰："療驚癇，除邪逐鬼。"

[3]【今注】椒房：本爲皇后居住宫殿的名稱，常用來代指皇后。椒色濃而有辛香，以椒和泥塗壁，使屋内呈暖色，散清香，故名椒房。又取《詩·國風·唐風》"椒聊之實，蕃衍盈升"之意，喻子嗣繁盛。　外家：即外戚。

時人或疑仁孝前後之證，篤乃論之曰："觀夫仁孝之辯，[1]紛然異端，互引典文，代取事據，[2]可謂篤論矣。[3]夫人二致同源，總率百行，[4]非復銖兩輕重，[5]必定前後之數也。而如欲分其大較，[6]體而名之，則孝在事親，仁施品物。施物則功濟於時，事親則德歸於己。於己則事寡，濟時則功多。[7]推此以言，仁則遠矣。然物有出微而著，事有由隱而章。近取諸身，則耳有聽受之用，目有察見之明，足有致遠之勞，手有飾衛之功，功雖顯外，本之者心也。遠取諸物，則草木之生，始於萌牙，終於彌蔓，枝葉扶疏，榮華紛縟，[8]末雖繁蔚，致之者根也。夫仁人之有孝，猶四體之有心腹，[9]枝葉之有本根也。[10]聖人知之，故曰：'夫孝，天之經也，地之義也，人之行也。'[11]'君子務本，本立而道生，孝悌也者，其爲仁之本與！'[12]然體大難備，物性好偏，故所施不同，事少兩兼者也。如必對其優劣，則仁以枝葉扶疏爲大，孝以心體本根爲先，可無訟也。或謂先孝後仁，非仲尼序回、參之意。[13]蓋以爲仁孝同質而生，純體之者，則互以爲稱，虞舜、顏回是也。[14]若偏而體之，則各有其目，公劉、曾參是也。[15]夫曾、閔以孝悌爲至德，[16]管仲以九合爲仁功，[17]未有論德不先曰、參，[18]考功不大夷吾。以此而言，各從其稱者也。"

[1]【李賢注】辯，争也。

[2]【李賢注】代，更也。

[3]【李賢注】篤，厚也。

[4]【李賢注】二致，仁、孝也。《易·繫詞》曰"殊塗而同歸，百慮而一致"也（詞，大德本、殿本作"辭"，是；曰，大

德本作“也”）。

［5］【今注】銖：衡制單位。二十四銖爲一兩。

［6］【李賢注】較猶略也。

［7］【今注】案，時，殿本作“事”。

［8］【李賢注】《説文》曰：“縟，繁綵飾也。”

［9］【李賢注】四體謂手足也。

［10］【今注】案，本根，殿本作“根本”。

［11］【李賢注】《左氏傳》趙簡子問子太叔：“何謂禮？”對曰：“聞諸先大夫子産曰：‘夫禮，天之經也，地之義也，人之行也。天地之經，人實則之，則天之明，因地之性（性，大德本、殿本作“利”）。’”孔子取爲《孝經》之詞也。

［12］【李賢注】《論語》載有若之詞也。

［13］【李賢注】《論語》孔子曰：“參也魯，回也其庶乎？”言庶幾於善道也。魯，鈍也。言若先孝後仁，則曾參不得不賢於顔子。【今注】仲尼：孔子之字。　回：顔回。孔子弟子，因其德行、好學見稱，故最爲孔子喜愛。但天不假年，四十歲左右便去世了。顔回被後世尊稱爲“顔子”，追封爲“亞聖”。　參：曾參。字子輿。即曾子。春秋末期魯國南武城（今山東嘉祥縣）人。孔子弟子，儒家代表人物之一。後世稱“宗聖”。

［14］【李賢注】虞舜、顔回純德既備，或仁或孝（殿本“仁”後無“或”字），但隨其所稱爾。【今注】純體之者：能够做到全面體察的人。　虞舜：舜帝。傳説中的上古人物，五帝之一。嬀姓，名重華。有虞氏部落首領，在位時放逐四凶（鯀、共工、驩兜和三苗），命禹治水，后稷掌農業，契行教化，益管山林，皋陶治法律。後死於蒼梧之野（今湖南寧遠縣南蒼梧山）。

［15］【李賢注】《史記》，公劉，后稷曾孫也。能修復后稷之業，務耕種，行地宜，百姓懷之，多從而保歸焉。故公劉以仁紀德，曾參以至孝稱賢，此則各自爲目，不能總兼其美也。【今注】

各有其目：各有其專名。　公劉：上古周族領袖，爲后稷之曾孫，姬姓。率周人遷居於豳，定居農耕，周族由此興盛。

［16］【李賢注】曾參、閔損也。【今注】閔：閔損。字子騫，春秋時魯國人，孔子弟子，以德行著稱。

［17］【李賢注】《論語》孔子曰："桓公九合諸侯，不以兵車，管仲之力，如其仁，如其仁。"九合者，謂再會於鄄，兩會于幽（于，紹興本作"干"），又會檉、首止、戴甯、母洮、葵丘也。【今注】管仲：春秋齊國國相，被尊稱爲"仲父"。任職期間，對内大興改革、富國强兵；對外尊王攘夷、九合諸侯，輔佐齊桓公成爲春秋五霸之首。傳見《史記》卷六二。

［18］【今注】案，曰，紹興本、大德本作"回"，殿本作"囬"，是。

前越嶲太守李文德素善於篤，[1]時在京師，謂公卿曰："延叔堅有王佐之才，奈何屈千里之足乎？"欲令引進之。篤聞，乃爲書止文德曰："夫道之將廢，所謂命也。[2]流聞乃欲相爲求還東觀，來命雖篤，所未敢當。吾嘗昧爽櫛梳，坐於客堂。[3]朝則誦羲、文之《易》，虞、夏之《書》，歷公旦之典禮，覽仲尼之《春秋》。[4]夕則消摇内階，詠《詩》南軒。[5]百家衆氏，投間而作。[6]洋洋乎其盈耳也，[7]涣爛兮其溢目也，[8]紛紛欣欣兮其獨樂也。當此之時，不知天之爲蓋，地之爲輿；[9]不知世之有人，己之有軀也。雖漸離擊筑，傍若無人，[10]高鳳讀書，不知暴雨，[11]方之於吾，未足况也。且吾自束脩已來，[12]爲人臣不陷於不忠，爲人子不陷於不孝，上交不諂，下交不黷，[13]從此而殁，下見先君遠祖，可不慙赧。[14]如此而不以善止者，恐如教羿射者也。[15]愼勿迷其本，弃其生也。”[16]

［1］【今注】越嶲：郡名。治邛都縣（今四川西昌市東南）。

［2］【李賢注】《論語》孔子曰：“道之將行也與？命也。道之將廢也與？命也。”

［3］【李賢注】孔安國注《尚書》曰：“昧，瞑也。爽，明也。”【今注】昧爽：拂曉。 櫛梳：梳篦，泛指梳妝打扮。

［4］【李賢注】周公攝政七年，制禮作樂。班固《東都賦》曰“今論者但知誦虞、夏之《書》，詠殷、周之《詩》，講羲、文之《易》，論孔氏之《春秋》”也。【今注】夏：即夏禹。姒姓。據説堯、舜在位時發生大洪水，禹之父鯀奉命治水不成而爲舜所殺，禹繼之治水，歷盡艱辛，終獲成功，乃受舜禪位爲王，並大會諸侯於會稽。禹死後，其子啓繼位，結束禪讓制，開始家天下制度，建立夏朝。禹被後世視作夏朝的開國君主，所謂“三王”之一。 公旦：即周武王之弟周公旦，獲封於魯，不之國，而以其子伯禽就封。在武王去世後輔佐成王，任太師，攝政，東征平滅武王弟管叔、蔡叔與紂王子武庚的聯合叛亂，營建洛邑，設成周八師鎮撫東方。制禮作樂，確立周代諸項制度。在成王成年後，周公還政於成王。被後世視作賢臣代表、儒家聖人。

［5］【李賢注】《楚詞》：“高堂邃宇，鏤檻層軒（檻，大德本作‘監’）。”王逸注云：“軒，樓板也。”【今注】内階：内院。

［6］【李賢注】言誦經典之餘，投射閒隙而翫百氏也。

［7］【李賢注】洋洋，美也。《論語》曰：“洋洋乎盈耳哉。”(殿本無“論語曰洋洋乎盈耳哉”數字)

［8］【李賢注】焕爛，文文貌也（文文，紹興本、大德本、殿本作“文章”，是）。

［9］【李賢注】宋玉《大言賦》曰“方地爲輿，員天爲蓋”

也。【今注】蓋：車蓋。　輿：乘輿。

［10］【李賢注】《説文》曰："筑，五弦之樂也。"沈約《宋書》曰："筑不知誰所造也。《史記》唯云高漸离擊筑。"案：今筑形似箏，有項有柱。《史記》，荊軻至燕，日與屠狗及高漸离擊筑，荊軻和而歌於市中，相樂，已而相泣，傍若無人。【今注】漸離：高漸離。荊軻好友，善擊筑。燕國滅亡後曾刺殺秦王政未果。

［11］【李賢注】事具《逸人傳》（紹興本"傳"後有"也"字）。【今注】高鳳：字文通，南陽葉（今河南葉縣）人。傳見本書卷八三。

［12］【李賢注】束脩謂束帶修飾。鄭玄注《論語》曰"謂年十五已上"也。【今注】束脩：本義指扎成一捆的乾肉。《論語·述而》有云："子曰：'自行束脩以上，吾未嘗無誨焉。'"是以又以束脩指入學或學生送給教師的酬金。

［13］【李賢注】《易·繫詞》之文也（詞，大德本、殿本作"辭"）。【今注】黷：輕侮。

［14］【李賢注】色媿曰赧，音女板反（板，殿本作"版"）。

［15］【李賢注】《史記》，有養由基者，善射者也，去柳葉百步而射之，百發而百中之。左右觀者數千人（數千，殿本作"百餘"），皆曰"善射"。有一人立其旁（旁，大德本作"傍"），曰："善，可教射矣。"養由基怒，釋弓搤劍曰："客安能教我射乎？"客曰："非吾能教枝左詘右也。夫去柳葉百步而射之，百發百中之，不以善息，少焉氣衰力倦，弓撥矢鉤，一發不中者百發盡息。"此言羿者，蓋以俱善射而稱之焉（焉，大德本作"也"）。【今注】羿：即后羿。或作有窮后羿。夏代人。有窮氏之首領。傳善射。夏后太康不理民事，淫於狩獵。羿逐之而代爲君。亦喜田獵，信用寒浞，爲寒浞利用家衆所殺。

［16］【今注】生：本性。

後遭黨事禁錮。[1]永康元年，[2]卒于家。鄉里圖其形于屈原之廟。[3]

[1]【李賢注】錮謂閉塞。【今注】禁錮：禁止做官和參加政治活動。

[2]【今注】永康：東漢桓帝劉志年號（167）。

[3]【李賢注】屈原，楚大夫，抱忠貞而死。篤有志行文彩（彩，殿本作"章"），故圖其像而偶之焉。【今注】屈原：羋姓，屈氏，名平，字原。楚國貴族。楚懷王時任左司徒、三閭大夫等職。公元前278年，秦將白起攻破楚都郢（今湖北荆州市荆州區西北）。之後，屈原投汨羅江而死。著有《離騷》《九歌》等。傳見《史記》卷八四。

篤論解經傳，多所駁正，後儒服虔等以爲折中。[1]所著詩、論、銘、書、應訊、表、教令，[2]凡二十篇云。

[1]【今注】服虔：字子慎，河南滎陽（今河南滎陽市東北）人。傳見本書卷七九下。

[2]【李賢注】訊，問也。蓋答客難之類。

史弼字公謙，陳留考城人也。[1]父敞，順帝時以佞辯至尚書、郡守。[2]弼少篤學，聚徒數百。仕州郡，[3]辟公府，[4]遷北軍中候。[5]

[1]【今注】考城：縣名。治所在今河南民權縣東北。

[2]【李賢注】《續漢書》曰"敞爲京兆尹，化有能名，尤善

條教，見稱於三輔”也。【今注】順帝：東漢順帝劉保，公元 125 年至 144 年在位。紀見本書卷六。　尚書：官名。戰國秦、齊等國始置，亦稱掌書，爲諸侯國君管理文書的小吏。秦朝由少府遣吏四人，在宮中收發文書，稱尚書，地位甚輕。設令、僕射、丞以主之。西漢初因之。自武帝至成帝初，置四員分曹治事，領諸郎，掌管機要，職權漸重，爲中朝重要宮官。成帝建始四年（前 29）增尚書爲五員，以保管文書檔案、傳達記録詔命章奏爲主，拆閱、裁決章奏之權歸領尚書事、尚書令、僕射。東漢尚書臺分六曹，各置尚書，秩六百石，位在令、僕射下，丞、郎上。身兼宮官、朝官雙重身份，既掌納奏擬詔出令，又可向公卿等行政機構直接下達政令，秩位雖輕，職權頗重。三國沿置，員數不等。

［3］【李賢注】《謝承書》曰：“弼年二十爲郡功曹，承前太守宋訢穢濁之後，悉條諸生聚斂姦吏百餘人，皆曰太守（曰，紹興本、大德本、殿本作‘白’，是），埽迹還縣，高名由此而興。”

［4］【今注】公府：東漢太尉、司徒、司空稱三公，其府稱公府。

［5］【今注】北軍中候：官名。東漢始置，掌監屯騎校尉、越騎校尉、步兵校尉、長水校尉、射聲校尉所領北軍五營，秩六百石。

是時桓帝弟渤海王悝素行險辟，[1]僭傲多不法。弼懼其驕悖爲亂，乃上封事曰：“臣聞帝王之於親戚，愛雖隆，必示之以威；體雖貴，必禁之以度。如是，和睦之道興，骨肉之恩遂。昔周襄王恣甘昭公，[2]孝景皇帝驕梁孝王，[3]而二弟階寵，終用敎慢，卒周有播蕩之禍，漢有爰盎之變。[4]竊聞勃海王悝，[5]憑至親之屬，恃偏私之愛，失奉上之節，有僭慢之心，外聚剽輕不逞之徒，[6]内荒酒樂，出入無常，所與群居，皆有口無行，[7]或家之弃子，或朝之斥臣，必有羊勝、伍被之變。[8]州司不敢彈糾，傅相不能匡輔。[9]陛下隆於友干，不忍遏絶。[10]恐遂滋蔓，爲害彌大。[11]乞露臣奏，[12]宣示百僚，使臣得於清朝明言其失，然後詔公卿平處其法。法決罪定，乃下不忍之詔。臣下固執，然後少有所許。如是，則聖朝無傷親之譏，勃海有享國之慶。不然，懼大獄將興，使者相望於路矣。臣職典禁兵，備禦非常，而妄知藩國，于犯至戚，[13]罪不容誅。不勝憤懣，謹冒死以聞。"帝以至親，不忍下其事。後悝竟坐逆謀，貶爲癭陶王。

[1]【今注】渤海：封國名。都南皮縣（今河北南皮縣東北）。 悝：劉悝。東漢宗室。蠡吾侯劉翼之子，桓帝之弟。初襲父爵，後封勃海王。耽於淫樂，行多不法。以謀逆貶爲癭陶王。

[2]【李賢注】甘昭公王子帶，周襄王弟也，食邑於甘，謚曰昭。《左傳》曰，初，甘昭公有寵於惠后，后將立之，未及而卒。昭公奔齊。王復之，遂以狄師攻王，王出適鄭也。【今注】周襄王：名鄭。周惠王子。繼位三年，異母弟叔帶聯合戎、翟謀作亂，發覺，叔帶逃至齊。齊管仲率兵助周王室平亂。後叔帶返周，又與翟人作亂，襄王被迫奔鄭。次年，晉文公舉兵平亂，誅帶，復位。周承認晉文公爲霸主，以河内地與晉。 甘昭公：又稱叔帶、太叔帶。春秋時周惠王之子，襄王之弟。食邑於甘，故又稱甘昭公。

[3]【李賢注】梁孝王，景帝弟，竇太后少子，愛之，賜天子旌旗，出警入蹕。景帝嘗與王宴太后前（嘗，大德本、殿本作"常"），曰："千秋萬歲後傳王。"爰盎諫不許，遂令人刺殺盎

也。【今注】孝景皇帝：西漢景帝劉啓，公元前 157 年至前 141 年在位。文帝子。紀見《史記》卷一一、《漢書》卷五。　梁孝王：劉武。西漢文帝次子，母竇太后。文帝時先後受封代王、淮陽王。文帝十二年（前 168），徙爲梁王，領四十餘城，居天下膏腴之地。吴楚七國反，因堅守睢陽（今河南商丘市南）有功，又爲太后少子，賞賜無數，於封國大治宫室苑囿，招延四方豪傑，出入儀從比於天子。及栗太子廢，太后欲立之爲帝嗣，因大臣爰盎等反對未果。遂使人刺殺爰盎及議臣十餘人，以此遭景帝疑忌。立三十五年病卒。藏府尚餘黄金四十餘萬斤，其他財物不計其數。謚孝王。傳見《漢書》卷四七。

［4］【今注】爰盎：字絲，西漢内史安陵（今陝西咸陽市東北）人。文帝時爲郎中，歷任隴西都尉、齊相、吴相。素與晁錯交惡。景帝時，錯爲御史大夫，使吏案其受吴王財物事，遂被廢爲庶人。吴楚七國反，密勸景帝斬錯以謝吴，旋爲太常使吴，吴王濞欲殺之，得脱逃歸。後因諫止立梁孝王爲帝嗣，被梁刺客所殺。傳見《漢書》卷四九。

［5］【今注】案，勃，大德本、殿本作“渤”，是。

［6］【李賢注】剽，悍也。逞，快也。謂被侵枉不快之人也（被，殿本作“彼”）。《左傳》曰：“率群不逞之人。”剽音疋妙反。

［7］【李賢注】有虚言無實行也。

［8］【李賢注】《前書》羊勝勸梁王求漢嗣，伍被勸淮南王謀反誅也（王，紹興本作“子”）。【今注】羊勝：西漢時人。景帝時，曾鼓動梁孝王謀求帝位。　伍被：西漢時人。景帝時，因慫恿淮南王劉安謀反而被誅殺。

［9］【今注】傅相：此指輔佐渤海王劉悝的官吏。

［10］【李賢注】友，親也。《尚書》曰：“准孝友于兄弟（准，紹興本、大德本、殿本作‘惟’，是）。”【今注】隆於友干：

以友愛兄弟爲崇高。案，干，紹興本、大德本、殿本作“于”，是。

［11］【李賢注】滋，長；蔓，延也。《左氏傳》：“無使滋蔓，蔓，難圖也。”（殿本無“左氏傳無使滋蔓蔓難圖也”數字）

［12］【今注】露：公布。

［13］【今注】案，于，紹興本、大德本、殿本作“干”，是。

弼遷尚書，出爲平原相。[1]時詔書下舉鉤黨，[2]郡國所奏相連及者多至數百，唯弼獨無所上。詔書前後切却州郡，[3]髡笞掾史。[4]從事坐傳責曰：[5]“詔書疾惡黨人，旨意懇惻。青州六郡，其五有黨，[6]近國甘陵，亦考南北部，[7]平原何理而得獨無？”弼曰：“先王疆理天下，畫界分境，[8]水土異齊，風俗不同，[9]它郡自有，平原自無，胡可相比？若承望上司，誣陷良善，淫刑濫罰，以逞非理，則平原之人，户可爲黨。相有死而已，所不能也。”從事大怒，即收郡僚職送獄，[10]遂舉奏弼。會黨禁中解，弼以俸贖罪得免，[11]濟活者千餘人。

［1］【今注】平原：封國名。都平原縣（今山東平原縣南）。

［2］【李賢注】鉤謂相連也。

［3］【李賢注】切，急也。却，退也。

［4］【今注】髡笞：刑罰名。剃去鬚髮，鞭笞身體。

［5］【李賢注】《續漢志》每州皆有從事史及諸曹掾史。傳，客舍也，音知戀反。坐傳舍召弼而責。【今注】從事：漢三公府至州郡自辟僚屬，多以從事爲稱。州府有別駕從事史、治中從事史、簿曹從事史、兵曹從事史、部郡國從事史，秩百石。

［6］【李賢注】濟南、樂安、齊國、東萊、平原、北海六郡，

青州所管也。青州在齊國臨淄，見《漢官儀》。【今注】青州：西漢武帝時所置十三刺史部之一。轄境約當今山東德州市、平原縣、高唐縣以東，河北吴橋縣及山東馬頰河以南，濟南、安邑、高密、萊陽、棲霞、乳山等市縣以北地。

[7]【李賢注】桓帝爲蠡吾侯，受學於甘陵周福，及帝即位，擢福爲尚書。時同郡河南尹房植有名當朝，二家賓客互相譏揣，遂各樹朋徒，漸成尤隙，由是甘陵有南北部（由，大德本、殿本作“自”）。見《黨人篇序》（紹興本、大德本、殿本“序”後均有“也”字）。【今注】甘陵：封國名。治甘陵縣（今山東臨清市東北）。

[8]【李賢注】疆（疆，殿本作“彊”），界也。理，正也。《左傳》曰“先王疆理天下，物土之宜而布其利”也（土，紹興本作“上”）。

[9]【李賢注】《前書》曰“凡人函五常之性，而其剛柔緩急，音聲不同。繫水土之風氣，故謂之風。好惡取舍，動静無常，隨君上之情欲，故謂之俗”也。

[10]【今注】僚職：屬官。

[11]【李賢注】奉音扶用反（奉，大德本、殿本作“俸”，是）。

弼爲政特挫抑彊豪，其小民有罪，多所容貸。[1]遷河東太守，[2]被一切詔書當舉孝廉。[3]弼知多權貴請託，乃豫勑斷絶書屬。[4]中常侍侯覽果遣諸生齎書請之，[5]并求假鹽税，[6]積日不得通。生乃説以它事謁弼，[7]而因達覽書。弼大怒曰[8]：“太守忝荷重任，當選士報國，爾何人而僞詐無狀！”命左右引出，楚捶數百，[9]府丞、掾史十餘人皆諫於廷，[10]弼不對。遂付安邑獄，[11]即日考殺之。侯覽大怨，遂詐作飛章下司隷，[12]誣弼誹謗，檻車徵。[13]吏人莫敢近者，唯前孝廉裴瑜送到崤澠之閒，[14]大言於道傍曰："明府摧折虐臣，[15]選德報國，如其獲罪，足以垂名竹帛，願不憂不懼。"弼曰："'誰謂荼苦，其甘如薺。'[16]昔人刎頸，九死不恨。"[17]及下廷尉詔獄，[18]平原吏人奔走詣闕訟之。又前孝廉魏劭毀變形服，詐爲家僮，瞻護於弼。弼遂受誣，事當弃市。[19]劭與同郡人賣郡邸，[20]行賂於侯覽，得減死罪一等，論輸左校。[21]時人或譏曰："平原行貨以免君，無乃蚩乎！"陶丘洪曰：[22]"昔文王牖里，閎、散懷金。[23]史弼遭患，義夫獻寶。亦何疑焉！"於是議者乃息。刑竟歸田里，稱病閉門不出。數爲公卿所薦，議郎何休又訟弼有幹國之器，[24]宜登台相，[25]徵拜議郎。侯覽等惡之。光和中，[26]出爲彭城相，[27]會病卒。裴瑜位至尚書。[28]

[1]【今注】容貸：優待，恕免。

[2]【今注】河東：郡名。治安邑縣（今山西夏縣西北）。

[3]【今注】案，沈欽韓《後漢書疏證》謂大郡太守視事未及一期，皆得舉孝廉。小郡亦得歲舉也。本書卷六六《陳蕃傳》"詔下州郡，一切皆得舉孝廉"，桓帝時如此詔書非一度也。被，接收。一切，所有。

[4]【李賢注】屬音之欲反。

[5]【今注】中常侍：官名。秦置中常侍官，參用士人，皆銀瑲左貂，給事殿省。西漢沿置，出入宫廷，侍從皇帝，爲列侯至郎中的加官。東漢時，中常侍成爲有具體職掌的官職，本無員數，明

帝永平中定爲四人，明帝以後，員數稍增，改以金璫右貂，兼領卿署之職。自和熹太后以女主稱制，不接公卿，乃以閹人爲常侍、小黄門，通命兩宫，自此以來，悉用閹人。東漢後期，中常侍把持朝政，權勢極盛。　侯覽：山陽防東（今山東單縣東北）人。宦官。傳見本書卷七八。

［6］【今注】案，沈欽韓《後漢書疏證》謂河東有兩鹽池，則後漢仍榷其税。

［7］【今注】案，宋文民《後漢書考釋》指出，《北堂書鈔》卷三七引《續漢書》"説"字作"托"（第264頁）。

［8］【今注】案，大德本、殿本"大"前有"乃"字。

［9］【今注】楚捶：用杖策拷掠。

［10］【今注】案，十，大德本作"千"。

［11］【今注】安邑：縣名。治所在今山西夏縣西北。

［12］【今注】飛章：匿名誣陷他人的文書。　司隸：官名。爲司隸校尉的省稱。西漢武帝征和四年（前89）始置，秩二千石。成帝元延四年（前9）省，哀帝即位後復置，改名司隸，隸大司空，位比司直。東漢仍名司隸校尉，秩比二千石，威權尤重。凡宫廷内外，皇親貴戚，京都百官，無所不糾，兼領兵，有檢敕、捕殺罪犯之權，並爲司隸州行政長官，治所在今河南洛陽市。光武帝特詔朝會時與御史中丞、尚書令並專席而坐，時號"三獨坐"。

［13］【今注】檻車：用柵欄封閉的車。用於囚禁犯人或猛獸。

［14］【今注】裴瑜：字雉璜。聰明敏達，舉孝廉。後位至尚書。　崤：崤山。又稱嵚崟山。在今河南洛寧縣西北。　澠：澠池，又作"黽池"。縣名。治所在今河南澠池縣西。

［15］【今注】案，摧，紹興本作"榷"。

［16］【李賢注】《詩·衛風》也。荼，苦菜也。

［17］【李賢注】刎，割也。《楚詞》曰"雖九死其猶未悔"也（詞，殿本作"辭"）。

[18]【今注】廷尉詔獄：由廷尉具體管理、由皇帝直接掌握的監獄。主要囚禁犯罪的公卿外戚。

[19]【今注】弃市：刑罰名。在鬧市執行死刑，暴尸街頭，言與衆人共棄之。

[20]【李賢注】郡邸，若今之寺邸也。【今注】案，惠棟《後漢書補注》引惠士奇云："觀此則東漢郡邸乃郡守自爲之，否則安得擅賣。"

[21]【今注】左校：官名。秦漢皆置左、右校，其長官稱令，分掌左工徒和右工徒，屬將作大匠。掌修建宗廟、路寢、宫室、陵園等土木工程，秩六百石。官吏犯法，常輸左校爲工徒。

[22]【李賢注】《青州先賢傳》曰："洪字子林（林，大德本、殿本作'休'），平原人也。清達博辯（辯，大德本作'辨'），文冠當代。舉孝廉，不行，辟太尉府。年三十卒。"

[23]【李賢注】牖里，殷獄名。或作"羑"，亦名羑城，在今相州湯陰縣北。《帝王紀》："散宜生、南宫括、閎夭學乎吕尚。尚知三人賢，結朋友之交。及紂囚文王，乃以黄金千鎰與宜生，令求諸物與紂。"《史記》曰"閎夭之徒乃求有莘美女（美，殿本作'氏'），驪戎文馬，有熊九駟，它奇怪物，因殷孽臣費仲獻之於紂，紂大説，乃赦之"也。【今注】文王：姬姓，名昌，商朝末年周族領袖。爲西伯。建豐邑（今陝西西安市西南）爲都。　牖里：即"羑里"。今河南湯陰縣北有羑里城遺址，據説爲殷紂王囚拘西伯姬昌之處。　閎：閎夭。原以捕獵爲業，周文王聞其賢，用以輔政。商紂囚文王於羑里，他以美女、重寶賂商紂，使文王得釋。武王伐紂滅商後，受命修整擴大比干之墓，以安殷人。　散：散宜生。相傳曾受學於太公望，歸周後輔文王、武王。商紂囚文王，與閎夭等求美女、重寶賂紂，使文王得釋。後助武王伐紂滅商。

[24]【今注】何休：字邵公，任城樊（今山東濟寧市兖州區

西南）人。東漢著名經學家。傳見本書卷七九下。

［25］【今注】台相：指三公之位。

［26］【今注】光和：東漢靈帝劉宏年號（178—184）。

［27］【今注】彭城：封國名。都彭城縣（今江蘇徐州市）。

［28］【李賢注】《先賢行狀》曰“瑜字雉璜。聰明敏達，觀物無滯。清論所加，必爲成器；醜議所指，没齒無怨”也。

論曰：夫剛烈表性，鮮能優寬；仁柔用情，多乏貞直。吳季英視人畏傷，發言烝烝，[1]似夫懦者；而懷憤激揚，折讓權枉，[2]又何壯也！仁以矜物，義以退身，君子哉！[3]語曰：“活千人者子孫必封。”[4]史弼頡頏嚴吏，[5]終全平原之黨，而其後不大，[6]斯亦未可論也。

［1］【李賢注】烝烝猶仍也。【今注】視人畏傷：謂待人唯恐傷害到他人。

［2］【今注】案，權，大德本作“摧”。

［3］【李賢注】《法言》曰：“君子於仁也柔，於義也剛。”

［4］【李賢注】《前書》王翁孺曰：“聞活千人者有封孫（殿本‘孫’前有‘子’字）。吾所活者千人，世其興乎（殿本‘世’前有‘後’字）？”

［5］【李賢注】頡頏猶上下也。

［6］【李賢注】不大謂子孫衰替也。《左傳》晉卜偃曰：“畢萬之後必大。”（殿本無“左傳晉卜偃曰畢萬之後必大”數字）

盧植字子幹，涿郡涿人也。[1]身長八尺二寸，音聲如鍾。少與鄭玄俱事馬融，[2]能通古今學，[3]好研精而不守章句。融外戚豪家，[4]多列女倡歌舞於前。植侍講積年，未嘗轉眄，[5]融以是敬之。學終辭歸，闔門教授。性剛毅有大節，常懷濟世志，不好辭賦，能飲酒一石。

［1］【今注】涿郡：郡名。治涿縣（今河北涿州市）。

［2］【今注】鄭玄：字康成，北海高密（今山東高密市西南）人。傳見本書卷三五。案，惠棟《後漢書補注》引《續漢書》云："（盧植）與鄭玄同門相友。"

［3］【今注】古今學：研究儒家經傳的兩大學派。亦稱今文家和古文家。

［4］【李賢注】融，明德皇后之從姪也。

［5］【今注】眄：斜眼瞟看。

時皇后父大將軍竇武援立靈帝，[1]初秉機政，朝議欲加封爵。植雖布衣，以武素有名譽，乃獻書以規之曰："植聞嫠有不恤緯之事，[2]漆室有倚楹之戚，[3]憂深思遠，君子之情。[4]夫士立争友，義貴切磋。[5]《書》陳'謀及庶人'，[6]《詩》詠'詢于芻蕘'。[7]植誦先王之書久矣，敢愛其瞽言哉！[8]今足下之於漢朝，猶旦、奭之在周室，[9]建立聖主，四海有繫。論者以爲吾子之功，於斯爲重。天下聚目而視，攢耳而聽，[10]謂準之前事，將有景風之祚。[11]尋《春秋》之義，王后無嗣，擇立親長，年均以德，德均則決之卜筮。[12]今同宗相後，[13]披圖案牒，[14]以次建之，何勳之有？豈横叨天功以爲己力乎！[15]宜辭大賞，以全身名。又比世祚不競，[16]仍外求嗣，可謂危矣。而四方未寧，盜賊伺隙，恒岳、勃碣，[17]特多姦盜，將有楚人脅比，尹氏立朝之變。[18]宜依古禮，置諸子之官，徵王侯愛子，宗室賢才，外崇訓道之義，内息貪利之心，簡其良能，隨用爵之，彊幹弱枝之道也。"[19]武並不能用。

［1］【今注】竇武：字游平，扶風平陵（今陝西咸陽市西北）人。傳見本書卷六九。　靈帝：東漢靈帝劉宏，公元168年至189年在位。紀見本書卷八。

［2］【李賢注】《左傳》曰，范獻子曰："人亦有言，嫠不恤其緯而憂宗周之隕，爲將及焉。"杜預注曰："嫠，寡婦也。織者常苦緯少，寡婦所宜憂也。"

［3］【李賢注】《琴操》曰："魯漆室女猗柱悲吟而嘯（猗，紹興本、大德本、殿本作'倚'），鄰人見其心之不樂也，進而問之曰：'有淫心欲嫁之念耶，何吟之悲？'漆室女曰：'嗟乎！嗟乎！子無志，不知人之甚也。昔者楚人得罪於其君，走逃吾東家，馬逸，蹈吾園葵，使吾終年不饜菜；吾西鄰人失羊不還，請吾兄追之，霧濁水出，使吾兄溺死，終身無兄。政之所致也。吾憂國傷人，心悲而嘯，豈欲嫁哉！'自傷懷結而爲人所疑，於是褰裳入山林之中，見女貞之木，喟然歎息，援琴而弦歌以女貞之辭，自經而死（經，大德本作'縊'）。"

［4］【李賢注】《詩序》曰："憂深思遠，儉而用禮，乃有堯之遺風焉（焉，大德本作'馬'）。"

［5］【李賢注】《孝經》曰："士有争友，身不陷於不義。"《詩》云："如切如磋。"鄭玄注云："骨曰切，象曰磋。言友之相規誡，如骨象之見切磋。"

［6］【李賢注】《尚書·洪範》曰"謀及卿士，謀及庶人"也。

［7］【李賢注】《詩·大雅》曰："先人有言，詢于芻蕘。"毛

萇注云（注，紹興本作“汪”）：“芻蕘，採薪者也。”

［8］【李賢注】無目眳曰瞽。眳音直忍反。【今注】瞽：目盲。

［9］【今注】奭：周武王之弟姬奭。因食邑於召，故稱召公。周滅商，受封於燕，爲燕國始祖。因本人留鎬京輔政，遣其長子就封。

［10］【李賢注】《前書》賈山曰“使天下戴目而視，傾耳而聽”也。

［11］【李賢注】景風，解見《和紀》（和紀，大德本、殿本作“和帝紀”）。

［12］【李賢注】《左傳》王子朝曰：“先王之命，王后無嫡，則擇立長。年鈞以德，德鈞以卜，古之制也。”

［13］【今注】案，令，紹興本、大德本、殿本作“今”，是。

［14］【今注】披圖案牒：案查簿册。

［15］【李賢注】叨，貪也。《左傳》曰“貪天之功，以爲己力”也。

［16］【李賢注】競，彊也。

［17］【李賢注】勃，勃海也。碣，碣石山也。

［18］【李賢注】《左傳》曰，楚公子比，恭王之子也。靈王立，子比奔晉。靈王卒，子比自晉歸楚，立爲君。比弟公子弃疾欲篡其位，夜乃使人周走呼曰：“王至矣。”國人大驚，子比乃自殺。王子朝，周景王之庶子。景王卒，子猛立。尹氏，周卿士，立子朝，奪猛位也。

［19］【李賢注】以樹爲喻也。謂京師爲幹，四方爲枝。《前書》曰：“漢興，立都長安，徙齊諸田、楚昭、屈、景及諸功臣家於長陵。蓋以彊幹弱枝，非獨爲奉山園也。”

州郡數命，植皆不就。建寧中，[1]徵爲博士，乃始起焉。熹平四年，[2]九江蠻反，[3]四府選植才兼文武，[4]拜九江太守，蠻寇賓服。以疾去官。

[1]【今注】建寧：東漢靈帝劉宏年號（168—172）。

[2]【今注】熹平：東漢靈帝劉宏年號（172—178）。

[3]【今注】九江：郡名。治壽春縣（今安徽壽縣）。

[4]【今注】四府：指大將軍府、太尉府、司空府和司徒府。

作《尚書章句》《三禮解詁》。[1]時始立太學《石經》，[2]以正《五經》文字，[3]植乃上書曰："臣少從通儒故南郡太守馬融受古學，[4]頗知今之《禮記》特多回冗。[5]臣前以《周禮》諸經，發起粃謬，[6]敢率愚淺，爲之解詁，而家乏，無力供繕寫上。[7]願得將能書生二人，共詣東觀，就官財糧，專心研精，合《尚書》章句，考《禮記》失得，庶裁定聖典，刊正碑文。古文科斗，近於爲實，而厭抑流俗，降在小學。[8]中興以來，[9]通儒達士班固、賈逵、鄭興父子，並敦悦之。[10]今《毛詩》《左氏》《周禮》各有傳記，其與《春秋》共相表裏，[11]宜置博士，爲立學官，以助後來，以廣聖意。"

[1]【李賢注】詁，事也。言解其事意。【今注】案，惠棟《後漢書補注》引《續漢書》云："作《尚書章句》《禮記解詁》。"又引《隋書·經籍志一》，謂"植注《禮記》十卷"。

[2]【今注】石經：東漢靈帝熹平年間刻石的儒家經典。亦稱漢石經或一字石經。漢代博士傳經，各依家法師法，章句互有異同，再加以年深月久，輾轉傳抄，文字多謬。熹平四年（175），郎

中蔡邕和楊賜等人上書，奏求正《六經》文字，得漢靈帝允許。蔡邕等參校各家諸體文字的經書，用朱筆以隸書體，使工匠雕刻，樹立於太學門外，成爲我國最早的官定儒家經本。

［3］【今注】五經：儒家的五部經典，即《周易》《尚書》《詩經》《儀禮》《春秋》。

［4］【今注】南郡：治江陵縣（今湖北荆州市荆州城西北）。案，太，紹興本作“大”。

［5］【李賢注】回宂猶糾曲也（糾，紹興本、大德本、殿本作“紆”，是）。

［6］【李賢注】秕，粟不成。諭義之乖僻也（諭，大德本、殿本作“喻”）。

［7］【李賢注】繕，善也。言家貧不能善寫而上也（善，大德本、殿本作“繕”）。　【今注】案，紹興本“繕”後無“寫”字。

［8］【李賢注】古文謂孔子壁中書也。形似科斗，因以爲名。《前書》謂文字爲“小學”也。【今注】古文：指漢隸以前的文字，如六國古文字、小篆、大篆、金文之類。　小學：研究文字字形、字義及字音的學問，包括文字學、音韻學及訓詁學等。

［9］【今注】中興：謂光武中興。

［10］【李賢注】興子衆也，自有傳。《左傳》曰“郄縠悦禮樂而敦《詩》《書》”也。【今注】班固：字孟堅，扶風安陵（今陝西咸陽市東北）人。傳見本書卷四〇。　賈逵：字景伯，扶風平陵（今陝西咸陽市）人。傳見本書卷三六。　鄭興父子：父鄭興，子鄭衆。傳俱見本書卷三六。

［11］【李賢注】表裏言義相須而成也。《前書》云：“《河圖》《洛書》相爲經緯，八卦、九章相爲表裏。”

會南夷反叛，以植嘗在九江有恩信，拜爲廬江太守。[1]植深達政宜，務存清静，弘大體而已。

[1]【今注】廬江：郡名。治舒縣（今安徽廬江縣西南）。

歲餘，復徵拜議郎，與諫議大夫馬日磾、議郎蔡邕、楊彪、韓説等並在東觀，[1]校中書《五經》記傳，補續《漢記》。[2]帝以非急務，轉爲侍中，遷尚書。光和元年，有日食之異，植上封事諫曰：[3]"臣聞《五行傳》'日晦而月見謂之朓，王侯其舒'。[4]此謂君政舒緩，故日食晦也。《春秋傳》曰'天子避位移時'，[5]言其相掩不過移時。而間者日食自巳過午，既食之後，[6]雲霧晻曖。[7]比年地震，彗孛互見。[8]臣聞漢以火德，[9]化當寬明。近色信讒，忌之甚者，如火畏水故也。案今年之變，皆陽失陰侵，消禦災凶，宜有其道。謹略陳八事：一曰用良，二曰原禁，[10]三曰禦癘，[11]四曰備寇，五曰修禮，六曰遵堯，七曰御下，八曰散利。用良者，宜使州郡覈舉賢良，[12]隨方委用，責求選舉。原禁者，凡諸黨錮，多非其罪，可加赦恕，申宥回枉。[13]禦癘者，宋后家屬，[14]並以無辜委骸横尸，不得收葬，疫癘之來，皆由於此。宜勑收拾，以安遊魂。[15]備寇者，侯王之家，賦税减削，愁窮思亂，必致非常，宜使給足，以防未然。脩禮者，應徵有道之人，若鄭玄之徒，陳明《洪範》，[16]攘服災咎。[17]遵堯者，今郡守刺史一月數遷，[18]宜依黜陟，以章能否，縱不九載，可滿三歲。[19]御下者，謂謁希爵，[20]一宜禁塞，遷舉之事，責成主者。散利者，天子之體，理無私積，宜弘大務，蠲略細微。"[21]帝不省。

[1]【今注】諫議大夫：惠棟《後漢書補注》引《齊職儀》曰："秦置諫大夫，屬郎中令，無常員，多至數十人，掌論議，漢初不置，至武帝始因秦置之，無常員，皆名儒宿德爲之。光武增'議'字爲諫議大夫，置三十人。" 馬日磾：字翁叔。馬融族子。少傳融業，以才學進。與楊彪、盧植、蔡邕等典校中書，歷位九卿，東漢獻帝時爲太傅。 蔡邕：字伯喈，陳留圉（今河南杞縣）人。傳見本書卷六〇下。 楊彪：字文先，弘農華陰（今陝西華陰市東）人。傳見本書卷五四。 韓說：字叔儒，會稽山陰（今浙江紹興市）人。傳見本書卷八二下。

[2]【李賢注】言中書以別於外也。【今注】漢記：又名《東觀漢記》。東漢官修的本朝紀傳體史書，明帝時創修，先後有班固、劉珍、李尤、崔實、盧植、馬日磾、蔡邕等人參加編修。但因董卓之亂，全書未能最後完成。東漢初著述在蘭臺，章帝、和帝以後，圖籍藏於南宮之東觀，並在此修史，故名《東觀漢記》。

[3]【今注】案，殿本"上"前無"植"字。

[4]【李賢注】《五行傳》，劉向所著。朓者，月行速在日前（大德本、殿本"行"前無"月"字；日，紹興本作"目"），故早見。劉向以爲君舒緩則臣嬌慢（嬌，殿本作"驕"），故日行遲而月行速也。

[5]【李賢注】《左氏傳》曰："日過分未至三辰有災，於是平君不舉（平，紹興本、大德本、殿本作'乎'，是），避移時。"杜預注曰："避正寢，過日食時也。"

[6]【今注】既食：日全食。

[7]【今注】晻曖：昏暗狀。

[8]【今注】彗孛互見：彗星交替出現。

［9］【今注】火德：五德之一。戰國末期，陰陽家鄒衍創五德終始説，宣稱土、木、金、火、水五德相勝的循環變化，以五行中的火來附會王朝曆運的稱火德。

［10］【李賢注】原其所禁而宥之也。

［11］【李賢注】防禦疫癘之氣。

［12］【李賢注】叒，實也。

［13］【李賢注】回，邪也。

［14］【今注】宋后：東漢靈帝皇后宋氏。紀見本書卷一〇下。

［15］【李賢注】后以王甫（甫，紹興本作“封”）、程阿所構，憂死，父及兄弟並被誅。靈帝後夢見桓帝怒曰“宋皇后何罪而絶其命？已訴於天，上帝震怒，罪在難救”也。

［16］【今注】洪範：《尚書》篇名。洪，大。範，法。爲箕子向周武王陳述“統治大法”的篇章。一般認爲是戰國儒家創作的篇章。

［17］【今注】案，攘，殿本作“禳”。

［18］【今注】刺史：西漢武帝元封五年（前106），置刺史部十三州，初無治所，掌奉詔六條察州，所察對象主要爲二千石官吏、强宗豪右及諸侯王等。成帝綏和元年（前8）更爲牧，秩二千石。哀帝建平二年（前5）罷州牧，復刺史。元壽二年（前1）復爲牧。東漢光武帝建武十一年（35）省。建武十八年復爲刺史，有常治所，奏事遣計吏代行，不復自往。靈帝中平五年（188），劉焉謂四方兵寇，由刺史權輕，宜改置牧，選重臣爲之。自此，刺史權力增大，除監察權外，還有選舉、劾奏之權，干預地方行政及領兵之權，原作爲監察區劃的“州”逐漸轉化爲“郡”之上的地方行政機構，州、郡、縣三級制隨之形成。

［19］【李賢注】《書》曰：“三載考績，黜陟幽明。”孔安國注曰：“三年考功，三考九年，能否幽明有別，升進其明者，黜退其幽者。”此皆唐堯之法也。

［20］【李賢注】希，求也。

［21］【李賢注】蠲，除也。

中平元年，[1]黄巾賊起，[2]四府舉植，拜北中郎將，[3]持節，[4]以護烏桓中郎將宗員副，[5]將北軍五校士，[6]發天下諸郡兵征之。連戰破賊帥張角，[7]斬獲萬餘人。角等走保廣宗，[8]植築圍鑿塹，造作雲梯，垂當拔之。帝遣小黄門左豐詣軍觀賊形埶，[9]或勸植以賂送豐，植不肯。豐還言於帝曰："廣宗賊易破耳。盧中郎固壘息軍，以待天誅。"[10]帝怒，遂檻車徵植，減死罪一等。及車騎將車皇甫嵩討平黄巾，[11]盛稱植行師方略，嵩皆資用規謀，濟成其功。以其年復爲尚書。

［1］【今注】中平：東漢靈帝劉宏年號（184—189）。

［2］【今注】黄巾：東漢末年張角領導的農民起義。起義軍以黄巾裹頭，故名。

［3］【今注】北中郎將：官名。漢置，掌帥軍征伐。東漢末有左、右、南、北四中郎將，皇甫嵩爲左中郎將，朱儁爲右中郎將，曹植爲南中郎將，盧植爲北中郎將。

［4］【今注】持節：官員或使臣外出時持皇帝所授節杖，以示威權。本書卷一上《光武帝紀上》："持節北渡河。"李賢注："節，所以爲信也，以竹爲之，柄長八尺，以旄牛尾爲其毦三重。"

［5］【今注】烏桓：北方少數民族名。原是東胡族的一支，西漢初被匈奴擊敗，遷至烏桓山，因以爲名。以游牧射獵爲生。西漢武帝時，遷至上谷、漁陽、右北平、遼西、遼東五郡塞外，在今内蒙古錫林郭勒盟、赤峰市、通遼市南部長城以北地。東漢初入居塞内，置護烏桓校尉管理，駐寧城（今河北張家口市萬全區）。

［6］【今注】五校士：五校士即五校兵。五校尉所掌管的宿衛兵稱士。步兵、屯騎、長水、越騎、射聲五校尉合稱五校。

［7］【今注】張角：鉅鹿郡（今河北寧晉縣西南）人。奉事黄老，創太平道，自稱“大賢良師”。靈帝時，借治病傳教，十餘年間徒衆達數十萬人。靈帝中平元年起義，稱天公將軍，提出“蒼天已死，黄天當立”，以頭纏黄巾爲標志，稱黄巾軍。與弟張梁率幽、冀兩州黄巾軍，擊破北中郎將盧植、東中郎將董卓。後病死。

［8］【今注】廣宗：縣名。治所在今河北廣宗縣。

［9］【今注】小黄門：官名。東漢始置，皆由宦官充任。東漢明帝時期員額十人，和帝後增至二十人。和熹太后稱制後，不接公卿，乃以閹人爲常侍，小黄門通命兩宫。桓帝時期，初以小黄門爲守宫令。靈帝時期小黄門蹇碩任上軍校尉，典禁軍，用事於中，權任漸重。

［10］【今注】天誅：自然滅亡。

［11］【今注】皇甫嵩：字義真，安定朝那（今寧夏彭陽縣東）人。傳見本書卷七一。

帝崩，大將軍何進謀誅中官，[1]乃召并州牧董卓，[2]以懼太后。植知卓凶悍難制，必生後患，固止之。進不從。及卓至，果陵虐朝廷，乃大會百官於朝堂，議欲廢立。群僚無敢言，植獨抗議不同。[3]卓怒罷會，將誅植，語在《卓傳》。植素善蔡邕，邕前徙朔方，[4]植獨上書請之。邕時見親於卓，故往請植事。又議郎彭伯諫卓曰：“盧尚書海内大儒，人之望也。今先害，天下震怖。”卓乃止，但免植官而已。

［1］【今注】何進：字遂高，南陽宛（今河南南陽市卧龍區）

人。傳見本書卷六九。　中官：即宦官，以閹人給事於禁中故名。

［2］【今注】并州：西漢武帝時所置十三刺史部之一，監察太原、上黨、雲中、定襄、雁門、代郡，相當於今山西大部和河北、内蒙古的一部分。　董卓：字仲穎，隴西臨洮（今甘肅岷縣）人。傳見本書卷七二。

［3］【今注】抗議不同：直言反對意見。

［4］【今注】朔方：郡名。西漢治朔方縣（今内蒙古杭錦旗東北），東漢治臨戎縣（今内蒙古磴口縣北）。

植以老病求歸，懼不免禍，乃詭道從轘轅出。[1]卓果使人追之，到懷，不及。遂隱於上谷，不交人事。冀州牧袁紹請爲軍師。[2]初平三年卒。[3]臨困，勑其子儉葬於土穴，不用棺椁，附體單帛而已。所著碑、誄、表、記凡六篇。

［1］【李賢注】詭，詐也。轘轅道在今洛州緱氏縣東南也。【今注】轘轅：山名。在今河南偃師市東南。

［2］【今注】冀州：西漢武帝時所置十三刺史部之一。領有安平郡、常山郡、中山郡、魏郡等九個郡，約百餘個侯國（縣）。　袁紹：字本初，汝南汝陽（今河南商水縣西北）人。傳見本書卷七四上。

［3］【今注】初平：東漢獻帝劉協年號（190—193）。

建安中，曹操北討柳城，過涿郡，[1]告守令曰："故北中郎將盧植，名著海内，學爲儒宗，士之楷模，[2]國之楨幹也。昔武王入殷，封商容之間；[3]鄭喪子産，仲尼隕涕。[4]孤到此州，嘉其餘風。《春秋》之義，賢者之後，宜有殊禮。[5]亟遣丞掾除其墳墓，[6]存其子孫，并致薄醊，[7]以彰厥德。”子毓，知名。[8]

［1］【李賢注】《魏志》曰，建安十二年，操北征烏凡（凡，紹興本、大德本、殿本作“桓”），涉鮮卑，討柳城，登白狼山也。【今注】建安：東漢獻帝劉協年號（196—220）。　曹操：字孟德，沛國譙（今安徽亳州市）人。初舉孝廉爲郎，後以鎮壓潁川黄巾遷爲濟南相。初平年間參與討伐董卓之役，並擊敗、收編青州黄巾軍，建立青州兵。建安元年迎漢獻帝都許。先後擊敗袁術、吕布、袁紹、劉表等割據勢力，並北征烏丸，逐漸統一北方。十三年，赤壁之戰失敗。十六年，進位丞相，又相繼晉封魏公、魏王，是東漢王朝末期的實際當政者。執政期間，唯才是舉，打擊豪强，提倡節儉，推行屯田，頒布户調制，興修水利，恢復發展生産。好文學，喜詩歌，開一代文風。二十五年病卒，後謚魏武帝，廟號太祖。紀見《三國志》卷一。　柳城：縣名。治所在今遼寧朝陽市西南。

［2］【今注】案，楷模，紹興本作“揩摸”。

［3］【今注】武王：周王朝建立者，姓姬，名發。聯合諸侯，經牧野之戰，滅商，興周，都於鎬。　殷：商王朝自盤庚至紂的都城。在今河南安陽市西北小屯村。　商容：商末賢臣，爲百姓所愛戴，被紂王廢黜。周武王滅商之後，在商容所居里門標榜題名，以示表彰。

［4］【李賢注】《左傳》曰：“仲尼聞子産死，出涕曰：‘古之遺愛也。’”【今注】鄭：西周分封的諸侯國。姬姓。周宣王二十二年（前806）封其庶弟姬友於鄭（今陝西渭南市華州區）。鄭武公時，都新鄭（今河南新鄭市）。公元前375年，爲韓國所滅。子産：名僑，字子産，又字子美。春秋時期著名政治家。鄭穆公之孫，公元前543年執政，歷史典籍以其字“子産”爲通稱。

［5］【李賢注】《公羊傳》曰："君子之善善也長，惡惡也短。惡惡止其身，善善及子孫。賢者子孫，故君子爲之諱也。"

［6］【李賢注】亟，急也。

［7］【李賢注】醊，祭酹也。音張芮反。

［8］【李賢注】《魏志》曰："毓字子家，十歲而孤，以學行稱，仕魏至侍中、吏部尚書。時舉中書郎（大德本、殿本無'書'字），詔曰：'得其人與不，在盧生耳。選舉莫取有名，如畫地爲餅，不可（紹興本、大德本、殿本"可"後有"啖也"二字，可從）。'毓對曰：'名不足以致異人，而可以得常士。常士畏教慕善，然後有名也。'"

論曰：風霜以別草木之性，[1]危亂而見貞良之節，[2]則盧公之心可知矣。夫蠭蠆起懷，[3]雷霆駭耳，雖賁、育、荆、諸之倫，[4]未有不冘豫奪常者也。[5]當植抽白刃嚴閤之下，追帝河津之間，排戈刃，赴戕折，[6]豈先計哉？君子之於忠義，造次必於是，顛沛必於是也。[7]

［1］【李賢注】《論語》曰："歲寒然後知松柏之後彫也（彫，大德本、殿本作'凋'）。"

［2］【李賢注】《老子》曰："國家昏亂有忠臣。"

［3］【今注】蠭蠆起懷：形容發生意想不到的突然事件。　案，蠆，紹興本、大德本、殿本作"蠆"。

［4］【李賢注】孟賁，多力者也；夏育，勇者也：並衞人。荆，荆軻也。諸，專諸也。

［5］【李賢注】冘，人行貌也，音淫。言冘豫不能自定也。奪謂易其常分者也。

[6]【李賢注】事見《何進傳》。杜預注《左傳》曰："戕者，卒暴之名也。"【今注】河津：即平陰津。在今河南孟津縣東。

[7]【李賢注】孔子曰："君子無終食之間違仁，造次必於是，顛沛必於是。"馬融注云（殿本無"馬融注云"四字）："造次，急遽也。顛沛，僵仆也。雖急遽僵仆，不違仁也。"

趙岐字邠卿，[1]京兆長陵人也。[2]初名嘉，生於御史臺，因字臺卿，[3]後避難，故自改名字，示不忘本土也。岐少明經，有才藝，娶扶風馬融兄女。融外戚豪家，岐常鄙之，不與融相見。[4]仕州郡，以廉直疾惡見憚。年三十餘，有重疾，卧蓐七年，[5]自慮奄忽，乃爲遺令敕兄子曰："大丈夫生世，遯無箕山之操，[6]仕無伊、吕之勳，[7]天不我與，復何言哉！可立一員石於吾墓前，刻之曰：'漢有逸人，姓趙名嘉。有志無時，命也奈何！'"其後疾瘳。

[1]【今注】案，歧，殿本作"岐"，以下皆同。

[2]【今注】長陵：縣名。以漢高祖劉邦的陵墓而得名。治所在今陝西咸陽市東北。

[3]【李賢注】以其祖爲御史，故生於臺也。【今注】御史臺：官署名。東漢始置，設於禁中蘭臺，别稱蘭臺、憲臺，與尚書、謁者臺並稱"三臺"，名義上隸少府。職掌保管宫廷所藏圖籍秘書、文書律令檔案，監察、彈劾百官，復查疑獄。

[4]【李賢注】《三輔决録注》曰："岐娶馬敦女宗姜爲妻。敦兄子融嘗至岐家，多從賓與從妹宴飲作樂，日夕乃出。過問趙處士所在。岐亦厲節，不以妹聟之故屈志於融也。與其友書曰：'馬季長雖有名當世，而不持士節，三輔高士未曾以衣裾襒其門

也。’岐曾讀《周官》二義不通，一往造之，賤融如此（紹興本、大德本、殿本‘此’後有‘也’字）。”

［5］【李賢注】蓐，寢蓐也。《聲類》曰：“蓐，薦也。”

［6］【李賢注】《易》曰：“遯而亨，君子以遠小人。”王弼注：“遯之義，避内而之外者也。”箕山，許由所隱處也。【今注】箕山：山名。位於今河南登封市東南，相傳堯時巢父許由隱居在此。

［7］【今注】伊：伊尹。名阿衡，一説名摯。相傳爲奴隸，有莘氏女嫁商湯，他作爲陪嫁媵臣事湯。後被任以國政，助湯攻滅夏桀，建立商朝。湯卒，立其子外丙、中壬，後又佐湯孫太甲即位。太甲淫暴，他放逐太甲，後太甲悔改，接回復位。沃丁時病卒。一説太甲潛歸，殺伊尹。　吕：吕望。西周初政治家。周代齊國的始祖。姜姓，吕氏，名望，或説字子牙。西周初年任太師，故亦作師尚父、吕尚、太公望，俗稱姜太公、姜子牙。得到周文王重用，輔佐武王滅商，封於齊。

永興二年，[1]辟司空掾，[2]議二千石得去官爲親行服，朝廷從之。其後爲大將軍梁冀所辟，爲陳損益求賢之策，冀不納。舉理劇，爲皮氏長。[3]會河東太守劉祐去郡，[4]而中常侍左悺兄勝代之，[5]岐恥疾宦官，即日西歸。京兆尹延篤復以爲功曹。

［1］【今注】永興：東漢桓帝劉志年號（153—154）。

［2］【今注】司空掾：司空屬官。

［3］【李賢注】皮氏故城在今絳州龍門縣西。《決録》曰“岐爲長，抑彊討姦，大興學校”也。【今注】皮氏：縣名。治所在今山西河津市。

［4］【今注】劉祐：字伯祖，中山安國（今河北博野縣東南）人。傳見本書卷六七。

［5］【今注】左悺：宦官。桓帝初爲小黄門史。與單超等五人佐助桓帝誅殺外戚梁冀兄弟，以功封上蔡侯，食邑一萬三千户。是東漢時專權朝政的主要宦官之一。後被大臣劾奏，畏罪自殺。

先是中常侍唐衡兄玹爲京兆虎牙都尉，[1]郡人以玹進不由德，皆輕侮之。岐及從兄襲又數爲貶議，玹深毒恨。[2]延熹元年，[3]玹爲京兆尹，岐懼禍及，乃與從子戩逃避之。玹果收岐家屬宗親，陷以重法，盡殺之。[4]岐遂逃難四方，江、淮、海、岱，[5]靡所不歷。自匿姓名，賣餅北海市中。[6]時安丘孫嵩年二十餘，遊市見岐，察非常人，停車呼與共載。岐懼失色，嵩乃下帷，令騎屏行人。密問岐曰："視子非賣餅者，又相問而色動，不有重怨，即亡命乎？我北海孫賓石，闔門百口，埶能相濟。"岐素聞嵩名，即以實告之，遂以俱歸。嵩先入白母曰："出行，乃得死友。"[7]迎入上堂，饗之極歡。藏岐複壁中數年，[8]岐作《戹屯歌》二十三章。

［1］【李賢注】玹音玄。【今注】唐衡：宦官。東漢桓帝時爲小黄門史，因與單超等誅梁冀，遷中常侍，封汝陽侯。　虎牙都尉：官名。又名京兆虎牙都尉，居長安，掌駐軍守護三輔陵園。

［2］【李賢注】《決録注》："襲字元嗣。先是杜伯度、崔子玉以工草書稱于前代，襲與羅暉拙書，見蚩於張伯英。英頗自矜高，與朱賜書云'上比崔、杜不足，下方羅、趙有餘'"也。

［3］【今注】延熹：東漢桓帝劉志年號（158—167）。

［4］【李賢注】《決録注》曰："岐長兄磐，州都官從事，早亡。次兄無忌，字世卿，部河東從事，爲玹所殺。"戩音翦。

[5]【今注】江淮海岱：指長江、淮河、海河、泰山。

[6]【今注】北海：封國名。都劇縣（今山東昌樂縣西北）。

[7]【今注】死友：以命相託之友。

[8]【今注】複壁：中空的夾墻，可藏物或匿人。

後諸唐死滅，[1]因赦乃出。三府聞之，同時並辟。九年，乃應司徒胡廣之命。[2]會南匈奴、烏桓、鮮卑反叛，[3]公卿舉岐，擢拜并州刺史。岐欲奏守邊之策，未及上，會坐黨事免，因撰次以爲《禦寇論》。[4]

[1]【今注】諸唐：指唐衡、唐玹等人。

[2]【今注】司徒：官名。西周置，掌治理民事、户口、官司籍田、徵發徒役、收納財賦。秦罷司徒置丞相。西漢哀帝元壽二年（前 1）改丞相爲大司徒。東漢改司徒。獻帝建安十三年（208）罷司徒，置丞相。　胡廣：字伯始，南郡華容（今湖北潛江市西南）人。傳見本書卷四四。

[3]【今注】南匈奴：東漢初匈奴分裂後南遷入塞附漢的匈奴人。　鮮卑：東胡的一支。秦漢時，游牧於今内蒙古西拉木倫河及洮兒河之間。附於匈奴。北匈奴西遷後，進入匈奴故地，併其餘衆，勢力漸盛。

[4]【李賢注】《決録注》曰："是時綱維不攝，閹豎專權，岐擬前代連珠之書四十章上之，留中不出。"

靈帝初，復遭黨錮十餘歲。中平元年，四方兵起，詔選故刺史、二千石有文武才用者，徵岐拜議郎。車騎將軍張温西征關中，[1]請補長史，[2]别屯安定。[3]大將軍何進舉爲敦煌太守，行至襄武，[4]岐與新除諸郡太守數人俱爲賊邊章等所執。賊欲脅以爲帥，歧詭辭得免，展轉還長安。[5]

［1］【今注】張温：東漢靈帝時爲車騎將軍，後爲董卓所殺。

［2］【今注】長史：官名。東漢三公、將軍府皆設，爲幕府諸掾史之長，秩千石。

［3］【今注】安定：郡名。治高平縣（今寧夏固原市）。

［4］【李賢注】縣名，屬隴西郡。【今注】敦煌：郡名。治敦煌縣（今甘肅敦煌市西）。　襄武：縣名。治所在今甘肅隴西縣東。

［5］【李賢注】《決録注》曰“歧還至陳倉，復遇亂兵，裸身得免，在草中十二日不食”也。【今注】長安：縣名。治所在今陝西西安市西北。

及獻帝西都，[1]復拜議郎，稍遷太僕。[2]及李傕專政，[3]使太傅馬日磾撫慰天下，[4]以歧爲副。日磾行至洛陽，[5]表別遣歧宣揚國命，所到郡縣，百姓皆喜曰：“今日乃復見使者車騎。”

［1］【今注】獻帝：東漢獻帝劉協，公元189年至220年在位。紀見本書卷九。

［2］【今注】太僕：官名。秦漢列卿之一，除掌管皇帝輿馬之外，還兼主馬政，秩中二千石。案，太，大德本作“大”。

［3］【今注】李傕：字稚然，東漢獻帝時爲董卓部將，及董卓被誅，與郭汜、樊稠、張濟等陷長安，自爲將軍，殺司隸校尉黄琬、司徒王允等，專擅朝綱。

［4］【今注】太傅：官名。古三公之一，周置。西漢高后元年（前187）置太傅，後省。哀帝元壽二年（前1）復置。

[5]【今注】洛陽：縣名。治所在今河南洛陽市東北。

是時袁紹、曹操與公孫瓚争冀州，[1]紹及操聞歧至，皆自將兵數百里奉迎，歧深陳天子恩德，宜罷兵安人之道，又移書公孫瓚，爲言利害。紹等各引兵去，皆與歧期會洛陽，奉迎車駕。歧南到陳留，得篤疾，經涉二年，期者遂不至。

[1]【今注】公孫瓚：字伯珪，遼西令支（今河北遷安市西）人。傳見本書卷七三。

興平元年，[1]詔書徵歧，會帝當還洛陽，先遣衛將軍董承修理宮室。[2]歧謂承曰："今海内分崩，唯有荆州境廣地勝，[3]西通巴蜀，[4]南當交阯，[5]年穀獨登，兵人差全。歧雖迫大命，猶志報國家，欲自乘牛車，南説劉表，[6]可使其身自將兵來衛朝廷，與將軍并心同力，共獎王室。此安上救人之策也。"承即表遣歧使荆州，督租糧。歧至，劉表即遣兵詣洛陽助修宮室，軍資委輸，前後不絶。時孫嵩亦寓於表，表不爲禮，歧乃稱嵩素行篤烈，因共上爲青州刺史。歧以老病，遂留荆州。

[1]【今注】興平：東漢獻帝劉協年號（194—195）。

[2]【今注】董承：獻帝舅。與偏將軍王服、越騎校尉种輯等稱受密詔以謀誅曹操，事泄被殺。

[3]【今注】荆州：西漢武帝時所置十三刺史部之一。轄境約

當今湖北、湖南二省及河南、貴州、廣西、廣東等省部分地區。

[4]【今注】巴蜀：二郡名。巴郡治江州縣（今重慶市嘉陵江北岸），蜀郡治成都縣（今四川成都市）。

[5]【今注】交阯：郡名。治羸𨻻縣（今越南河内市西北）。案，阯，大德本、殿本作“趾”。

[6]【今注】劉表：字景升，山陽高平（今山東鄒城市西南）人。傳見本書卷七四下。

曹操時爲司空，[1]舉以自代。光禄勳桓典、少府孔融上書薦之，[2]於是就拜岐爲太常。[3]年九十餘，建安六年卒。先自爲壽藏，[4]圖季扎、子産、晏嬰、叔向四像居賓位，[5]又自畫其像居主位，皆爲讚頌。勑其子曰：“我死之日，墓中聚沙爲牀，布簟白衣，[6]散髮其上，覆以單被，即日便下，下訖便掩。”岐多所述作，著《孟子章句》《三輔决録》傳於時。[7]

[1]【今注】司空：官名。三公之一。西漢成帝時改御史大夫爲大司空。東漢光武帝改司空，與太尉、司徒並爲三公。秩萬石。

[2]【今注】光禄勳：官名。秦稱郎中令，漢因之，武帝時更名光禄勳，掌宫殿掖門户。秩中二千石，位列九卿。　桓典：字公雅，沛郡龍亢（今安徽懷遠縣西北）人。傳見本書卷三七。　少府：官名。漢代中央諸卿之一。爲皇帝私府，專管帝室財政及生活諸事。機構龐大，屬官繁多。秩中二千石。　孔融：字文舉，魯國（今山東曲阜市）人。傳見本書卷七〇。

[3]【今注】太常：官名。漢初名奉常，景帝時改名太常，掌宗廟禮儀。位列九卿之首，秩中二千石。

[4]【李賢注】壽藏謂塚壙也。稱壽者，取其久遠之意也。

猶如壽宫、壽器之類。冢在今荆州古郢城中也。

［5］【今注】案，扎，殿本作“札”，是。　晏嬰：字平仲。春秋時齊國大夫。　叔向：名肸，字叔向。一名叔肸。春秋時晉國大夫。

［6］【今注】簟：竹席。

［7］【李賢注】《决録序》曰：“三輔者，本雍州之地，世世徙公卿吏二千石及高貲，皆以陪諸陵。五方之俗雜會，非一國之風，不但繫於《詩·秦》《豳》也。其爲士好高尚義，貴於名行。其俗失則趣埶進權，唯利是視。余以不才，生於西土，耳能聽而聞故老之言，目能視而見衣冠之疇（紹興本、大德本、殿本皆無‘而’字），心能識而觀其賢愚。常以玄冬，夢黄髮之士，姓玄名明，字子真，與余寤言，言必有中，善否之間，無所依違，命操筆者書之。近從建武以來，暨于斯今，其人既亡，行乃可書，玉石朱紫，由此定矣，故謂之《决録》矣。”【今注】案，孟，殿本作“要”。

贊曰：吴翁温愛，義干剛烈。[1]延、史字人，[2]風和恩結。梁使顯刑，誣黨潛絶。子幹兼姿，逢掖臨師。[3]郃卿出疆，專命朝威。[4]

［1］【李賢注】謂以義干梁冀争李固也。

［2］【今注】字：宋文民《後漢書考釋》引《左傳》成公十一年：“又不能字人之孤而殺之。”杜注云：“字，愛也。”（第266頁）

［3］【李賢注】《禮記》孔子曰：“丘少居魯，衣逢掖之衣。”鄭玄注曰：“逢猶大也。爲大掖之衣，此君子有道蓺者所衣也。”相承本作縫，義亦通。【今注】臨師：從師就學。

［4］【李賢注】疆，界也。《左傳》曰：“大夫出疆，苟利社稷，專之可也。”

後漢書　卷六五

列傳第五十五

皇甫規　張奐　段熲

皇甫規字威明，安定朝那人世。[1]祖父棱，度遼將軍。[2]父旗，扶風都尉。[3]

［1］【今注】安定：郡名。治高平縣（今寧夏固原市）。　朝那：縣名。治所在今寧夏彭陽縣東。　案，世，紹興本、大德本、殿本均作"也"，是。

［2］【今注】度遼將軍：官名。因度遼水而得名。本書卷五《安帝紀》引《漢官儀》曰："度遼將軍屯五原曼柏縣。"

［3］【今注】扶風都尉：官名。西漢武帝置，爲三輔都尉之一。掌領兵駐守防盜賊，主地方治安。東漢初年，省諸郡都尉。安帝永初四年（110），因羌人起義，三輔有陵園之守，乃復置扶風都尉。與京兆虎牙都尉並稱二營。

永和六年，[1]西羌大寇三輔，[2]圍安定，征西將軍馬賢將諸郡兵擊之，[3]不能克。規雖在布衣，見賢不䘏軍事，[4]審其必敗，乃上書言狀。尋而賢果爲羌所沒。郡將知規有兵略，乃命爲功曹，[5]使率甲士八百，與羌交戰，斬首數級，賊遂退卻。舉規上計掾。其後羌衆大合，攻燒隴西，[6]朝廷患之。規乃上疏求乞自効，[7]曰："臣比年以來，數陳便宜。羌戎未動，策其將反，馬賢始出，頗知必敗。誤中之言，在可考校。臣每惟賢等擁衆四年，未有成功，懸師之費且百億計，[8]出於平人，[9]回入姦吏。[10]故江湖之人，群爲盜賊，青、徐荒飢，[11]襁負流散。[12]夫羌戎潰叛，不由承平，皆因邊將失於綏御。乘常守安，則加侵暴，苟競小利，則致大害，微勝則虛張首級，軍敗則隱匿不言。軍士勞怨，困於猾吏，進不得快戰以徼功，退不得溫飽以全命，餓死溝渠，暴骨中原。[13]徒見王師之出，不聞振旅之聲。[14]酋豪泣血，驚懼生變。是以安不能久，敗則經年。臣所以搏手叩心而增歎者也。願假臣兩營二郡，[15]屯列坐食之兵五千，[16]出其不意，與護羌校尉趙沖共相首尾。[17]土地山谷，臣所曉習；兵埶巧便，臣已更之。可不煩方寸之印，尺帛之賜，高可以滌患，下可以納降。若謂臣年少官輕，不足用者，凡諸敗將，非官爵之不高，年齒之不邁。[18]臣不勝至誠，没死自陳。"[19]時帝不能用。

[1]【今注】永和：東漢順帝劉保年號（136—141）。

[2]【今注】西羌：羌，西北古族名。西漢主要分布在今青藏高原邊緣的青海、甘肅及四川等地，以游牧爲主業，兼務農作。部族衆多，不相統屬。東漢中央政府多次鎮壓羌人起義，使其内徙，

稱徙居金城、隴西、漢陽等郡者爲西羌，稱東遷安定、北地、西河、上郡、三輔一帶者爲東羌。　三輔：政區名。西漢武帝太初元年（前104）分右内史東半部置京兆尹，改右内史西半部置右扶風，改左内史爲左馮翊，治所均在長安，合稱三輔。

［3］【今注】征西將軍：官名。東漢永元年間置。同雜、偏、裨等號將軍。建安間曹操主持國政，列爲四征將軍之一，地位提高，秩二千石。　馬賢：漢安帝時任騎都尉，後調任護羌校尉。順帝時爲征西將軍，統兵討伐西羌。

［4］【今注】不卹：不慎重。

［5］【今注】功曹：官署名。漢始設，爲地方官府職事機構。職掌選舉，兼參諸曹事務。其主者，司隸校尉府稱功曹從事，州府稱治中從事，郡稱功曹，縣稱功曹掾。

［6］【今注】隴西：郡名。治狄道縣（今甘肅臨洮縣南）。

［7］【今注】案，大德本、殿本無“乞”字。

［8］【李賢注】懸猶停也。

［9］【李賢注】平人，齊人也。

［10］【今注】回入：轉入。

［11］【今注】青：青州。西漢武帝時所置十三刺史部之一。轄境約當今山東德州市、平原縣、高唐縣以東，河北吴橋縣及山東馬頰河以南，濟南、安邑、高密、萊陽、棲霞、乳山等市縣以北地。　徐：徐州。西漢武帝時所置十三刺史部之一。轄境相當於今山東東南部和江蘇長江以北地區。

［12］【今注】襁負：用布幅將嬰兒兜負在背上。

［13］【今注】中原：荒原。

［14］【李賢注】振，整；旅，衆也。《穀梁傳》曰“出曰治兵，入曰振旅”也（殿本無“也”字）。

［15］【李賢注】兩營謂馬賢及趙沖等。二郡，安定、隴西也。

［16］【今注】屯列坐食之兵：謂駐守布列的不勞而食的部隊。

［17］【今注】護羌校尉：官名。西漢武帝始置，掌西羌事務，秩比二千石，治護羌城（今青海湟源縣西），擁節，不常置。東漢光武帝建武六年（30）復置，都隴西令居縣（今甘肅永登縣西北），後時置時廢。章帝建初元年（76）至靈帝中平元年（184）遂爲常職，屬員有長史、司馬、從事等。　趙沖：東漢順帝時爲武威太守，後調任護羌校尉。順帝建康元年（144）爲叛胡所殺。案，王先謙《後漢書集解》引《通鑑考異》，謂《西羌傳》沖時爲武威太守，傳誤。又引惠棟《後漢書補注》，謂護羌校尉或是沖之兼官。

［18］【李賢注】邁，往也（殿本無此注）。

［19］【今注】没死：冒死。

沖質之間，[1]梁太后臨朝，[2]規舉賢良方正。[3]對策曰：[4]

［1］【今注】沖質之間：即漢沖帝和漢質帝在位期間。沖帝劉炳，順帝子，二歲即位，一年即夭亡。質帝劉纘，章帝玄孫。八歲繼沖帝位，一年後被梁冀鴆殺。

［2］【今注】梁太后：漢順帝皇后梁妠。紀見本書卷一〇下。

［3］【今注】賢良方正：漢代選拔官吏的科目之一。西漢文帝前元二年（前178），詔舉賢良方正能直言極諫者。賢良，指德才兼備。方正，指處事正直。

［4］【今注】對策：就政事、經義等設問，由應試者對答。自西漢起作爲取士考試的一種形式。

伏惟孝順皇帝，[1]初勤王政，紀綱四方，幾以獲安。後遭姦僞，威分近習，[2]畜貨聚馬，戲譴是聞；又因緣嬖倖，[3]受賂賣爵，輕使賓客，交錯其間，天下擾擾，從亂如歸，[4]故每有征戰，鮮不挫傷，官民並竭，上下窮虚。臣在關西，竊聽風聲，未聞國家有所先後，[5]而威福之來，咸歸權倖。陛下體兼乾坤，聰哲純茂。攝政之初，拔用忠貞，[6]其餘維綱，多所改正。遠近翕然，[7]望見太平。而地震之後，[8]霧氣白濁，日月不光，旱魃爲虐，[9]大賊從横，流血川野，[10]庶品不安，譴誡累至，殆以姦臣權重之所致也。其常侍尤無狀者，亟便黜遣，[11]披埽凶黨，[12]收入財賄，[13]以塞痛怨，以答天誡。

[1]【今注】孝順皇帝：東漢順帝劉保，公元125年至144年在位。紀見本書卷六。

[2]【李賢注】近習，謂佞倖親近小人也（謂，紹興本作"諸"）。《禮記》曰："雖有貴戚近習。"

[3]【今注】嬖倖：受寵幸的小人。

[4]【李賢注】《左傳》曰"人患王之無厭也，故從亂如歸"也。

[5]【李賢注】先後謂進退也。言國家不妄有褒貶進退，而權倖之徒反爲禍福也。

[6]【今注】案，本書卷一〇下《皇后紀下》曰："建康元年，帝崩。(梁）后無子，美人虞氏子炳立，是爲沖帝。尊后爲皇太后，太后臨朝。沖帝尋崩，復立質帝，猶秉朝政……太后夙夜勤勞，推心杖賢，委任太尉李固等，拔用忠良，務崇節儉。其貪叨罪慝，多見誅廢。分兵討伐，群寇消夷。故海内肅然，宗廟以寧。"

[7]【今注】翕然：和順安定。

[8]【今注】地震之後：本書卷六《沖帝紀》載漢沖帝建康元

年（144）九月丙午“京師及太原、雁門地震，三郡水涌土裂”。

［9］【李賢注】《詩·大雅》曰：“旱魃爲虐，如惔如焚。”魃，旱神也。

［10］【今注】案，川，紹興本、大德本作“丹”。

［11］【李賢注】無狀者，讀無善狀（讀，紹興本、大德本、殿本作“謂”，是）。

［12］【今注】披埽：揭露並掃除。

［13］【今注】案，王先謙《後漢書集解》謂《後漢紀》作“蕩滌其賄”。

今大將軍梁冀、河南尹不疑，[1]處周、邵之任，[2]爲社稷之鎮，加與王室世爲姻族，[3]今日立號雖尊可也，[4]實宜增脩謙節，輔以儒術，省去遊娱不急之務，割減廬第無益之飾。[5]夫君者舟也，人者水也。[6]群臣乘舟者也，將軍兄弟操檝者也。若能平志畢力，以度元元，所謂福也。如其怠弛，將淪波濤。可不慎乎！夫德不稱禄，猶鑿墉之趾，[7]以益其高。豈量力審功安固之道哉？凡諸宿猾、酒徒、戲客，皆耳納邪聲，口出諂言，甘心逸遊，唱造不義。亦宜貶斥，以懲不軌。令冀等深思得賢之福，失人之累。又在位素餐，尚書怠職，有司依違，莫肯糾察，故使陛下專受諂諛之言，不聞户牖之外。[8]臣誠知阿諛有福，深言近禍，豈敢隱心以避誅責乎！臣生長邊遠，希涉紫庭，[9]怖慴失守，[10]言不盡心。

［1］【今注】大將軍：武官名。西漢武帝起領尚書事，爲中朝官領袖，地位因人而異，與三公相上下。　梁冀：字伯卓，安定烏氏（今寧夏固原市東南）人。傳見本書卷三四。　不疑：梁不疑，梁冀弟。順帝時官至河南尹。　案，疑，大德本誤作“凝”。

［2］【今注】周：周公。周武王之弟，名旦，獲封於魯，不之國，而以其子伯禽就封。在武王去世後輔佐成王，任太師，攝政，東征平滅武王弟管叔、蔡叔與紂王子武庚的聯合叛亂，營建洛邑，設成周八師鎮撫東方。制禮作樂，確立周代諸項制度。在成王成年後，周公還政於成王。被後世視作賢臣代表、儒家聖人。　邵：召公。周武王之弟，名奭。因食邑於召，故稱召公。周滅商，受封於燕，爲燕國始祖。本人留鎬京輔政，遣其長子就封。

［3］【李賢注】梁商女爲順帝后，后女弟又爲桓帝后。冀即商子，故曰代姻也。

［4］【李賢注】可猶宜也。

［5］【今注】廬第：房屋府第。

［6］【李賢注】《家語》孔子曰：“夫君者舟也，人者水也。水可載舟，亦以覆舟。君以此思危，則可知也。”

［7］【今注】鑿墉之趾：鑿去墻壁的基脚。

［8］【今注】案，惠棟《後漢書補注》謂老子云：“不出户知天下，不窺牖知天道。”

［9］【今注】紫庭：此指紫宮，即中宮、紫微垣，星官名。指以北極星爲中心的若干顆星。代表天帝所居之所，象徵皇宫。

［10］【今注】怖慴：惶恐。

梁冀忿其刺己，以規爲下第，[1]拜郎中。託疾免歸，州郡承冀旨，幾陷死者再三。遂以《詩》《易》教授，門徒三百餘人，積十四年。後梁冀被誅，旬月之閒，禮命五至，[2]皆不就。

［1］【今注】下第：對策的評定爲下等。

［2］【今注】禮命：君王的禮聘和任命。

時太山賊叔孫無忌侵亂郡縣，[1]中郎將宗資討之未服。[2]公車特徵規，[3]拜大山太守。[4]規到官，廣設方略，寇賊悉平。[5]延熹四年秋，[6]叛羌零吾等與先零别種寇鈔關中，[7]護羌校尉段熲坐徵。[8]後先零諸種陸梁，覆没營塢。[9]規素悉羌事，志自奮効，乃上疏曰："自臣受任，志竭愚鈍，實賴兖州刺史牽顥之清猛，[10]中郎將宗資之信義，得承節度，幸無咎譽。今猾賊就滅，太山略平，復聞群羌並皆反逆。臣生長邠岐，年五十有九，昔爲郡吏，再更叛羌，豫籌其事，[11]有誤中之言。臣素有固疾，恐犬馬齒窮，不報大恩，願乞冗官，備單車一介之使，勞來三輔，宣國威澤，以所習地形兵埶，佐助諸軍。臣窮居孤危之中，坐觀郡將，已數十年矣。自鳥鼠至于東岱，其病一也。[12]力求猛敵，不如清平；勤明吴、孫，未若奉法。[13]前變未遠，臣誠戚之。[14]是以越職，盡其區區。"

［1］【今注】太山：即"泰山"。郡名。治奉高邑（今山東泰安市東）。　叔孫無忌：東漢後期在泰山郡發動起義的領導者。

［2］【今注】中郎將：秦、西漢爲中郎長官，秩比二千石，隸郎中令（光禄勳）。職掌宫禁宿衛，隨行護駕，協助郎中令（光禄勳）考核選拔郎官及從官，亦常奉詔出使，職位清要。後又專設五官、左、右中郎將分領中郎、常侍侍郎，謁者。期門（虎賁）、羽林郎等禁衛軍亦專設中郎將統領。其職多由外戚及親近官員擔任，

加中朝官號。東漢省併郎署，中郎、侍郎、郎中悉歸五官、左、右三署，作爲後備官員。五官、左、右中郎將仍隸光禄勳，職掌訓練考核選拔郎官。宮禁宿衛侍從之職歸虎賁、羽林中郎將。别設使匈奴中郎將管理南匈奴事務。亦有單稱中郎將者。　宗資：字叔都，南陽安衆縣（今河南鄧州市東北）人，曾任汝南太守。東漢名臣。

［3］【今注】公車：官署名。衛尉下屬設公車令，掌宮殿司馬門的警衛。天下上計事及徵召等，經由此處受理。

［4］【今注】案，大，紹興本、大德本、殿本均作“太”。

［5］【今注】案，賊，大德本、殿本作“虜”。

［6］【今注】延熹：東漢桓帝劉志年號（158—167）。

［7］【今注】零吾：西羌部落首領之一。　先零：漢時西羌的一支。東漢初，被馬援等擊平，徙於隴西、天水、右扶風等地，餘部遷往塞外。安帝永初元年（107）先零别部首領滇零領導諸羌起義，建立政權，在北地郡稱天子。漢以後，先零羌漸與漢族及西北其他民族逐漸相融合。　鈔：掠奪。

［8］【李賢注】熲擊羌，坐爲涼州刺史郭閎留兵不進下獄。

［9］【李賢注】《説文》曰：“塢，小障也。一曰庳城也。”音烏古反。【今注】陸梁：猶“跳樑”，爲蠢動之義。　營塢：營壘。

［10］【今注】兖州：西漢武帝時所置十三刺史部之一。約當今山東西南部及河南東部地區。　刺史：西漢武帝元封五年（前106），置刺史部十三州，初無治所，掌奉詔六條察州，所察對象主要爲二千石官吏、强宗豪右及諸侯王等。成帝綏和元年（前8）更爲牧，秩二千石。哀帝建平二年（前5）罷州牧，復刺史。元壽二年（前1）復爲牧。東漢建武十一年（35）省。建武十八年復爲刺史，有常治所，奏事遣計吏代行，不復自往。靈帝中平五年（188），劉焉謂四方兵寇，由刺史權輕，宜改置牧，選重臣爲之。自此，刺史權力增大，除監察權外，還有選舉、劾奏之權，干預地方行政及領兵之權，原作爲監察區劃的“州”逐漸轉化爲“郡”

之上的地方行政機構，州、郡、縣三級制隨之形成。

［11］【今注】案，豫，大德本、殿本作“預”。

［12］【李賢注】郡將，郡守也。鳥鼠，山名，在今謂州西（謂，紹興本、大德本、殿本作“渭”，是），即先零羌病即處也（病即，紹興本、大德本、殿本作“寇鈔”）。東岱謂泰山，叔孫無忌反處也。皆由郡守不加綏撫，致使反叛，其疾同也。【今注】鳥鼠：山名。在今甘肅渭源縣西南。　東岱：泰山。

［13］【李賢注】吴起，魏將也。孫武，吴將也。言若求猛敵（敵，殿本作“將”），不如撫以清平之政；明習兵書，不如郡守奉法，使之無反也。

［14］【李賢注】戚，憂也。前變謂羌反。

至冬，羌遂大合，朝廷爲憂。三公舉規爲中郎將，持節監關西兵，[1]討零吾等，破之，斬首八百級。先零諸種羌慕規威信，相勸降者十餘萬。明年，規因發其騎共討隴右，[2]而道路隔絶，軍中大疫，死者十三四。規親入菴廬，[3]巡視將士，三軍感悦。[4]東羌遂遣使乞降，涼州復通。[5]

［1］【今注】持節：官員或使臣外出時持皇帝所授節杖，以示威權。本書卷一上《光武帝紀上》：“持節北度河。”李賢注：“節，所以爲信也，以竹爲之，柄長八尺，以旄牛尾爲其眊三重。”

［2］【今注】隴右：泛指隴山以西地區，在今甘肅隴山、六盤山以西，黄河以東一帶。

［3］【今注】菴廬：行軍營帳。

［4］【今注】案，感，殿本作“咸”。

［5］【今注】涼州：西漢武帝時所置十三刺史部之一。轄境相

當於今甘肅、寧夏、青海三省區湟水流域以及陝西和内蒙古部分地區。

先是安定太守孫儁受取狼籍，[1]屬國都尉李翕、督軍御史張稟多殺降羌，[2]涼州刺史郭閎、漢陽太守趙熹並老弱不堪任職，[3]而皆倚恃權貴，不遵法度。規到州界，悉條奏其罪，或免或誅。羌人聞之，翕然反善。沈氐大豪滇昌、飢恬等十餘萬口，[4]復詣規降。

［1］【今注】狼籍：此指聲名敗壞。

［2］【今注】屬國都尉：官名。西漢武帝時期，設置於西北邊郡少數民族地區的行政長官，職如郡守，秩比二千石，屬官有丞、候、千人等。東漢諸邊郡（西北、東北、西南等）皆分置，以安置降附、内屬匈奴、胡、羌、鮮卑等少數民族。 督軍御史：官名。東漢光武始置，即侍御史奉命臨時督軍者，掌監察軍隊。

［3］【今注】郭閎：東漢桓帝時爲涼州刺史，曾因羌人反叛事陷罪段熲。 漢陽：郡名。治冀縣（今甘肅甘谷縣東）。 趙熹：東漢桓帝時爲漢陽太守，其時熹與郭閎皆因年老不堪任職，爲皇甫嵩彈劾。

［4］【今注】案，氐，紹興本、大德本、殿本作“氐”，是。又，十餘萬口，惠棟《後漢書補注》謂《後漢紀》作“二十餘萬口”。

規出身數年，[1]持節爲將，擁衆立功，還督鄉里，既無它私惠，而多所舉奏，又惡絶宦官，[2]不與交通，於是中外並怨，[3]遂共誣規貨賂群羌，令其文降。[4]天子璽書誚讓相屬。[5]規懼不免，上疏自訟曰：“四年之秋，戎醜蠢戾，[6]爰自西州，侵及涇陽，[7]舊都懼駭，[8]朝廷西顧。明詔不以臣愚駑，急使軍就道。[9]幸蒙威靈，遂振國命，羌戎諸種，[10]大小稽首，輒移書營郡，以訪誅納，[11]所省之費，一億以上。以爲忠臣之義，不敢告勞，[12]故恥以片言自及微効。然比方先事，庶免罪悔。[13]前踐州界，先奏郡守孫儁，次及屬國都尉李翕、督軍御史張稟；旋師南征，又上涼州刺史郭閎、漢陽太守趙熹，陳其過惡，執據大辟。凡此五臣，支黨半國，[14]其餘墨綬，[15]下至小吏，所連及者，復有百餘。吏託報將之怨，子思復父之恥，載贄馳車，[16]懷糧步走，交搆豪門，競流謗讟，[17]云臣私報諸羌，謝其錢貨。[18]若臣以私財，則家無擔石；如物出於官，則文簿易考。就臣愚惑，信如言者，前世尚遺匈奴以宮姬，[19]鎮烏孫以公主。[20]今臣但費千萬，以懷叛羌。則良臣之才略，兵家之所貴，將有何罪，負義違理乎？自永初以來，將出不少，覆軍有五，動資巨億。有旋車完封，寫之權門，[21]而名成功立，厚加爵封。今臣還督本土，糺舉諸郡，[22]絶交離親，戮辱舊故，衆謗陰害，固其宜也。臣雖汙穢，廉絜無聞，[23]今見覆没，恥痛實深。傳稱'鹿死不擇音'，謹冒昧略上。"[24]

[1]【今注】出身：此指出來爲官。

[2]【今注】惡絶：極爲痛恨。　案，宦，大德本誤作"官"。

[3]【今注】中外：朝廷内外。

[4]【李賢注】以文簿虚降，非真心也。

［5］【今注】璽書：皇帝的詔敕。古代將文書書寫於簡牘上，兩片合一，以繩縛之。在繩結上用泥密封，鈐以印璽，稱爲璽書。春秋戰國時，國君大夫之印稱璽，秦以後則爲皇帝專用。

［6］【李賢注】蠢，動也。戾，乖也。

［7］【李賢注】縣名，屬安定郡，其故城在今原州平源縣南也。【今注】涇陽：縣名。治所在今甘肅平涼市西北。

［8］【今注】舊都：長安。西漢建都長安，東漢建都洛陽，故稱長安爲舊都。

［9］【李賢注】就猶上也。

［10］【今注】羌戎諸種：指羌族的各支各部。

［11］【李賢注】訪，問也。規言羌種既服，臣即移書軍營及郡，勘問誅殺并納受多少之數目也。

［12］【李賢注】《詩·小雅》曰："密勿從事，不敢告勞。無罪無辜，讒口嗸嗸。"

［13］【李賢注】先事謂前輩敗將也。

［14］【今注】支黨半國：黨羽遍及半個國家，極言黨羽之多。

［15］【今注】墨綬：黑色綬帶。秩比六百石以上至比二千石以下皆銅印墨綬。郡丞、郡都尉丞、王國長史、王國内史丞等郡國高級佐官及縣令皆屬墨綬。

［16］【今注】贄：見人時所贈送的財物。

［17］【今注】讟：誹謗。

［18］【李賢注】謝猶讎也。

［19］【李賢注】元帝賜呼韓邪單于待詔掖庭王嬙爲閼氏也。

［20］【李賢注】武帝以江都王建女細君妻烏孫王昆莫爲夫人也。【今注】烏孫：西域國名。王治赤谷城（今吉爾吉斯斯坦伊塞克湖州東南伊什提克）。

［21］【李賢注】言覆軍之將，旋師之日，多載珍寶，封印完全，便入權門。

［22］【今注】糺舉：同“糾舉”。

［23］【今注】廉絜無聞：指没有公正清廉的名聲。

［24］【李賢注】《左傳》曰“鹿死不擇音，珽而走險，急何能擇”也（珽，紹興本、大德本、殿本作“挻”，是）。

其年冬，徵還拜議郎。[1]論功當封。而中常侍徐璜、左悺欲從求貨，[2]數遣賓客就問功狀，規終不答。璜等忿怒，陷以前事，下之於吏。官屬欲賦斂請謝，規誓而不聽，遂以餘寇不絶，坐繫廷尉，論輸左校。[3]諸公及太學生張鳳等三百餘人詣闕訟之。[4]會赦，歸家。

［1］【今注】議郎：《北堂書鈔》卷五六引《漢官儀》：“議郎、郎中，秦官也。議郎秩比六百石，特徵賢良方正敦朴有道。”兩漢沿置，侍從皇帝左右，掌顧問應對。

［2］【今注】中常侍：官名。秦置中常侍官，參用士人，皆銀璫左貂，給事殿省。西漢沿置，出入宫廷，侍從皇帝，爲列侯至郎中的加官。東漢時，中常侍成爲有具體職掌的官職，本無員數，明帝永平中定爲四人，明帝以後，員數稍增，改以金璫右貂，兼領卿署之職。自和熹太后以女主稱制，不接公卿，乃以閹人爲常侍、小黄門，通命兩宫，自此以來，悉用閹人。東漢後期，中常侍把持朝政，權勢極盛。　徐璜：宦官。東漢桓帝初爲中常侍。與單超等五人佐助桓帝定謀誅殺外戚梁冀兄弟，以功封武原侯，食邑一萬五千户。是東漢專權朝政的主要宦官之一。　左悺：宦官。東漢桓帝初爲小黄門史。與單超等五人佐助桓帝誅殺外戚梁冀兄弟，以功封上蔡侯，食邑一萬三千户。是東漢專權朝政的主要宦官之一。後被大臣劾奏，畏罪自殺。

[3]【李賢注】《漢官儀》曰，左校署屬將作大匠也。【今注】廷尉：官名。本是秦官，位列九卿，主掌司法審判，秩中二千石。有正、左右監，秩皆千石。西漢景帝中元六年（前 144）更名大理，武帝建元四年（前 137）復爲廷尉。宣帝地節三年（前 67）初置左右平，秩皆六百石。哀帝元壽二年（前 1）復爲大理。王莽改曰作士。東漢以後，或稱廷尉，或稱大理，或稱廷尉卿。省右平、右監。重大案件由御史中丞、司隸校尉、廷尉會審。　左校：官名。秦漢皆置左、右校，其長官稱令，分掌左工徒和右工徒，屬將作大匠，掌修建宗廟、路寢、宫室、陵園等土木工程，秩六百石。官吏犯法，常輸左校爲工徒。

[4]【今注】太學：古代學校名稱。亦作"大學"。虞時的庠、夏的序、殷商的瞽宗、西周的辟雍，均爲古代大學。亦稱國學、國子學。

徵拜度遼將軍，至營數月，上書薦中郎將張奂以自代。曰："臣聞人無常俗，而政有治亂；兵無强弱，而將有能否。伏見中郎將張奂，才略兼優，宜正元帥，以從衆望。若猶謂愚臣宜充軍事者，願乞冗官，以爲奂副。"朝廷從之，[1]以奂代爲度遼將軍，規爲使匈奴中郎將。及奂遷大司農，[2]規復代爲度遼將軍。

[1]【今注】案，廷，紹興本作"庭"。

[2]【今注】大司農：官名。秦及西漢前期稱治粟内史，西漢景帝後元元年（前 143）更名大農令，武帝太初元年（前 104）更名大司農。掌國家錢穀租税等財政收支。位列九卿，秩中二千石。

規爲人多意筭，[1]自以連在大位，欲退身避第，[2]

數上病，不見聽。會友人上郡太守王旻喪還，[3]規縞素越界，到下亭迎之。[4]因令客密告并州刺史胡芳，[5]言規擅遠軍營，公違禁憲，當急舉奏。芳曰："威明欲避第仕塗，故激發我耳。[6]吾當爲朝廷愛才，何能申此子計邪！"[7]遂無所問。及黨事大起，[8]天下名賢多見染逮，[9]規雖爲名將，素譽不高。自以西州豪桀，恥不得豫，乃先自上言："臣前薦故大司農張奂，是附黨也。又臣昔論輸左校時，太學生張鳳等上書訟臣，是爲黨人所附也。臣宜坐之。"朝廷知而不問，時人以爲規賢。[10]

[1]【今注】意筭：計謀。

[2]【今注】案，王先謙《後漢書集解》云："錢大昕曰：'"第"當作"弟"，避弟謂已避位而第得辟召也。此事見《風俗通·過譽篇》。下文避第仕塗，亦弟字之譌。章懷注謂欲歸第避仕宦之塗，誤矣。'"惠棟《後漢書補注》亦認爲"第"當作"弟"。

[3]【今注】上郡：治膚施縣（今陝西榆林市東南）。

[4]【今注】下亭：驛道上供人歇息的亭子。

[5]【今注】并州：西漢武帝時所置十三刺史部之一，監察太原、上黨、雲中、定襄、雁門、代郡，相當於今山西大部和河北、内蒙古的一部分。

[6]【李賢注】言欲歸第避仕宦之塗也。

[7]【今注】案，惠棟《後漢書補注》謂《風俗通》載芳語曰："我爲朝廷惜其功用，何能爲此私家計邪！"

[8]【今注】黨事：東漢桓帝時禁錮黨人之事。

[9]【今注】染逮：株連沾染。案，惠棟《後漢書補注》謂《續漢書》"染"作"連"。

［10］【今注】案，《後漢書考正》劉攽稱“以爲規賢”非是，當云“以規爲賢”。

在事數歲，北邊威服。永康元年，[1]徵爲尚書。[2]其夏日食，詔公卿舉賢良方正，下問得失。規對曰：“天之於王者，如君之於臣，父之於子也。誡以災妖，使從福祥。陛下八年之中，三斷大獄，[3]一除内嬖，[4]再誅外臣。[5]而災異猶見，人情未安者，殆賢愚進退，威刑所加，有非其理也。前太尉陳蕃、劉矩，[6]忠謀高世，廢在里巷；劉祐、馮緄、[7]趙典、尹勳，[8]正直多怨，流放家門；李膺、王暢、孔翊，[9]絜身守禮，終無宰相之階。至於鉤黨之釁，事起無端，[10]虐賢傷善，哀及無辜。今興改善政，易於覆手，而群臣杜口，鑒畏前害，互相瞻顧，莫肯正言。伏願陛下暫留聖明，容受謇直，[11]則前責可弭，後福必降。”對奏，不省。

［1］【今注】永康：東漢桓帝劉志年號（167）。

［2］【今注】尚書：官名。戰國秦、齊等國始置，亦稱掌書，爲諸侯國君管理文書的小吏。秦朝由少府遣吏四人，在宫中收發文書，稱尚書，地位甚輕。設令、僕射、丞以主之。西漢初因之。自武帝至成帝初，置四員分曹治事，領諸郎，掌管機要，職權漸重，爲中朝重要宫官。成帝建始四年（前 29）增尚書爲五員，以保管文書檔案、傳達記録詔命章奏爲主，拆閲、裁決章奏之權歸領尚書事、尚書令、僕射。東漢尚書臺分六曹，各置尚書，秩六百石，位在令、僕射下，丞、郎上。身兼宫官、朝官雙重身份，既掌納奏擬詔出令，又可向公卿等行政機構直接下達政令，秩位雖輕，職權頗重。三國沿置，員數不等。

［3］【李賢注】謂誅梁冀，誅鄧萬、鄧會，誅李膺等黨事也。【今注】八年之中三斷大獄：自東漢桓帝延熹二年（159）至永康元年，前後八年時間。延熹二年秋八月誅梁氏外戚；延熹八年春二月，廢皇后鄧氏，清除鄧氏外戚；延熹九年冬十二月，誅李膺等黨人。

［4］【李賢注】無德而寵曰嬖，謂廢鄧皇后也。

［5］【李賢注】殺桂陽太守任胤，殺南陽太守成瑨、太原太守劉質等也。

［6］【李賢注】《漢官儀》曰："矩字叔方（矩，大德本誤作'無'）。"【今注】太尉：官名。秦置，金印紫綬，西漢武帝元狩四年（前119）改名大司馬，東漢光武帝建武二十七年（51）復稱太尉，與司徒、司空合稱三公。　陳蕃：字仲舉，汝南平輿（今河南平輿縣北）人。傳見本書卷六六。　劉矩：字叔方，沛國蕭（今安徽蕭縣西北）人。傳見本書卷七六。

［7］【李賢注】古本反。【今注】劉祐：字伯祖，中山安國（今河北博野縣東南）人。傳見本書卷六七。　馮緄：字鴻卿，巴郡宕渠（今四川渠縣東北）人。傳見本書卷三八。

［8］【今注】趙典：字仲經，蜀郡成都（今四川成都市）人。傳見本書卷二七。　尹勳：字伯元，河南鞏（今河南鞏義市西南）人。傳見本書卷六七。

［9］【今注】李膺：字元禮，潁川襄城（今河南襄城縣）人。傳見本書卷六七。　王暢：字叔茂，山陽高平（今山東鄒城市西南）人。傳見本書卷五六。　孔翊：惠棟《後漢書補注》謂《黨錮傳》有孔昱，昱字元世。韓敕碑有御史孔翊元世，則翊即昱。《魯國先賢傳》載翊爲洛陽令，與傳合，而傳不言爲御史，史闕文也。

［10］【李賢注】鉤，引也。謂李膺等事也。

［11］【今注】謇直：忠誠正直。

遷規弘農太守,[1]封壽成亭侯，邑二百户，讓封不受。再轉爲護羌校尉。熹平三年,[2]以疾召還，未至，卒于穀城,[3]年七十一。所著賦、銘、碑、讚、禱文、弔、章表、教令、書、檄、牋記，凡二十七篇。

[1]【今注】弘農：郡名。治弘農縣（今河南靈寶市東北故函谷關城）。

[2]【今注】熹平：東漢靈帝劉宏年號（172—178）。

[3]【今注】穀城：縣名。治所在今山東平陰縣西南。

論曰：孔子稱“其言之不怍，則其爲之也難”。[1]察皇甫規之言，其心不怍哉！夫其審己則干禄,[2]見賢則委位，故干禄不爲貪，而委位不求讓；稱己不疑伐，而讓人無懼情。故能功成於戎狄，身全於邦家也。

[1]【李賢注】怍，慙也（殿本無此注）。

[2]【今注】干禄：求取官位。

張奂字然明，敦煌酒泉人也。[1]父惇，爲漢陽太守。奂少遊三輔，師事太尉朱寵，學歐陽《尚書》。[2]初，《牟氏章句》浮辭繁多,[3]有四十五萬餘言，奂減爲九萬言。後辟大將軍梁冀府，乃上書桓帝,[4]奏其《章句》，詔下東觀。[5]以疾去官，復舉賢良，對策第一，擢拜議郎。

[1]【李賢注】酒泉，縣名，地多泉水（泉，大德本作

“酒”），故城在今永州晉昌縣東北也（永，紹興本、殿本作“陽”）。【今注】敦煌：郡名。治敦煌縣（今甘肅敦煌市西）。酒泉：錢大昕《廿二史考異》卷一二《後漢書三》謂酒泉爲郡名，非縣名。當作“淵泉”。淵泉縣，治所在今甘肅瓜州縣東。

［2］【今注】歐陽尚書：漢代今文《尚書》學派之一。因歐陽氏傳授，故名。

［3］【李賢注】時牟卿受《書》於張堪，爲博士，故有《牟氏章句》。【今注】牟氏章句：牟長所著《尚書章句》，俗號《牟氏章句》。牟長，東漢光武帝時歷任博士、河内太守、中散大夫等職。精通《歐陽尚書》，弟子多至萬人。

［4］【今注】桓帝：東漢桓帝劉志，公元146年至167年在位。紀見本書卷七。

［5］【今注】東觀：東漢洛陽南宫内觀名。明帝詔班固等修撰《漢記》於此，書成名爲《東觀漢記》。章、和二帝時爲皇宫藏書之府。後因以稱國史修撰之所。

永壽元年，[1]遷安定屬國都尉。初到職，而南匈奴左薁鞬臺耆、且渠伯德等七千餘人寇美稷，[2]東羌復舉種應之，而奂壁唯有二百許人，聞即勒兵而出。軍吏以爲力不敵，叩頭争止之。奂不聽，遂進屯長城，收集兵士，遣將王衞招誘東羌，因據龜兹，[3]使南匈奴不得交通東羌。諸豪遂相率與奂和親，共擊薁鞬等，連戰破之。伯德惶恐，將其衆降，郡界以寧。[4]

［1］【今注】永壽：東漢桓帝劉志年號（155—158）。

［2］【今注】南匈奴：東漢初匈奴分裂後南遷入塞附漢的匈奴人。　案，左薁鞬、且渠，皆匈奴職官名。又，千，殿本作“十”。

美稷：縣名。治所在今内蒙古准格爾旗沙圪堵鎮納林村古城。西河屬國都尉治所。案，或以爲美稷縣西漢時爲西河屬國都尉駐地，東漢建武年間又爲南匈奴屬國的單于庭駐地和使匈奴中郎將治所，既是高級軍政機構駐地，也是南匈奴貴族居住地，更是屯駐重兵之地，其城建規模必定遠大於一般縣城。考古所見納林古城占地面積較小，古城内外遺物較少，文化層較淺，與史書對美稷故城的記載並不符合，故推斷納林古城以西暖水鄉榆樹壕村古城可能爲美稷縣故址（詳見王興鋒《漢代美稷古城新考》，《中國邊疆史地研究》2016 年第 1 期）。

［3］【李賢注】龜兹音丘慈，縣名，屬上郡。《前書音義》曰"龜兹國人來降之，因以名縣"也。【今注】龜兹：縣名。治所在今陝西榆林市北、榆溪河東岸。

［4］【今注】郡界以寧：郡境從此平静下來。

羌豪帥感奂恩德，上馬二十匹，先零酋長又遺金鐻八枚。奂並受之，[1]而召主簿於諸羌前，[2]以酒酹地曰：[3]"使馬如羊，不以入廄；使金如粟，不以入懷。"悉以金馬還之。[4]羌性貪而貴吏清，前有八都尉率好財貨，爲所患苦，及奂正身絜己，威化大行。

［1］【李賢注】郭璞注《山海經》云："鐻音渠，金食器名。"未詳形制也（形，大德本作"所"）。【今注】案，惠棟《後漢書補注》謂《續漢書》"鐻"作"渠"。

［2］【今注】主簿：官名。漢各級衙署多置。其職責爲主管文書，辦理事務。

［3］【李賢注】以酒決地謂之酹（決，紹興本、大德本、殿本作"沃"，可從）。音力外反。

［4］【李賢注】如羊如粟，喻名也（名，紹興本、大德本、

殿本作“多”，是）。

遷使匈奴中郎將。時休屠各[1]及朔方烏桓並同反叛，[2]燒度遼將軍門，[3]引屯赤阬，烟火相望。兵衆大恐，各欲亡去。奂安坐帷中，與弟子講誦自若，軍士稍安。乃潛誘烏桓陰與和通，遂使斬屠各渠帥，襲破其衆。諸胡悉降。[4]

[1]【李賢注】屠音直於反。【今注】休屠各：即屠各，當時匈奴部落之一。

[2]【今注】朔方：郡名。西漢治朔方縣（今内蒙古杭錦旗東北），東漢治臨戎縣（今内蒙古磴口縣北）。　烏桓：北方少數民族名。原是東胡族的一支，西漢初被匈奴擊敗，遷至烏桓山，因以爲名。以游牧射獵爲生。西漢武帝時，遷至上谷、漁陽、右北平、遼西、遼東五郡塞外，在今内蒙古錫林郭勒盟、赤峰市、通遼市南部長城以北地。東漢初入居塞内，置護烏桓校尉管理，駐寧城（今河北萬全縣）。

[3]【李賢注】時度遼將軍屯王原（王，紹興本、大德本、殿本作“五”，是）。

[4]【今注】案，惠棟《後漢書補注》引謝承《後漢書》：“奂率步騎二萬，廣宣方略，大破鮮卑。匈奴惶懼，詣奂乞降。”

延熹元年，鮮卑寇邊，[1]奂率南單于擊之，斬首數百級。

[1]【今注】鮮卑：東胡的一支。秦漢時，游牧於今内蒙古西拉木倫河及洮兒河之間。附於匈奴。北匈奴西遷後，進入匈奴故

地，併其餘衆，勢力漸盛。

明年，梁冀被誅，奂以故吏免官禁錮。[1]奂與皇甫規友善，奂既被錮，凡諸交舊莫敢爲言，唯規薦舉前後七上。在家四歲，復拜武威太守。[2]平均徭賦，率厲散敗，常爲諸郡最，河西由是而全。其俗多妖忌，凡二月、五月産子及與父母同月生者，悉殺之。奂示以義方，[3]嚴加賞罰，風俗遂改，百姓生爲立祠。舉尤異，遷度遼將軍。數載閒，幽、并清静。

［1］【今注】故吏：舊時僚屬。東漢時多指被貴戚官僚薦舉、辟用的官吏。大官僚往往擁有衆多故吏，形成社會政治勢力。　禁錮：禁止做官和參加政治活動。

［2］【今注】武威：郡名。治姑臧縣（今甘肅武威市西北）。

［3］【今注】義方：仁義之道。

九年春，[1]徵拜大司農。鮮卑聞奂去，其夏，遂招結南匈奴、烏桓數道入塞，或五六千騎，或三四千騎，寇掠緣邊九郡，殺略百姓。秋，鮮卑復率八九千騎入塞，誘引東羌與共盟詛。[2]於是上郡沈氐、安定先零諸種共寇武威、張掖，[3]緣邊大被其毒。朝廷以爲憂，復拜奂爲護匈奴中郎將，以九卿秩督幽、并、涼三州及度遼、烏桓二營，[4]兼察刺史、二千石能否，賞賜甚厚。匈奴、烏桓聞奂至，因相率還降，凡二十萬口。奂但誅其首惡，餘皆慰納之。唯鮮卑出塞去。

［1］【今注】九年：指延熹九年（166）。

［2］【今注】盟詛：盟誓。

［3］【今注】案，大德本、殿本無“定”字。　張掖：郡名。治所初在張掖縣，後移至觻得縣（今甘肅張掖市甘州區西北）。

［4］【李賢注】明帝永平八年，初置度遼將軍，屯五原郡曼相縣（相，紹興本、大德本、殿本作“栢”），《漢官儀》曰“烏丸校尉屯上谷郡甯縣”（丸，大德本、殿本作“桓”），故曰二營。【今注】九卿：秦漢時期中央官職的總稱，包括奉常（後改太常）、郎中令（後改光禄勳）、衛尉、太僕、廷尉、典客（後改大鴻臚）、宗正、少府、治粟内史（後改大司農）等。此處泛指中央高級官吏。　幽：幽州。西漢武帝時所置十三刺史部之一。轄境相當於今北京市、河北北部、遼寧大部、天津市海河以北及朝鮮大同江流域。

永康元年春，東羌、先零五六千騎寇關中，圍祋祤，掠雲陽。[1]夏，復攻没兩營，殺千餘人。冬，羌岸尾、摩蟞等[2]脅同種復鈔三輔。奂遣司馬尹端、董卓並擊，[3]大破之，斬其酋豪，首虜萬餘人，三州清定。論功當封，奂不事宦官，[4]故賞遂不行，唯賜錢二十萬，除家一人爲郎。並辭不受，而願徙屬弘農華陰。[5]舊制邊人不得内移，唯奂因功特聽，故始爲弘農人焉。

［1］【今注】祋祤：縣名。治所在今陝西銅川市耀州區東。　雲陽：縣名。治所在今陝西淳化縣西北。

［2］【李賢注】蟞音必薛反。

［3］【今注】尹端：張奂軍中部將。時爲司馬，係軍中屬官。　董卓：字仲穎，隴西臨洮（今甘肅岷縣）人。傳見本書卷七二。

［4］【今注】案，官官，紹興本、大德本、殿本作“宦官”，是。

［5］【今注】華陰：縣名。治所在今陝西華陰市東。

建寧元年，[1]振旅而還。時竇太后臨朝，[2]大將軍竇武與太傅陳蕃謀誅宦官，[3]事泄，中常侍曹節等於中作亂，[4]以奐新徵，[5]不知本謀，矯制使奐與少府周靖率五營士圍武。[6]武自殺，蕃因見害。奐遷少府，又拜大司農，以功封侯。奐深病爲節所賣，上書固讓，封還印綬，卒不肯當。

［1］【今注】建寧：東漢靈帝劉宏年號（168—172）。

［2］【今注】竇太后：竇妙，東漢桓帝皇后。紀見本書卷一〇下。

［3］【今注】竇武：字游平，扶風平陵（今陝西咸陽市西北）人。傳見本書卷六九。　太傅：官名。古三公之一，周置。西漢高后元年（前187）置太傅，後省。哀帝元壽二年（前1）復置。

［4］【今注】曹節：字漢豐，南陽新野（今河南新野縣）人。傳見本書卷七八。

［5］【今注】新徵：新近徵召回朝。

［6］【今注】矯制：詐稱妄託或不執行皇帝詔令的行爲。漢代將矯制行爲視爲重罪，旨在防範和懲治臣子借用皇帝的名義行事。事發後根據“害”與“不害”（即是否損害國家利益）靈活處罰：害大者可處死；害小者可贖免；無害者罰金或免處（參見孫家洲、李宜春《西漢矯制考論》，《中國史研究》1998年第1期；孫家洲《再論“矯制”——讀〈張家山漢墓竹簡〉札記》，《南都學壇》2003年第4期）。　少府：官名。戰國三晉和秦均有設置，漢因之。應劭曰：“掌山澤陂池之税，名曰禁錢，以給私養，自别爲藏。少

者小也，故稱少府。”顔師古曰：“大司農供軍國之用，少府以養天子也。”見《漢書·百官公卿表上》。

明年夏，青蛇見於御坐軒前，[1]又大風雨雹，霹靂拔樹，詔使百僚各言災應。奂上疏曰：“臣聞風爲號令，動物通氣。[2]木生於火，相須乃明。[3]蛇能屈申，配龍騰蟄。[4]順至爲休徵，逆來爲殃咎。陰氣專用，則凝精爲雹。故大將軍竇武、太傅陳蕃，或志寧社稷，或方直不回，前以讒勝，並伏誅戮，海内默默，人懷震憤。昔周公葬不如禮，天乃動威。[5]今武、蕃忠貞，未被明宥，妖眚之來，[6]皆爲此也。宜急爲改葬，徙還家屬。其從坐禁錮，一切蠲除。又皇太后雖居南宫，而恩禮不接，朝臣莫言，遠近失望。宜思大義顧復之報。”[7]天子深納奂言，以問諸黄門常侍，左右皆惡之，帝不得自從。

[1]【李賢注】軒，殿檻闌板也。

[2]【李賢注】《翼氏風角》曰：“凡風者天之號令，所以譴告人君者也。”

[3]【今注】相須：相互配合與依賴。

[4]【李賢注】《易》曰：“龍蛇之蟄，以存身也。”《慎子》曰“騰蛇游霧，飛龍乘雲，雲罷霧散，與蚯蚓同”也。【今注】案，此以龍蛇相對，比喻君臣上下之間的關係。

[5]【李賢注】《尚書大傳》：“周公薨，成王欲葬之於成周，天乃雷雨以風（雨，大德本、殿本作‘雹’），禾即盡偃，大木斯拔，國人大恐。王葬周公於畢，示不敢臣也。”

[6]【今注】妖眚：怪異之事。

［7］【李賢注】顧，旋視也。復，反覆也。《小雅》曰："父兮生我，母兮鞠我，顧我復我，出入腹我。"

轉奂太常，[1]與尚書劉猛、刁韙、衛良同薦王暢、李膺可參三公之選，[2]而曹節等彌疾其言，遂下詔切責之。奂等皆自囚廷尉，數日乃得出，並以三月俸贖罪。司隸校尉王寓，[3]出於宦官，欲借寵公卿，以求薦舉，百僚畏憚，莫不許諾，唯奂獨拒之。寓怒，因此遂陷以黨罪，禁錮歸田里。

［1］【今注】太常：官名。西漢初名奉常，景帝時改名太常，掌宗廟禮儀。位列九卿之首，秩中二千石。案，惠棟《後漢書補注》引《續漢書》云："奂拜太常，設官科限，素有清節，當可否之間，强禦不可奪也。"宋文民《後漢書考釋》謂《太平御覽》卷二三八引《續漢書》，"太常"當作"太常卿"，故置於《職官部·太常卿》下，惠氏因范文而省卿字。又，《太平御覽》無"設官科限"四字，《北堂書鈔》卷五三有"設職官糧限施行"七字。（上海古籍出版社 1995 年版，第 268 頁）

［2］【今注】劉猛刁韙衛良：三人俱爲漢靈帝時尚書。

［3］【今注】司隸校尉：官名。西漢武帝征和四年（前 89）始置，秩二千石。成帝元延四年（前 9）省，哀帝即位後復置，改名司隸，隸大司空，位比司直。東漢仍名司隸校尉，秩比二千石，威權尤重。凡宫廷内外，皇親貴戚，京都百官，無所不糾，兼領兵，有檢敕、捕殺罪犯之權，並爲司隸州行政長官，治所在今河南洛陽市。光武帝特詔朝會時與御史中丞、尚書令並專席而坐，時號"三獨坐"。

奂前爲度遼將軍，與段熲争擊羌，不相平。及熲爲司隸校尉，欲逐奂歸敦煌，將害之。奂憂懼，奏記謝熲曰："小人不明，得過州將，千里委命，以情相歸。[1]足下仁篤，照其辛苦，使人未反，復獲郵書。恩詔分明，前以寫白，而州期切促，[2]郡縣惶懼，屏營延企，[3]側待歸命。父母朽骨，孤魂相託，若蒙矜憐，壹惠咳唾，則澤流黄泉，施及冥寞，非奂生死所能報塞。夫無毛髮之勞，而欲求人丘山之用，此淳于髡所以拍髀仰天而笑者也。[4]誠知言必見譏，然猶未能無望。何者？朽骨無益於人，而文王葬之；[5]死馬無所復用，而燕昭寶之。[6]黨同文、昭之德，豈不大哉！[7]凡人之情，冤則呼天，窮則叩心。今呼天不聞，叩心無益，誠自傷痛。俱生聖世，獨爲匪人。[8]孤微之人，無所告訴。如不哀憐，便爲魚肉。[9]企心東望，無所復言。"熲雖剛猛，省書哀之，卒不忍也。時禁錮者多不能守静，或死或徙。奂閉門不出，養徒千人，著《尚書記難》三十餘萬言。

[1]【李賢注】《漢官儀》曰："司隸州部河南雒陽，管三輔、三河、弘農七郡。"所以奂屈於熲，稱曰"州將"焉。【今注】以情相歸：此指將心情如實告知對方。

[2]【今注】州期切促：州府限定的期限迫促。

[3]【今注】延企：伸長脖子，踮起脚尖，形容盼望的樣子。

[4]【李賢注】拍音片百反。髀音步弟反。《史記》，楚發兵伐齊，齊威王使淳于髡賫百金，車馬十駟，之趙請救。髡仰天大笑，冠纓索絶。王曰："先生少之乎？"髡曰："今者臣從東方來，

見道傍有禳田者，操一豚蹏，酒一盂，而祝曰：‘甌窶滿篝（窶，紹興本、大德本、殿本均作“蔞”，是），汙邪滿車，五穀蕃熟，穰穰滿家（穰穰，殿本作“穰穰”）。’臣見其所持者狹（持，大德本作‘拍’），所求者奢，故笑。”於是王乃益以黄金千鎰（大德本、殿本無“以”字）、白璧十雙、車馬百駟也。【今注】淳于髡：戰國時齊國學者、大夫，博學多辯，善於以滑稽的方式進諫。

［5］【李賢注】《新序》曰：“文王作靈臺，掘得死人骨，吏以聞（以，大德本作‘之’）。文王曰：‘葬之。’吏曰：‘此無主矣。’文王曰：‘有天下者，天下之主也；有一國者，一國之主也。寡人固其主焉。’令吏以棺葬之。天下聞之，曰：‘文王賢矣，澤及朽骨，又況人乎。’”【今注】文王：姬姓，名昌，商朝末年周族領袖。爲西伯。建豐邑（今陝西西安市西南）爲都。

［6］【李賢注】《新序》曰：“燕昭王即位，卑身求賢。謂郭隗曰：‘齊因孤國之亂而襲燕，然得賢士與共國（然，殿本作“欲”），以雪先王之醜，孤之願也。先生視可者，得身事之。’隗曰：‘臣聞古之人君，有以千金求千里馬者，三年不得，涓人言於君請求之（君，大德本作“若”），君遣焉（君，大德本作“若”）。三月，得千里馬，馬已死，乃以五百金買其首以報。君大怒曰：“所求者生馬，安市死馬而捐五百金乎？”對曰：“死馬且市之，況生馬乎？天下必以王爲能市馬，馬今至矣。”不出期年，千里馬至者二。今王誠欲必致士，從隗始。隗且見事，況賢於隗者乎？’於是王爲隗築宫而師之。樂毅自魏往，鄒衍自齊往，劇辛自趙往，士争歸燕焉。”【今注】燕昭：戰國時燕國國君。公元前311年至前279年在位。燕王噲庶子。初流亡在韓。即位後，卑身厚幣招納賢士，師事郭隗，士人争相趨燕。外用蘇秦，内用樂毅，經過長期休養生息，國家殷富，士卒效命。燕昭王二十八年（前284），遣樂毅率軍聯合三晉及秦楚之師攻齊，大破齊軍，占領齊國城邑七十餘座，齊滑王敗死。燕國進入鼎盛時期。

［7］【李賢注】儻音佗朗反。【今注】儻：通“倘”，倘若。

［8］【李賢注】《詩·小雅》曰“哀我征夫，獨爲匪人”也。

［9］【李賢注】言將爲人所吞噬也。

奐少立志節，嘗與士友言曰：“大丈夫處世，當爲國家立功邊境。”及爲將帥，果有勳名。董卓慕之，使其兄遺縑百匹。奐惡卓爲人，絶而不受。光和四年卒，[1]年七十八。遺命曰：“吾前後仕進，十要銀艾，[2]不能和光同塵，爲讒邪所忌。[3]通塞命也，[4]始終常也。但地底冥冥，長無曉期，而復纏以纊緜，牢以釘密，爲不喜耳。幸有前窀，[5]朝殞夕下，措屍靈牀，幅巾而已。奢非晉文，[6]儉非王孫，[7]推情從意，庶無咎吝。”諸子從之。武威多爲立祠，世世不絶。所著銘、頌、書、教、誡述、志、對策、章表二十四篇。

［1］【今注】光和：東漢靈帝劉宏年號（178—184）。

［2］【李賢注】銀印緑綬也，以艾草染之，故曰艾也。

［3］【李賢注】《老子》曰“和其光，同其塵”也。

［4］【今注】通塞：指境遇的順利與坎坷。

［5］【今注】窀：墓穴。

［6］【李賢注】陸翽《鄴中記》曰：“永嘉末，發齊桓公墓，得水銀池金蠶數十箔，珠襦、玉匣、繒綵不可勝數（玉，大德本作‘三’）。”《左傳》曰：“晉文公朝王，請隧。王不許，曰：‘王章也，未有代德而有二王，亦叔父之所惡也。’”晉文既臣，請用王禮，是其奢也。【今注】晉文：春秋時期晉公國君，名重耳。公元前636年至前628年在位。在位期間，晉國日强，成爲諸侯霸主。事見《史記》卷三九《晉世家》。

[7]【李賢注】武帝時，楊王孫死（楊，大德本、殿本作“揚”），誡其子爲布囊盛屍，入地七尺，脱去其囊，以身親土。【今注】王孫：楊王孫。西漢人。家業千金，厚自養生。臨終遺囑裸葬，以布囊盛屍，然後脱囊，傾埋土中。有《裸葬書》，反對厚葬，指出人死不爲鬼，其尸抶然獨處而無知。傳見《漢書》卷六七。

長子芝，字伯英，最知名。[1]芝及弟昶，[2]字文舒，並善草書，至今稱傳之。

[1]【李賢注】王愔《文志》曰（殿本“文”後有“字”字）：“芝少持高操，以名臣子勤學，文爲儒宗，武爲將表。太尉辟，公車有道徵，皆不至，號張有道。尤好草書，學崔、杜之法，家之衣帛，必書而後練。臨池學書，水爲之黑。下筆則爲楷則，號忽忽不暇草書，爲世所寶，寸紙不遺，韋仲將謂之‘草聖’也。”

[2]【今注】案，宋文民《後漢書考釋》謂此處多一“及”字，否則文理不通（第269頁）。

初，奐爲武威太守，其妻懷孕，夢帶奐印綬登樓而歌。訊之占者，曰：“必將生男，復臨兹邦，命終此樓。”既而生予猛，[1]以建安中爲武威太守，[2]殺刺史邯鄲商，[3]州兵圍之急，猛恥見擒，乃登樓自燒而死，卒如占云。

[1]【今注】案，予，紹興本、大德本、殿本作“子”，是。

[2]【今注】建安：東漢獻帝劉協年號（196—220）。

［3］【今注】邯鄲商：惠棟《後漢書補注》謂《風俗通》有“邯鄲氏以國爲姓”，杜預《釋例·世族譜》趙夙之孫穿，别爲邯鄲氏。趙施、趙勝、邯鄲午，是其後也。

論曰：自鄛鄉之封，中官世盛，[1]暴恣數十年閒，四海之内，莫不切齒憤盈，願投兵於其族。陳蕃、竇武奮義草謀，徵會天下，名士有識所共聞也，而張奂見欺豎子，[2]揚戈以斷忠烈。[3]雖恨毒在心，辭爵謝咎。《詩》云：“啜其泣矣，何嗟及矣！”[4]

［1］【李賢注】宦者鄭衆封鄛鄉侯也。

［2］【今注】豎子：對人的鄙稱。猶今言“小子”。

［3］【李賢注】奂被曹節等矯制，使率五營士圍殺陳蕃、竇武等。【今注】案，揚，大德本作“楊”。

［4］【李賢注】《詩·國風》也。啜，泣貌也，音知劣反。

段熲字紀明，武威姑臧人也。[1]其先出鄭共叔段，西域都護會宗之從曾孫也。[2]熲少便習弓馬，尚遊俠，[3]輕財賄，長乃折節好古學。初舉孝廉，爲憲陵園丞、陽陵令，[4]所在能政。

［1］【今注】姑臧：縣名。治所在今甘肅武威市西北。

［2］【李賢注】宗字子松（大德本、殿本“宗”前有“會”字，是），天水上邽人，元帝時爲西域都護。死，城郭諸國爲發喪立祠。【今注】西域都護：官名。又稱都護西域、使西域都護，西漢宣帝地節二年（前68）初置。西漢時爲加官，以騎都尉、諫大夫等身份使護西域三十六國，秩比二千石。　從曾孫：兄弟的曾

孫，即侄曾孫。

［3］【今注】尚遊俠：尚俠行義。

［4］【李賢注】憲陵，順帝陵；陽陵，景帝陵。《漢官儀》曰“丞秩三百石，令秩六百石”也。

遷遼東屬國都尉。時鮮卑犯塞，熲即率所領馳赴之。既而恐賊驚去，乃使驛騎詐齎璽書詔熲，[1]熲於道僞退，潛於還路設伏。虜以爲信然，乃入追熲。熲因大縱兵，悉斬獲之。坐詐璽書伏重刑，以有功論司寇。[2]刑竟，徵拜議郎。

［1］【今注】驛騎：驛站中用於傳遞文書的馬匹。

［2］【今注】司寇：徒刑名。將犯人罰至邊地，一面服役，一面禦寇。睡虎地秦簡《法律答問》：“當耐爲侯（候）罪誣人，可（何）論？當耐爲司寇。”漢代司寇爲二歲刑。《漢舊儀》：“司寇，男備守，女爲作如司寇，皆作二歲。”

時太山、琅邪賊東郭竇、公孫舉等聚衆三萬人，[1]破壞郡縣，遣兵討之，連年不克。永壽二年，桓帝詔公卿選將有文武者，司徒尹頌薦熲，[2]乃拜爲中郎將。擊竇、舉等，大破斬之，獲首萬餘級，餘黨降散。[3]封熲爲列侯，[4]賜錢五十萬，除一子爲郎中。

［1］【今注】東郭竇公孫舉：東漢後期泰山、瑯琊地區起義的發動者。

［2］【李賢注】《漢官儀》曰：“頌字公孫，鞏人也。”【今注】司徒：官名。西周置，掌治理民事、户口、官司籍田、徵發徒役、

收納財賦。秦罷司徒置丞相。西漢哀帝元壽二年（前1）改丞相爲大司徒。東漢改司徒。獻帝建安十三年（208）罷司徒，置丞相。

［3］【今注】案，《東觀漢記》卷一七《段熲傳》云："熲到所，設施方略，糾舉通急，行古司馬兵法、孫吴之術，旬月群盜悉破。"

［4］【今注】列侯：爵名。漢代二十等爵制之第二十級，爲最高一級。本爲徹侯，爲避漢武帝劉徹名諱而改稱通侯，亦稱列侯。有封國，食邑少者數百户，多者達萬户，且有侯國相、家丞等官屬。

延熹二年，遷護羌校尉。會燒當、燒何、當煎、勒姐等八種羌[1]寇隴西、金城塞，[2]熲將兵及湟中義從羌萬二千騎出湟谷，[3]擊破之。追討南度河，[4]使軍吏田晏、夏育募先登，[5]懸索相引，[6]復戰於羅亭，大破之，斬其酋豪以下二千級，獲生口萬餘人，虜皆奔走。

［1］【李賢注】姐音紫且反。

［2］【今注】金城：郡名。西漢昭帝始元六年（前81）置，始置當在金城縣（今甘肅蘭州市西），後西遷至允吾縣（今甘肅永靖縣西北）。

［3］【今注】湟谷：湟水中游地區。地理範圍西起青海湖東岸，東至今青海民和縣轄區。時爲羌、小月氏及漢人雜居之處。義從羌：指已歸順漢朝並追隨漢軍出征的羌人。

［4］【今注】案，度，殿本作"渡"。

［5］【今注】田晏：東漢靈帝時段熲部將，遷護羌校尉，破鮮卑中郎將，後戰敗下獄，贖爲庶人。　夏育：東漢靈帝時段熲部將，遷任北地太守，護烏桓校尉。後同田晏同在平鮮卑時戰敗下獄，贖爲庶人。

［6］【今注】懸索相引：用繩子繫於兩岸，懸於河面上，以接引軍隊渡河。

明年春，餘羌復與燒何大豪寇張掖，攻没鉅鹿塢，殺屬國吏民，又招同種千餘落，并兵晨奔熲軍。[1]熲下馬大戰，至日中，刀折矢盡，虜亦引退。熲追之，且鬬且行，晝夜相攻，割肉食雪，四十餘日，遂至河首積石山，[2]出塞二千餘里，斬燒何大帥，首虜五十餘人。又分兵擊石城羌，斬首溺死者千六百人。燒當種九十餘口詣熲降。[3]又雜種羌屯聚白石，[4]熲復進擊，首虜三千餘人。冬，勒姐、零吾種圍允街，[5]殺略吏民，熲排營救之，斬獲數百人。

［1］【今注】案，并，大德本作"井"。

［2］【今注】積石山：山名。在今甘肅臨夏回族自治州西。

［3］【今注】案，《後漢書考正》劉攽謂燒當一種不止九十餘口，其所云九十口降亦不足記，當作"千"字。又，當，大德本作"常"。

［4］【李賢注】白石，山，在今蘭州狄道縣東。【今注】白石：山名。在今甘肅臨夏回族自治州西南。

［5］【李賢注】允音鈆。街音階。

四年冬，上郡沈氏、隴西牢姐、烏吾諸種羌共寇并涼二州，熲將湟中義從討之。涼州刺史郭閎貪共其功，稽固熲軍，[1]使不得進。義從役久，戀鄉舊，皆悉反叛。郭閎歸罪於熲，熲坐徵下獄，輸作左校。羌遂陸梁，覆没營塢，轉相招結，唐突諸郡，[2]於是吏人守闕訟熲以千數。[3]朝廷知熲爲郭閎所誣，詔問其狀。熲但謝罪，不敢言枉，京師稱爲長者。起於徒中，[4]復拜議郎，遷并州刺史。

[1]【李賢注】稽固猶停留也。

[2]【今注】唐突：横衝直撞。

[3]【今注】守闕訟熲：堅守在朝廷替段熲申訴。

[4]【今注】起於徒中：從刑徒中起用。

時滇那等諸種羌五六千人寇武威、張掖、酒泉，燒人廬舍。六年，寇埶轉盛，涼州幾亡。冬，復以熲爲護羌校尉，乘驛之職。[1]明年春，羌封僇、良多、滇那等[2]酋豪三百五十五人率三千落詣熲降。當煎、勒姐種猶自屯結。冬，熲將萬餘人擊破之，斬其酋豪，首虜四千餘人。

[1]【今注】乘驛之職：騎驛站的馬匹到職。

[2]【李賢注】僇音良逐反，又力救反。

八年春，熲復擊勒姐種，斬首四百餘級，降者二千餘人。夏，進軍擊當煎種於湟中，熲兵敗，被圍三日，用隱士樊志張策，潛師夜出，鳴鼓還戰，大破之，首虜數千人。熲遂窮追，展轉山谷閒，[1]自春及秋，無日不戰，虜遂飢困敗散，北略武威閒。

［1］【今注】展轉：即輾轉，轉移不定。

熲凡破西羌，斬首三萬三千級，[1]獲生口數萬人，馬牛羊八百萬頭，降者萬餘落。封熲都鄉侯，邑五百户。

［1］【今注】案，三，紹興本、大德本、殿本均作“二”。

永康元年，當煎諸種復反，合四千餘人，欲攻武威，熲復追擊於鸞鳥，[1]大破之，殺其渠帥，斬首三千餘級，西羌於此弭定。

［1］【李賢注】鳥音爵，縣名，屬武威郡，故城在今涼州昌松縣北也。【今注】鸞鳥：縣名。治所舊説不一。懸泉漢簡“里程簡”中有“倉松去鸞鳥六十五里”“鸞鳥去小張掖六十里”，據此判斷縣治在今甘肅古浪縣古浪鎮小橋堡村一帶（詳見郝樹聲、張德芳《懸泉漢簡研究》，甘肅文化出版社2009年版，第113—116頁）。

而東羌先零等，自覆没征西將軍馬賢後，朝廷不能討，遂數寇擾三輔。其後度遼將軍皇甫規、中郎將張奐招之連年，[1]既降又叛。桓帝詔問熲曰：“先零東羌造惡反逆，而皇甫規、張奐各擁强衆，不時輯定。欲熲移兵東討，未識其宜，可參思術略。”熲因上言曰：“臣伏見先零東羌雖數叛逆，而降於皇甫規者，已二萬許落，[2]善惡既分，餘寇無幾。今張奐躊躇久不進者，當慮外離内合，兵往必驚。且自冬踐春，屯結不散，人畜疲羸，自亡之埶，[3]徒更招降，坐制强敵耳。臣以爲狼子野心，難以恩納，[4]埶窮雖服，[5]兵去復動。唯當長矛挾脅，白刃加頸耳。計東種所餘三萬餘落，[6]居近塞内，路無險折，非有燕、齊、秦、趙從横之埶，而久亂并、涼，累侵三輔，西河、上郡已各内徙，安定、北地復至單危，[7]自雲中、五原西至漢陽二千餘里，[8]匈奴、種羌，並擅其地，是爲癰疽伏疾，[9]留滯脅下，如不加誅，轉就滋大。今若以騎五千，步萬人，車三千兩，三冬二夏，足以破定，無慮用費爲錢五十四億。[10]如此，則可令群羌破盡，匈奴長服，内徙郡縣，得反本土。伏計永初中，[11]諸羌反叛，十有四年，用二百四十億；永和之末，復經七年，用八十餘億。費耗若此，猶不誅盡，餘孽復起，于兹作害。今不暫疲人，[12]則永寧無期。臣庶竭駑劣，伏待節度。”帝許之，悉聽如所上。

[1]【今注】招之連年：連年進行招降。

[2]【今注】許：表述約數。

[3]【今注】案，埶，大德本作“勢”。

[4]【李賢注】《左傳》晋叔向母曰“狼子野心”也。

[5]【今注】案，埶，大德本、殿本作“勢”。

[6]【今注】東種：謂東羌諸種族。

[7]【今注】西河：郡名。治平定縣（今内蒙古伊金霍洛旗東南）。　北地：郡名。治富平縣（今寧夏吴忠市西南）。

[8]【今注】雲中：郡名。治雲中縣（今内蒙古托克托縣東北）。

［9］【今注】案，癕，大德本、殿本作“癰”。

［10］【李賢注】無慮，都凡也。

［11］【今注】永初：東漢安帝劉祜年號（107—113）。

［12］【今注】不暫疲人：不暫時勞累人們，謂不做短期的努力。

建寧元年春，[1]熲將兵萬餘人，齎十五日糧，從彭陽直指高平，[2]與先零諸種戰於逢義山。[3]虜兵盛，熲衆恐。熲乃令軍中張鏃利刃，長矛三重，挾以强弩，列輕騎爲左右翼。激怒兵將曰：“今去家數千里，進則事成，走必盡死，努力共功名！”因大呼，衆皆應聲騰赴，熲馳騎於傍，突而擊之，虜衆大潰，斬首八千餘級，獲牛馬羊二十八萬頭。

［1］【今注】建寧：東漢靈帝劉宏年號（168—172）。

［2］【李賢注】彭陽、高平，並縣名，屬安定郡。彭陽縣即今原州彭原縣也。高平縣今原州也。【今注】彭陽：縣名。治所在今甘肅鎮原縣東。　高平：縣名。治所在今寧夏固原市。

［3］【今注】逢義山：在今甘肅鎮原縣北。

時竇太后臨朝，下詔曰：“先零東羌歷載爲患，熲前陳狀，欲必埽滅。[1]涉履霜雪，兼行晨夜，身當矢石，感厲吏士。曾未浹日，[2]凶醜奔破，連尸積俘，掠獲無筭。洗雪百年之逋負，[3]以慰忠將之亡魂。[4]功用顯著，朕甚嘉之。須東羌盡定，當并録功勤。今且賜熲錢二十萬，以家一人爲郎中。”勑中藏府調金錢綵物，[5]增助軍費。拜熲破羌將軍。[6]

［1］【今注】案，埽，大德本、殿本作“掃”。

［2］【李賢注】浹，匝也（匝，紹興本作“帀”，大德本作“市”）。浹音子牒反。謂帀十二辰也（帀，大德本作“市”，殿本作“匝”）。【今注】浹日：古代以天干、地支紀日，自甲至癸一周十日爲“浹日”。

［3］【今注】逋負：原指拖欠的税賦。後泛指各類未償還的債務或仇恨。

［4］【李賢注】《東觀記》曰，太后詔云“此以慰种光、馬賢等亡魂”也。

［5］【今注】中藏府：官署名，掌宫中幣帛金銀等貨物。其長官稱令，有丞一人，屬員十九人。　綵物：泛指錢帛財物。

［6］【今注】案，熲，紹興本、大德本作“潁”。

夏，熲復追羌出橋門，至走馬水上。[1]尋聞虜在奢延澤，[2]乃將輕兵兼行，一日一夜二百餘里，晨及賊，擊破之。餘虜走向落川，復相屯結。熲乃分遣騎司馬田晏將五千人出其東，假司馬夏育將二千人繞其西。羌分六七千人攻圍晏等，晏等與戰，羌潰走。熲急進，與晏等共追之於令鮮水上。[3]熲士卒飢渴，乃勒衆推方奪其水，[4]虜復散走。熲遂與相連綴，[5]且鬬且引，及於靈武谷。[6]熲乃被甲先登，士卒無敢後者。羌遂大敗，弃兵而走。追之三日三夜，士皆重繭。[7]既到涇陽，[8]餘寇四千落，悉散入漢陽山谷間。

［1］【李賢注】《東觀記·段熲傳》曰（傳曰，底本原作“曰

傳”，據大德本、紹興本、殿本改）“出橋門谷”也。【今注】走馬水：古水名。即今淮寧河。源出今陝西子長市西北，東流至綏德縣，南入無定河。

［2］【李賢注】即上郡奢延縣界也。【今注】奢延澤：在今内蒙古烏審旗西南。漢有奢延縣，澤以此爲名，已乾涸。

［3］【李賢注】令鮮，水名，在今甘州張掖縣界。一名合黎水，一名羌谷水也。

［4］【李賢注】推方謂方頭競進也。

［5］【今注】相連綴：緊緊追擊敵人而不相脱離。

［6］【李賢注】靈武，縣名，有谷，在今靈州懷遠縣西北。【今注】靈武：縣名。治所在今寧夏青銅峽市西北邵崗堡西北。

［7］【李賢注】繭，足下傷起形如繭也。《淮南子》曰“申包胥曾繭重胝”也。

［8］【李賢注】縣名，屬安定郡。【今注】涇陽：縣名。治所在今甘肅平涼市西。

時張奂上言：“東羌雖破，餘種難盡，熲性輕果，[1]慮負敗難常。宜且以恩降，可無後悔。”詔書下熲。熲復上言：“臣本知東羌雖衆，而輭弱易制，所以比陳愚慮，思爲永寧之筭。而中郎將張奂，説虜强難破，宜用招降。[2]聖朝明監，信納瞽言，[3]故臣謀得行，奂計不用。事埶相反，遂懷猜恨。信叛羌之訴，飾潤辭意，云臣兵累見折衄，[4]又言羌一氣所生，不可誅盡，[5]山谷廣大，不可空静，血流汙野，傷和致災。臣伏念周秦之際，戎狄爲害，中興以來，[6]羌寇最盛，誅之不盡，雖降復叛。今先零雜種，累以反覆，攻没縣邑，剽略人物，發冢露尸，禍及生死，上天震怒，假手行誅。[7]昔邢爲無道，衛國伐之，師興而雨。[8]臣動兵涉夏，連獲甘澍，歲時豐稔，人無疵疫。上占天心，[9]不爲災傷；下察人事，衆和師克。[10]自橋門以西，落川以東，故宫縣邑，更相通屬，[11]非爲深險絶域之地，車騎安行，無應折衄。案奂爲漢吏，身當武職，駐軍二年，不能平寇，虚欲修文戢戈，招降獷敵，[12]誕辭空説，僭而無徵。何以言之？昔先零作寇，趙充國徙令居内，[13]煎當亂邊，馬援遷之三輔，[14]始服終叛，至今爲鯁。[15]故遠識之士，以爲深憂。今傍郡户口單少，數爲羌所創毒，而欲令降徒與之雜居，是猶種枳棘於良田，[16]養虺蛇於室内也。[17]故臣奉大漢之威，建長久之策，欲絶其本根，不使能殖。[18]本規三歲之費，用五十四億，今適朞年，[19]所耗未半，而餘寇殘燼，[20]將向殄滅。臣每奉詔書，軍不内御，[21]願卒斯言，一以任臣，臨時量宜，不失權便。"

［1］【今注】輕果：輕率武斷。

［2］【今注】案，王先謙《後漢書集解》謂《文選》陸倕《石闕銘》注引段熲疏"先零東羌討之難破，降爲上策，戰爲下計"，蓋即述奂言，特詳略異耳。

［3］【今注】瞽言：没有見地的言論。

［4］【李賢注】傷敗曰衄，音女六反。

［5］【李賢注】言羌亦稟天之一氣所生，誅之不可盡也。

［6］【今注】中興：謂光武中興。

［7］【李賢注】假，借也。《尚書》曰"皇天降災，假手干我有命"也（干，紹興本、大德本、殿本作"于"，是）。

［8］【李賢注】《左傳》曰“衛大旱，卜有事於山川，不吉。甯莊子曰：‘昔周飢，克殷而年豐。今邢方無道，天欲衛伐邢乎？’從之，師興而雨”也。【今注】邢：西周分封的諸侯國。姬姓，周公之子封地。在今河北邢臺市西南隅。　衛國：西周分封的諸侯國。姬姓。公元前11世紀周公平定武庚叛亂後，以原商都周圍地區封予周武王弟康叔，建立衛國。都朝歌（今河南淇縣），後遷於帝丘（今河南濮陽市）。

［9］【李賢注】占，候也。

［10］【李賢注】克，勝也。《左傳》曰“師克在和不在衆”也。

［11］【今注】更相通屬：言道路相互連接暢通。

［12］【李賢注】獷，惡皃也（皃，殿本作“貌”），音谷猛反。【今注】案，戢，大德本作“集”。

［13］【李賢注】宣帝時，充國擊西羌，徙之於金城郡也。【今注】趙充國：字翁孫，西漢隴西上邽（今甘肅天水市）人，後徙金城令居。善騎射，有謀略，熟知邊情。武帝時，以六郡良家子補羽林，以假司馬從李廣利擊匈奴，以功拜中郎，遷車騎將軍長史。昭帝時，以大將軍護軍都尉率兵平定武都氐人起兵，遷中郎將、水衡都尉。又擊匈奴，擢後將軍。昭帝死，與霍光迎立宣帝，封營平侯。將兵屯邊，匈奴不敢犯。神爵元年（前61），先零羌叛，年七十六而率軍破羌。復爲後將軍、衛尉。其子有罪自殺，因罷官。謚壯。傳見《漢書》卷六九。

［14］【李賢注】還置天水、隴西、扶風，見《西羌傳》也。【今注】馬援：字文淵，扶風茂陵（今陝西興平市東北）人。傳見本書卷二四。

［15］【李賢注】“鯁”與“梗”同。梗，病也。《大雅》云：“至今爲梗。”

［16］【今注】枳棘：枳木和棘木，皆多刺，因以比喻險惡的

人和事。

［17］【今注】虺蛇：一種毒蛇，用以形容歹毒之人。

［18］【李賢注】殖，生也。《左傳》曰："爲國家者，見惡如農夫之務去草焉，絶其本根，勿使能殖。"

［19］【今注】朞年：一年。

［20］【李賢注】杜預注《左傳》曰："燼，火餘木也。"

［21］【李賢注】御，制御也。《淮南子》曰"國不可從外理，軍不可從中御"也。

二年，[1]詔遣謁者馮禪説降漢陽散羌。[2]熲以春農，百姓布野，羌雖暫降，[3]而縣官無廪，[4]必當復爲盜賊，不如乘虚放兵，埶必殄滅。夏，熲自進營，去羌所屯凡亭山四五十里，遣田晏、夏育將五千人據其山上。羌悉衆攻之，厲聲問曰："田晏、夏育在此不？湟中義從羌悉在何面？今日欲決死生。"軍中恐，晏等勸激兵士，殊死大戰，遂破之。羌衆潰，東奔，復聚射虎谷，分兵守諸谷上下門。熲規一舉滅之，不欲復令散走，乃遣千人於西縣結木爲栅，廣二十步，長四十里，遮之。[5]分遣晏、育等將七千人，銜枚夜上西山，[6]結營穿塹，去虜一里許。又遣司馬張愷等將三千人上東山。[7]虜乃覺之，遂攻晏等，分遮汲水道。[8]熲自率步騎進擊水上，羌却走，因與愷等挾東西山，縱兵擊破之，羌復敗散。熲追至谷上下門窮山深谷之中，處處破之，斬其渠帥以下萬九千級，獲牛馬驢騾氊裘廬帳什物，不可勝數。馮禪等所招降四千人，分置安定、漢陽、隴西三郡，於是東羌悉平。[9]

[1]【今注】二年：建寧二年（169）。

[2]【今注】謁者：官名。光禄勳屬官，秩比六百石，掌賓贊事宜。其長官稱爲謁者僕射，秩比千石。　散羌：散落各地、不屬於同一種族的羌人。

[3]【今注】案，降，殿本作“除”。

[4]【今注】無稟：没有糧食。

[5]【李賢注】西縣屬天水郡，故城在今秦州上邽縣西南也。【今注】西縣：縣名。治所在今甘肅禮縣東北。

[6]【今注】銜枚：防止因言語喧嘩，令敵人發覺，口中銜有像筷子一樣的東西，即枚。兩端以繩繫於脖上，防止脱落。

[7]【今注】張愷：段熲副將。

[8]【今注】遮：堵塞。　汲水道：引水的渠道。

[9]【今注】案，《東觀漢記》卷一七《段熲傳》云：“段熲上書曰：‘又掠得羌侯君長金印四十三，銅印三十一，錫印一枚，及長史、司馬、涉頭、長燕、鳥校、棚水塞尉印五枚，紫綬三十八，艾綬二十八，黄綬二枚，皆簿入也。’”

凡百八十戰，斬三萬八千六百餘級，獲牛馬羊騾驢駱駝四十二萬七千五百餘頭，費用四十四億，軍士死者四百餘人。更封新豐縣侯，[1]邑萬户。熲行軍仁愛，士卒疾病者，親自瞻省，手爲裹創。在邊十餘年，未嘗一日蓐寢。[2]與將士同苦，故皆樂爲死戰。

[1]【今注】新豐：縣名。治所在今陝西西安市臨潼區東北。

[2]【李賢注】郭璞曰：“蓐，席也。”言身不自安。

三年春，徵還京師，將秦胡步騎五萬餘人，[1]及汗血千里馬，[2]生口萬餘人。詔遣大鴻臚持節慰勞於鎬。[3]軍至，拜侍中。轉執金吾、河南尹。[4]有盜發馮貴人冢，[5]坐左轉諫議大夫，[6]再遷司隸校尉。

［1］【今注】秦胡步騎：漢人與西北少數民族人混編在一起的步兵和騎兵。

［2］【今注】汗血千里馬：一種醬紅色的駿馬，因毛色純一，故有此名。並非真的汗出如血。

［3］【李賢注】鎬，水名，在今長安縣西（殿本"西"後有"也"字）。【今注】大鴻臚：官名。秦置典客，掌諸歸義蠻夷，有丞。西漢景帝中元六年（前144）更名大行令，武帝太初元年（前104）更名大鴻臚。成帝河平元年（前28）罷典屬國併大鴻臚。王莽時改稱典樂。東漢復稱大鴻臚。　鎬：鎬水。源出秦嶺北麓石砭峪，流經鎬池遺址，向北注入渭河。又作"滈水"。　案，《東觀漢記》卷一七《段熲傳》謂其時"熲乘輕車，介士鼓吹，曲蓋朱旗，馬騎五萬餘匹，殷天蔽日，鉦鐸金鼓，雷振動地，連騎繼跡，彌數十里"。

［4］【今注】執金吾：武官名。秦置中尉，掌徼巡京師。西漢武帝太初元年改中尉爲執金吾，王莽時改名奮武，東漢復稱執金吾。秩中二千石。掌宮外巡邏、擒奸討猾，以戒非常。每月三繞行宮外。並掌兵器等。

［5］【今注】馮貴人：東漢桓帝劉志妃子。

［6］【今注】諫議大夫：惠棟《後漢書補注》引《齊職儀》曰："秦置諫大夫，屬郎中令，無常員，多至數十人，掌論議，漢初不置，至武帝始因秦置之，無常員，皆名儒宿德爲之。光武增'議'字爲諫議大夫，置三十人。"

熲曲意宦官，故得保其富貴，遂黨中常侍王甫，[1]

枉誅中常侍鄭颯、董騰等，增封四千户，并前萬四千户。

[1]【今注】王甫：宦官。東漢靈帝時爲中常侍，後下獄死。

明年，代李咸爲太尉，[1]其冬病罷，復爲司隸校尉。數歲，轉潁川太守，[2]徵拜太中大夫。[3]

[1]【今注】李咸：汝南西平（今河南西平縣西）人。東漢靈帝初拜太尉，約身率下，不與州郡交通。以老乞歸，悉還所賜物。

[2]【今注】潁川：郡名。治陽翟縣（今河南禹州市）。案，潁，大德本作“穎”。

[3]【今注】太中大夫：官名。又稱“大中大夫”。秦官，漢因之，掌議論。或奉詔出使，或循行郡國。列侯薨，遣太中大夫弔祠。東漢秩千石，後期權任漸輕。《太平御覽》卷二四三引韋昭《辨釋名》曰：“太中大夫，大夫之中最高大也。”

光和二年，復代橋玄爲太尉。[1]在位月餘，會日食自劾，有司舉奏，詔收印綬，詣廷尉。時司隸校尉陽球奏誅王甫，[2]并及潁，就獄中詰責之，遂飲鴆死，家屬徙邊。後中常侍吕强上疏，[3]追訟潁功，[4]靈帝詔潁妻子還本郡。

[1]【今注】橋玄：字公祖，梁國睢陽（今河南商丘市南）人。傳見本書卷五一。

[2]【今注】陽球：字方正，漁陽泉州（今天津市武清區）人。傳見本書卷七七。

［3］【今注】吕强：字漢盛，河南成皋（今河南滎陽市西）人。傳見本書卷七八。

［4］【今注】追訟：即追頌。

初，熲與皇甫威明、張然明，並知名顯達，京師稱爲“涼州三明”云。[1]

［1］【今注】案，王先謙《後漢書集解》云：“皇甫恥不入黨人，張奂見紿於權奄而旋悔，段熲曲附宦官，卒至鴆死。涼州三明，妍媸相懸，此亦合傳之徵指也。”

贊曰：山西多猛，“三明”儷蹤。[1]戎驂糾結，塵斥河、潼。[2]規、奂審策，亟遏囂凶。[3]文會志比，更相爲容。段追兩狄，束馬縣鋒。紛紜騰突，谷静山空。

［1］【李賢注】儷，偶也。《前書》班固曰：“秦漢以來，山東出相，山西出將。”若白起、王翦、李廣、辛慶忌之流，皆山西人也（殿本無“李廣”二字）。

［2］【李賢注】潼，谷名。谷有水，曰潼水，即潼關。【今注】戎驂：同駕一車的三匹戰馬。

［3］【今注】亟：屢次。